卓越·人力资源管理和社会保障系列教材

劳动经济基础

（第二版）

田　辉　主编　　曹　洋　副主编

复旦大学出版社

内容提要

本书在全面、系统介绍现代劳动经济理论与相关制度的基础上，运用劳动经济的相关研究方法分析有关劳动经济现象，增强学生对现代劳动经济理论和整体发展状况的理解，培养学生用理论分析和解决问题的能力。

全书涵盖10个项目，43个任务，内容包括像劳动经济学家那样思考、劳动力供给、劳动力需求、劳动力市场、人力资本、劳动力流动、工资制度设计与收入差距、劳动力市场歧视、就业和失业。在每个任务中都安排了案例导入、实训指导、知识链接和拓展训练环节。全书体系严密，结构完整，循序渐进，简明易懂，注重实践能力和创新能力的培养，力求做到科学性与实用性的统一。

本书可作为实践型本科及高职高专类院校人力资源管理、社会保障与劳动关系专业的教材，同时也可作为各类组织管理人员的培训教材。

丛书总主编　　李　琦

编写成员（按姓氏笔画排序）

邓万里　石玉峰　田　辉　朱莉莉　刘红霞

许东黎　许晓青　孙立如　孙　林　李宝莹

李晓婷　杨俊峰　肖红梅　张奇峰　张海容

张慧霞　张耀嵩　郑振华　赵巍巍

第一版前言

作为经济学的一个重要分支,"劳动经济基础"是劳动管理类专业的必修课程,即使是在以学习管理技能为主的高等职业院校也同样重要。传统的教材与教学方法使学生备感困难,无论是对授课教师还是学习的学生都是一种煎熬。

随着教育改革的不断深化以及经济和科技的飞速发展,职业教育得到了迅速普及和推广,这对传统的教学内容及方法提出了新的要求,也催促着管理教育与课程体系的改革。现代职业教育教学改革的核心理念是能力本位,即强调能力为重,具体而言,就是在教学过程中要贯彻以"项目"为主线的教学手段。

因此,如何将课堂教学与实训手段相结合就成为摆在广大劳动经济学教师面前的一道难题。本书作为一种尝试,努力在全面系统地介绍现代劳动经济理论与相关制度的基础上,运用劳动经济的相关研究方法分析当前有关劳动经济现象,使学生能够从理论到操作的各个层面了解现代劳动经济理论和发展的整体状况。同时注重这些内容与其他专业课程的具体内容相结合,培养学生用劳动经济的理论分析解决现实管理问题的能力。

在本书的编写过程中,我们努力做到:

(1) 从高职院校的学生实际出发,编写时力求削枝强干、优化内容、突出重点、加强基础。理论内容坚持以够用为主,立足实践的实际训练,通过大量的社会实践以及教学项目练习来增强学生对课程的理解。

(2) 力求做到科学性与实用性、先进性与针对性相统一;做到循序渐进、深入浅出、简明易懂,特别注意对学生动手能力的培养;每一个项目都安排详细的讨论案例及实训指导。

（3）没有长篇大论的理论阐述，而是通过一个个具体实用的实训项目，让学生成为学习的主体，教师成为学生学习活动的设计者和指导者。采用最基本的自主学习模式：教师提出问题→学生阅读教材（或搜集资料）→在教师的引导下回答问题。在传授重点、难点内容或理论性强的内容时，采用传统的课堂教学法，辅以练习题和思考题；在传授其他内容时，采用灵活多样的方法来吸引学生的注意力和激发其自主学习的愿望。

本书尝试根据高职院校的学生特点进行相关教学方法和环节的设计，以提高学生学习的兴趣和引导学生观察思考，为其他专业课程的学习打下坚实的理论基础。

本书建议讲授 40~80 学时。有些章节的次序和内容可依各专业要求酌情调整处理。

本书在编写过程中参考了有关中外文献，编者对这些文献的作者表示感谢！由于时间较为仓促和本人经验不足，书中有些内容没有指出文献来源，请相关人员谅解，并再次表示感谢。限于编者水平，错误、缺点在所难免，敬请专家和广大读者批评、指正！

编 者

2013 年 11 月 26 日

目 录

项目一　像劳动经济学家那样思考 ·· 1
　　任务一　像劳动经济学家那样思考 ·· 5
　　任务二　认识劳动经济学的研究对象及方法 ································ 13
　　任务三　综合实训 ·· 21

项目二　劳动力供给 ·· 27
　　任务一　劳动参与率 ··· 29
　　任务二　劳动供给决策 ·· 33
　　任务三　收入与替代 ··· 43
　　任务四　劳动力供给与劳动力供给曲线 ····································· 49
　　任务五　综合实训 ·· 52

项目三　劳动力需求 ·· 60
　　任务一　认识劳动力需求 ··· 61
　　任务二　劳动力需求弹性 ··· 66
　　任务三　短期劳动力需求 ··· 72
　　任务四　长期劳动力需求 ··· 76
　　任务五　综合实训 ·· 83

项目四　劳动力市场 ·· 89
　　任务一　劳动力市场的静态均衡 ·· 90
　　任务二　劳动力供求变动对均衡的影响 ····································· 98
　　任务三　综合实训 ··· 101

项目五　人力资本 ··· 105
　　任务一　了解人力资本的内涵 ·· 106

  任务二 个人教育投资决策 …………………………………………… 114
  任务三 企业培训投资决策 …………………………………………… 119
  任务四 综合实训 ……………………………………………………… 123

项目六 劳动力流动 …………………………………………………………… 130
  任务一 国家财政与劳动力市场 ……………………………………… 131
  任务二 劳动力流动 …………………………………………………… 137
  任务三 综合实训 ……………………………………………………… 147

项目七 工资制度设计与收入差距 …………………………………………… 150
  任务一 工资的历史、本质和形式 …………………………………… 152
  任务二 影响工资确定的主要因素 ………………………………… 155
  任务三 补偿性工资差别理论 ……………………………………… 158
  任务四 报酬制度和水平设计与员工激励 ………………………… 161
  任务五 收入不平等测量及变化的趋势 …………………………… 165
  任务六 中国收入分配差距扩大的原因 …………………………… 170
  任务七 缩小我国收入差距的政策 ………………………………… 173
  任务八 综合实训 …………………………………………………… 175

项目八 劳动力市场歧视 …………………………………………………… 180
  任务一 劳动力市场歧视理论 ……………………………………… 182
  任务二 我国的劳动力市场歧视问题 ……………………………… 190
  任务三 综合实训 …………………………………………………… 197

项目九 就 业 ………………………………………………………………… 200
  任务一 就业的基本理论 …………………………………………… 206
  任务二 就业统计 …………………………………………………… 209
  任务三 就业与政府管理——职能与服务体系 ……………………… 212
  任务四 我国就业政策选择:问题与策略 …………………………… 213
  任务五 综合实训 …………………………………………………… 217

项目十 失 业 ………………………………………………………………… 221
  任务一 失业的界定及失业率 ……………………………………… 223
  任务二 探索失业的类型及其成因 …………………………………… 227
  任务三 中国经济转型时期的就业与失业问题 ……………………… 237
  任务四 综合实训 …………………………………………………… 244

参考文献 ……………………………………………………………………………… 249

项目一

像劳动经济学家那样思考

教学目标

知识目标

① 理解劳动经济学的本质以及决策的概念与方法;
② 理解劳动经济学的研究方法;
③ 理解资源的稀缺性与机会成本的定义;
④ 掌握个人效用最大化的目标与企业效用最大化的目标;
⑤ 掌握实证研究方法和规范研究方法的特征。

能力目标

① 能够分辨出劳动经济学研究中使用的研究方法;
② 能够运用规范研究方法的价值判断标准分析劳动经济学现象。

案例导入

10个经济学思维方式,让你学会像经济学家一样思考问题

凯恩斯曾经说过:"经济学理论并不是一些现成的可以用于政策分析的结论。它不是教条,而是一种方法,一种智力工具,一种思维技巧,有助于拥有它的人得出正确的结论。"

现实世界的条件是不断变化的,我们在日常生活中总需要作出各种决策,因此,学习经济学最重要的并不是记住某个具体的结论,而是要学会正确的经济学的思维方式。

1. 人的行为是有目的的

在现实中，人的各种行动是为了达成某种目的。行动就是改变现状，人们之所以要改变现状，就是由于对现状不满，其中必然有对于某种价值的追求。

经济学关注人的行动，而且关注人们为什么采取这样的行动。只有这样，我们对整个经济现象才能有更为深刻的理解。

有些时候，目的和结果可能并不相一致，因为人可能由于无知而做错事。

2. 只有个体才有能力决策

实际上，只有个体，有血有肉、有灵魂、有意识的生命体，才有目的和行动能力。人要行动，就必须思考，需要搜集信息、分析判断，然后作出决策。这些活动只有个体才能完成。

"集体"是一个概念，集体本身不可能行动，只有集体里面的人才能行动。"集体"这个概念不能进行人格化的处理，"集体决策"这种说法只在隐喻意义上才是对的，用来解释问题则行不通。

3. 天下没有免费的午餐

经济学家米尔顿·弗里德曼曾说过，如果要用一句话概括经济学，那就是"天下没有免费的午餐"。这里，要为午餐所付的那个"费用"，就是机会成本。

人类有很多的欲望，但不幸的是，用来满足欲望的资源却总是稀缺的。因为稀缺性的存在，人们在行动时就必须有选择，为了得到一样东西就得放弃另一样东西。

所谓机会成本，就是你为了达成某项目所要放弃的最大价值。在我看来，是否理解和掌握机会成本的概念，可以迅速判断一个人是否具备经济学基础知识。

当具体到比如一个汉堡或者一个肉夹馍，说天下没有免费的午餐，你要给钱才能买，这一般人都很容易接受，但问题稍微复杂一点，说到医疗和教育，很多人就认为应该免费了。"羊毛出在羊身上"，一些朴素的生活常识用到稍微复杂一点的问题上，很多人（包括一些专家学者）也容易失去判断力。所以，系统地掌握经济学的相关理论，刻意练习一下经济学的思维方式是很有必要的。

4. 我们是在边际上作选择

我们渴了要喝水，饿了可以吃好吃的大包子。喝第一口水、吃第一个包子，都是从无到有，从 0 到 1，这是边际上的变化。喝第二口水、吃第二个包子，是从 1 到 2，也是边际上的变化。我们的行动都是对现有行动的微小调整，这就是所谓的边际(marginal)。

我们经常会看到非黑即白、非此即彼、非友即敌的情绪化表达，这种表达多半没有什么价值。经济学所要关注的问题，通常不是极端的非此即彼，而是"多一点"还是"少一点"的比较，也就是对边际成本和边际收益的权衡。

边际概念的引入，还破解了经济史上的一个著名难题——水钻悖论。19世纪的经济学家们曾一直困惑于一个问题：为什么对于人类生存至关重要的水很便宜，而对人类生存可有可无的钻石却很昂贵？古典经济学理论并没能给出很好的解释,而从边际的概念入手,这个问题则很容易回答。

这是因为,物品的价值是由它带给人的边际效用决定的——虽然水很重要,但是它很多,在边际上多一滴、少一滴对效用的影响不大;虽然钻石无关紧要,但是它很稀少,在边际上多一颗、少一颗对效用的影响很大。因此,钻石通常要比水贵。

5. 自由交换是互惠互利的共赢

全球最大的慕课平台之一——Coursera上有一门经济学课程,美国的一个大学教授在讲课过程中带来一堆小玩意,有玩偶、梳子、镜子、剃须刀、铅笔等。然后,随机发给每个人,让他们根据手中的这个东西对自己的价值从1到10分打分。打完分之后统计总分,然后让全班同学自由交换,交换之后再重新打分,重新统计总分。

自由交换之后,虽然东西还是那些东西,但大家得到的东西比原来更有用,所以总分也就高了,这就是交易本身创造了财富。我们生来能力有高低之别,占有和利用资源的效率也不同,在个人特质上可能有各自的差异。这些差异性的存在,给通过自由交换而改进彼此的收益创造了巨大的空间。

只有我们对某个商品的主观评价存在差异,自由交易才会发生,一旦完成了交易,就为双方都创造了价值。为了理解这个行为过程,经济学中用消费者盈余和生产者盈余来解释为什么交易是双方都赚到了,而不是一个零和游戏。

需要注意的是,交易自由是双方都获益的前提。如果强买强卖,一方认为一瓶水只值2元钱,另一方非要强迫一方花5元钱买水,那就是在增加一方收益的同时,减少了另一方的收益。

6. 分工是进步的源泉

亚当·斯密在《国富论》的开篇就用了很大篇幅来说明分工的重要性。他指出分工有三个好处:

第一,有助于手的技巧的完善,提高人的劳动熟练程度和判断力;

第二,节约了在不同工作环节之间转换劳动的时间;

第三,增加了发明新工具的可能性。

正是由于分工带来的这些好处,人们才得以通过分工合作来大幅度地提升自己的力量,完成仅靠单个人难以完成的事情。分工是和交易相联系的。如果没有分工,人类的交易就会很少。有了精细的分工,人与人之间的交易才能更加频繁地开展。

分工是市场规模扩大的结果。如果没有市场,就不会有分工,只能自给自足。市场的扩大促进了分工的细化,分工的细化促成了技术进步与创新,进而促进了经济发展,而经济发展反过来又使得市场进一步扩大……如此反复,就是经济良性发展的整个过程。

7. 结果比动机更重要

人的行动既有动机,也有结果,结果和动机并不一定完全一致,经常会出现事与愿违、南辕北辙的情况。当我们评价一个人的行动或者一个政策的出台,是看他说得多么美好吗?显然不是,我们要看它的具体结果。

通常人们会说"这人是好心"或者"出发点是好的",这些在科学面前都是经不起分析的。好心也有可能办坏事,这样的例子很多很多。诗人荷尔德林曾经说过,"通往地狱之路往往由善意铺就",用动机来判断某项行动的好坏往往是靠不住的。经济学家的看法是,即使一项行动的出发点是利己的,只要它的结果是利人的,这项行动就符合市场道德,值得肯定。

人们虽然有主观的利己之心,却有着客观的利他行为,加上交易是互惠互利的,奥地利学派经济学家米塞斯说"商业就是最大的公益",说的其实就是这个道理。

8. 自由竞争是件好事情

让利己之心产生利他之行,最重要的就是要有自由竞争。没有自由竞争,利己之心就可能导致损人利己。

中国农村有句老话叫"匠人要发,房子快塌",意思是工匠要发财,就必须把房子的质量盖得差一点。但这个发财"秘诀"只可能在没有竞争的情况下才有用。如果有竞争,为了争夺生意,工匠们必须提高建筑质量,让消费者满意,那些盖房质量差的工匠就不会有生意。

9. 制度比人强

制度就是一种游戏规则、一种激励机制,它在很大程度上决定着选择和结果之间的关系。宗教和传统道德多以改变人性为目的,但在经济学家看来,人性是很难改变的,但可以通过改变制度来改变人的行为。

有一些人认为经济学家只重制度,而不重人性。这种说法并不正确。事实上,人性和制度是相互影响的。在制度不健全的国度,往往也伴随着各类腐败的盛行;在制度健全的国度,腐败就相对较少。这说明,有些看上去是人性的问题,归根结底还是制度的问题。

最重要的制度是产权制度和个人自由。只有个人财产得到有效保护,人们才有积极性去创造财富,才有技术创新;只有在个人享有充分自由的前提下,人们才会将个人的善变成社会的善。一个制度如果缺少了这两项要素,就不能算是好制度。

10. 企业家精神

人的行动是有目的的,但行动与结果之间的关系受到许多行动者难以控制的因素影响,这就是世界的不确定性。

如果没有不确定性,每个人都有决策所需要的全部信息,决策就只是一个计算程序,就没有企业家的用武之地。世界的不确定性创造了社会对企业家的需求,企业家就是那些最善于对未来作出判断并愿意为此冒险的人。

企业家精神则是企业家特殊技能(包括精神和技巧)的集合。或者说,企业家精神指企业家组织建立和经营管理企业的综合才能的表述方式,它是一种重要而特殊的无形生产要素。

当人们还在讨论哪个品牌的手机键盘更好用的时候,乔布斯推出的 iPhone 直接去掉了键盘,他的智能手机一定能成功吗?成功之前谁都不知道。马车时代人们想要更快的马车,只有有创新能力的企业家和工程师看到了未来并大胆去尝试。

成功人士成功之前,永远不知道未来是不是一定能够成功。正是由于那些最善于判断未来并愿意承担风险的企业家发现了没有满足的市场,创造了各种各样的新产品和新技术,过去两百多年的经济进步才成为可能。对企业家精神的理解,有助于我们更好地看清市场经济的运行和经济增长的奥秘。

资料来源:张维迎.经济学原理[M].西安:西北大学出版社,2015.
思考及讨论:
(1) 你认同案例中的经济学思维吗?请给出你的理由。
(2) 根据案例中的经济学思维寻找生活中的类似事实,比较有哪些一致或不一致的地方?

任务一　像劳动经济学家那样思考

一、任务要求

理解劳动经济学家理解问题的角度和方法,学会劳动经济学家考虑问题的方式。

二、实训

(一) 实训一
【实训名称】案例分析。
【实训目的】真正理解什么是劳动经济学现象,并能够用自己的语言准确表述。
【实训步骤】
1. 全班 4~5 人一组,分成若干小组。
2. 提出案例:经济学家和数学家的旅行。

三个经济学家和三个数学家一起乘火车去旅行。数学家讥笑经济学家没有真才实学,弄出的学问还摆了一堆诸如"人都是理性的"之类的假设条件;经济学家则笑话数学家们过于迂腐,脑子不会拐弯,缺乏理性选择。最后,经济学家和数学家打赌看谁完成旅行花的钱最少。三个数学家每个人买了一张票上车,而三个经济学家却只买了一张火车票。列车员来查票时,三个经济学家就躲到厕所里,列车员敲厕所门查票时,经济学家们从门缝里递出一张票说"买了票了",就这样蒙混过关了。三个数学家一看经济学们这样就省了两张票钱,很不服气,于是在回程时也如法炮制,只买了一张票,可三个经济学家一张票也没有买就跟着上了车。数学家们心想,一张票也没买,看你们怎么混过去。等到列车员开始查票的时候,三个数学家也像经济学家们上次一样,躲到厕所里,而经济学家们却坐在座位上没动。过了一会儿,厕所门外响起了敲门声,并传来了查票的声音。数学家们乖乖地递出车票,却不见查票员把票递回来。原来是经济学家们冒充查票员,把数学家们的票骗走,躲到另一个厕所去。数学家们最后还是被列车员查到了,乖乖地补了三张票,而经济学家们却只掏了一张票的钱,就完成了这次往返旅行。

3. 以小组为单位,每人说出1~2件生活中观察到的劳动经济学现象。
4. 每组派代表在全班做总结发言。

【实训要求】

举例说明劳动经济学现象时,要求语句及内容完整,表述清楚;步骤2要求经过讨论,明确所列举的活动具有经济学性质,属于经济活动;小组代表发言应对小组活动情况做真实概括,总结性强。

(二) 实训二

【实训名称】案例分析。

【实训目的】理解经济学的本质。

【实训步骤】

1. 提出案例:经济学的选择问题。

加拿大经济学家迈克尔·帕金写了一本畅销世界的经济学教科书《经济学》,该书的第一章一开头就写道:"从你每天早上醒来的一刻到你每天晚上睡下的一刻,你的生活充满了选择。"著名经济学家梁小民教授说:"经济学是什么?说得高深点,经济学是一门选择的科学。"

是的,选择无处不在,选择无时不有。早餐吃什么?是面包牛奶,还是豆浆油条?晚上几点睡?是早睡早起,还是晚睡晚起?这些看似寻常的琐事实际上都蕴含了经济学上的选择问题。

选择是痛苦的,因为它会让你进退维谷,左右为难。

著名的"杨朱临路而泣"的故事充分说明了选择带给人的痛苦。杨朱是先秦有名的哲学家,他有一天走到一个三岔路口的时候,面对着面前的三岔路口,突然放声痛哭起来。有人大惑不解地问他为什么痛哭,杨朱回答说:"我不知道该走哪条路!"那人不以为然,结果这个杨朱鄙夷地看了看他,满脸忧愁地说:"你哪里知道,人生到处都是这样的三岔路口啊!"

莎士比亚在其戏剧《哈姆雷特》中留下了描述两难选择的名句:"生还是死——这是个问题。"

2010年6月,有一则让人震惊的新闻,一个男青年因为在三名爱着他的女孩之间难以取舍而最终选择了自杀。

但是选择又是幸福的,因为它告诉你至少还有其他机会。

历史上,别无选择让"生当作人杰,死亦为鬼雄"的项羽在乌江自刎,而选择做奴隶的越王勾践终于创造了"苦心人,天不负,卧薪尝胆,三千越甲可吞吴"的人间奇迹;别无选择让崇祯皇帝上吊自杀前先杀死了自己心爱的女儿并对她说"愿生生世世不再生在帝王家",而选择宫刑的司马迁则忍辱负重地写出了照耀中国历史进程的不朽巨著《史记》。

当然,不当的选择会带来终身遗憾。宋徽宗、宋钦宗选择投降而不是拼死抵抗,结果被掳掠到寒冷的北方受尽凌辱,最后还不得善终,让后人扼腕叹息;崇祯皇帝选择处死立下赫赫战功的袁崇焕而自毁长城,其结果是国破家亡。所以,面临选择时须慎之又慎。

回归到经济学上,因为资源是稀缺的,所以我们必须作出选择。在经济学上的选择问题包括:对消费者而言,选择如何配置现有的资金以达到最佳的消费效果或投资效果;选择如何利用有限的时间;选择如何满足自己的欲望;在必要时如何牺牲某种欲望来满足另外一种欲望。对生产者而言,选择生产什么物品和劳务以及各生产多少;选择如何生产;选择为谁生产这些物品和劳务;选择何时生产这些物品和劳务。这是每个消费者和生产者面临的问题,也是经济学需要解决的问题。

资料来源:王瑞泽.经济学是个什么玩意[M].北京:机械工业出版社,2011.

2. 思考及讨论:
(1) 你认为经济学的本质是什么?
(2) 使用该案例说明经济学的本质。
(3) 你认为劳动经济学的本质是什么?
(4) 通过该案例,你能得到哪些启发?
3. 教师总结。

【实训要求】

能够抓住事件的关键点,正确理解案例,联系学习的理论,紧密联系案例事实加以论证,初步学习案例分析的基本方法。

三、知识链接

(一) 经济学的理性

人们普遍以为,经济学的主题内容是货币。其实,这是一种误解。经济学真正的主题内容是理性,其隐而不彰的深刻内涵就是人们理性地采取行动的事实。经济学关于理性的假设是针对个人而不是团体。经济学是理解人们行为的方法,它源自这样的假设:每个人不仅有自己的目标,而且还会主动地选择正确的方式来实现这些目标。这样的假设虽然未必总是正确,但很实用。在这样的假设下发展出来的经济学不仅有实用价值,能够指导我们的日常生活,而且因充满了理性而足以启人心智。尽管我们在日常生活中时常有意无意地运用了一些经济学知识,但如果对经济学知识缺乏基本的了解,就容易在处理日常事务时理性不足,给自己的生活平添许多不必要的烦扰。

例如，刚刚买回车子，没过两天，这款车子却降价了，大部分人遇到这种情况时都会垂头丧气，心里郁闷得很；倘若前不久刚刚买了房子，该小区的房价最近上涨了，兴高采烈是一般购房者的正常反应。这些反应虽然符合人之常情，但跌价带来的郁闷感觉是错误的。

正确的反应应该是：无论是跌价还是涨价，都应该感觉更好。经济学认为，对消费者而言，最重要的是你消费的是什么——房价、车价是多少以及其他商品的价格是多少。在价格变动以前，你所选择的商品组合（房子、车子或其他商品）对你来说是最好的东西。如果价格没有改变，你会继续这样的消费组合。在价格变化以后，你仍然可以选择消费同样的商品，因为房子、车子已经属于你了，所以，你不可能因为价格变化而感觉更糟糕。但是，房子、车子与其他商品的最佳组合取决于房价、车价，过去的商品组合仍然为最佳是不可能的。这就意味着现在还有一些更加吸引人的选择，因此，你的感觉应该更好。新的选择虽然存在，但你更钟情于原来的最佳选择（原来的商品组合）。

在日常生活中，我们还常常烦扰于别人为什么挣得比我多，总是觉得自己得到的比应得的少，经济学告诉我们这样的感觉是庸人自扰，也是错误的。经济学认为别人比自己挣得多是正常的，自己得到的就是应得的，如果自己不能理性地坦然面对，只会给自己的生活带来不必要的烦扰和忧愁。

我们之所以在日常生活中遇到这样或那样的烦扰，主要还是因为对经济学有一些误解，这可能是经济学说起来比较简单的缘故。供给与需求、价格、效率、竞争等都是大家耳熟能详的经济学词汇，而且这些词汇的意思也是显而易见的，因此，很多时候，似乎人人都是经济学家。人们不敢随便在一个物理学家或数学家面前班门弄斧，但在一个经济学家面前，谁都可以就"车价跌了该高兴还是该郁闷"等实际问题随意发表自己的见解。其实，经济学中有许多并非显而易见的内容，并不是每个人想象的那么简单。在经济学领域，要想从"我听说过"进入"我懂得"的境界并不是件轻而易举的事情。

因此，掌握正确的经济学知识，将经济学思考问题的方法运用到日常生活中来，使我们能够更加理性地面对生活中的各种琐事，小到油盐酱醋，大到谈婚论嫁，就会减少生活中的诸多郁闷和不快，多一些开心，多一些欢笑。

经济学的理论告诉我们：资源是稀缺的，时间是有限的，选择是有代价的。我们要学会放弃一些眼前的利益，而选择机会，选择未来，坚持学习，不断地给自己充电，适应新的变化。如果你能多懂得一点经济学，就会多一些机遇，少一些风险。

(二) 选择——决策的学问

1. 决策的定义

在日常生活和工作中，人人都可能是决策者。决策就是指人们在行动之前对行动目标与手段的探索、判断和选择。例如，在双休日是继续工作、学习还是休息？一旦决定休息，是在家看电视、到电影院看电影或者到郊外旅游？这些都需要作出决策。决策是普遍存在的，而且是至关重要的。无论是个人还是组织，几乎每时每刻都在作出决策。但现实中并不是所有的决策都是有效的，因"一着失误"而导致"全盘皆输"的事件古今中外屡见不鲜。

从管理者的角度来说，决策是其管理工作的核心和基本要素。有人曾对高层管理者做过一项调查，要他们回答三个问题："你每天花时间最多的是哪些方面？""你认为每天最重要的事情是什么？""你在履行职责时感到最困难的工作是什么？"绝大多数被调查者的答案只是两个字"决策"。

决策如此重要，究竟什么是决策？所谓决策，是指组织或个人为了实现某种目标而对未来一定时期内有关活动的方向、内容及方式的选择或调整过程。

2. 决策的原则

对决策者来说，要想使决策达到最优，必须：① 容易获得与决策有关的全部信息；② 真实了解全部信息的价值所在，并据此制订所有可能的方案；③ 准确预测每个方案在未来的执行结果。

在现实中，上述这些条件往往得不到满足。具体来说：① 内外存在的一切信息对决策者的现在和未来都会直接或间接地产生某种程度的影响，但决策者很难收集到反映这一切情况的信息；② 对于收集到的有限信息，决策者的利用能力也是有限的，决策者只能制定数量有限的方案；③ 任何方案都要在未来实施，而人们对未来的认识是不全面的，对未来的影响也是有限的，决策时所预测的未来状况可能与实际的未来状况有出入。

3. 决策的依据

决策者在决策时离不开信息。信息的数量和质量直接影响决策水平。这要求决策者在决策之前以及在决策过程中尽可能地通过多种渠道收集信息，作为决策的依据。但这并不是说决策者要不计成本地收集各方面的信息。决策者在决定收集什么样的信息、收集多少信息以及从何处收集信息等问题时，要进行成本-收益分析。只有在收集的信息所带来的收益超过因此而付出的成本时，才应该收集信息。所以，适量的信息是决策的依据，信息量过大固然有助于决策水平的提高，信息量过少则使决策者无从决策或导致决策收不到应有的效果。

4. 确定型决策、风险型决策与不确定型决策

从环境因素的可控程度看，可把决策分为确定型决策、风险型决策与不确定型决策。

确定型决策是指在稳定(可控)条件下进行的决策。在确定型决策中，决策者确切地知道自然状态的发生，每个方案只有一个确定的结果，最终选择哪个方案取决于对各个方案结果的直接比较。

风险型决策也称随机决策，在这类决策中，自然状态不止一种，决策者不知道哪种自然状态会发生，但知道有多少种自然状态以及每种自然状态发生的概率。

不确定型决策是指在不稳定条件下进行的决策。在不确定型决策中，决策者可能不知道有多少种自然状态，即便知道，也不能知道每种自然状态发生的概率。

(三) 决策理论

1. 古典决策理论

古典决策理论又称规范决策理论，是基于"经济人"假设提出来的，主要盛行于20世纪50年代以前。古典决策理论认为，应该从经济的角度来看待决策问题，即决策的目的在于为组织获取最大的经济利益。

古典决策理论的主要内容是：决策者必须全面掌握有关决策环境的信息情报；决策者要充分了解有关备选方案的情况；决策者应建立一个合理的自上而下执行命令的组织体系；决策者进行决策的目的始终都在于使本组织获取最大的经济利益。

优点：决策者是完全理性的；决策者在充分了解信息的情况下，是完全可以作出最佳的决策的。

缺点：忽视了非经济因素的作用；不能正确指导实际的决策活动。

2. 行为决策理论

行为决策理论的主要内容是：

（1）人的理性介于完全理性和非理性之间，即人是有限理性的，这是因为在高度不确定和极其复杂的现实决策环境中，人的知识、想象力和计算力是有限的。

（2）决策者在识别和发现问题中容易受知觉上偏差的影响，而在对未来的状况作出判断时，直觉的运用往往多于逻辑分析方法的运用。

（3）受决策时间和可利用资源的限制，决策者即使充分了解和掌握有关决策环境的信息情报，也只能尽量了解各种备选方案的情况，而不可能全部了解，决策者选择的理性是相对的。

（4）在风险型决策中，与经济利益的考虑相比，决策者对待风险的态度起着更为重要的作用。

（5）决策者在决策中往往只求满意的结果，而不愿费力寻求最佳方案。导致这一现象的原因有多种：决策者不注意发挥自己和别人继续进行研究的积极性，只满足于在现有的可行方案中进行选择，决策者本身缺乏有关能力，在有些情况下，决策者出于个人某些因素的考虑而作出自己的选择；评估所有的方案并选择其中的最佳方案，需要花费大量的时间和金钱，这可能得不偿失。

3. 当代决策理论

继古典决策理论和行为决策理论之后，决策理论有了进一步的发展，产生了当代决策理论。当代决策理论的核心内容是：决策贯穿整个管理过程，决策程序就是整个管理过程。

对当今的决策者来说，在决策过程中应广泛采用现代化的手段和规范化的程序，应以系统理论、运筹学和电子计算机为工具，辅以行为科学的有关理论。这就是说，当代决策理论把古典决策理论和行为决策理论有机地结合起来，它所概括的一套科学行为准则和工作程序，既重视科学的理论、方法和手段的应用，又重视人的积极作用。

（四）决策的方法

在决定选择哪一个方案时，要比较不同的方案，比较的一个重要标准是各种方案实施后的经济效果。由于方案是在未来实施的，管理者在计算方案的经济效果时，要考虑到未来的情况。根据未来情况的可控程度，可把有关活动方案的决策方法分为确定型决策方法、风险型决策方法和不确定型决策方法三大类。

1. 确定型决策方法

在比较和选择活动方案时，如果未来情况只有一种并为决策者所知，则需采用确定型决策方法。常用的确定型决策方法有线性规划和量本利分析法等。

（1）线性规划是在一些线性等式或不等式的约束条件下，求解线性目标函数的最大值或最小值的方法。运用线性规划建立数学模型的步骤是：首先，确定影响目标大小的变量；其次，列出目标函数方程；再次，找出实现目标的约束条件；最后，找出使目标函数达到最优的可行解，即为该线性规划的最优解。

（2）量本利分析法又称保本分析法或盈亏平衡分析法，是通过考察产量（或销售量）、成本和利润的关系以及盈亏变化的规律来为决策提供依据的方法。在应用量本利分析法时，关键是找出企业不盈不亏时候的产量（称为保本产量或盈亏平衡产量，此时，企业的总收入等于总成本）。

2. 风险型决策方法

在比较和选择活动方案时,如果未来情况不止一种,决策者不知道到底哪种情况会发生,但知道每种情况发生的概率,则需采用风险型决策方法。常用的风险型决策方法是决策树法。

决策树法是用树状图来描述各种方案在不同情况(或自然状态)下的收益,据此计算每种方案的期望收益,从而作出决策的方法。

3. 不确定型决策方法

在比较和选择活动方案时,如果决策者不知道未来情况有多少种,或虽知道有多少种,但不知道每种情况发生的概率,则需采用不确定型决策方法。常用的不确定型决策方法有小中取大法、大中取大法和最小最大后悔值法等。

(1) 小中取大法。采用这种方法的管理者对未来持悲观的看法,认为未来会出现最差的自然状态,因此,不论采取哪种方案,都只能获取该方案的最小收益。采用小中取大法进行决策时,首先计算各方案在不同自然状态下的收益,并找出各方案所带来的最小收益,即在最差自然状态下的收益,然后进行比较,选择在最差自然状态下收益最大或损失最小的方案作为所要的方案。

(2) 大中取大法。采用这种方法的管理者对未来持乐观的看法,认为未来会出现最好的自然状态,因此,不论采取哪种方案,都能获取该方案的最大收益。采用大中取大法进行决策时,首先计算各方案在不同自然状态下的收益,并找出各方案所带来的最大收益,即在最好自然状态下的收益,然后进行比较,选择在最好自然状态下收益最大的方案作为所要的方案。

(3) 最小最大后悔值法。管理者在选择了某方案后,如果将来发生的自然状态表明其他方案的收益更大,他(或她)就会为自己的选择而后悔。最小最大后悔值法就是使后悔值最小的方法。采用这种方法进行决策时,首先计算各方案在各自然状态下的后悔值(某方案在某自然状态下的后悔值=该自然状态下的最大收益-该方案在该自然状态下的收益),并找出各方案的最大后悔值,然后进行比较,选择最大后悔值最小的方案作为所要的方案。

四、拓展训练

心理测试:你的决策力如何?

测试导语:对于一位领导者而言,要想做出一流的业绩和取得非凡的成就,无疑需要具备多方面的卓越能力。相比其他各项能力来说,决策力是重中之重。

测试内容:

1. 你的分析能力如何?

A. 我喜欢通盘考虑,不喜欢在细节上考虑太多。

B. 我喜欢先做好计划,然后根据计划行事。

C. 认真考虑每件事,尽可能地延迟应答。

2. 你能迅速地作出决定吗?

A. 我能迅速地作出决定,而且不后悔。

B. 我需要时间,不过我最后一定能作出决定。
C. 我需要慢慢来,如果不这样的话,我通常会把事情搞得一团糟。

3. 进行一项艰难的决策时,你有多高的热情?
A. 我做好了一切准备,无论结果怎样,我都可以接受。
B. 如果是必需的,我会做,但我并不欣赏这一过程。
C. 一般情况下,我都会避免这种情况,我认为最终都会有结果的。

4. 你有多恋旧?
A. 买了新衣服,就会捐出旧衣服。
B. 旧衣服有感情价值,我会保留一部分。
C. 我还有高中时代的衣服,我会保留一切。

5. 如果出现问题,你会:
A. 立即道歉,并承担责任。
B. 找借口,说是失控了。
C. 责怪别人,说主意不是我出的。

6. 如果你的决定遭到了大家的反对,你的感觉如何?
A. 我知道如何捍卫自己的观点,而且通常我依然可以和他们做朋友。
B. 我会试图维持大家之间的和平状态,并希望他们能理解。
C. 这种情况下,我通常会听别人的。

7. 在别人眼里你是一个乐观的人吗?
A. 朋友叫我"拉拉队长",他们很依赖我。
B. 我努力做到乐观,有时候我也很悲观。
C. 我的角色通常是"恶魔鼓吹者",我很现实。

8. 你喜欢冒险吗?
A. 我喜欢冒险,这是生活中比较有意义的事。
B. 我喜欢偶尔冒险,不过我需要好好考虑一下。
C. 不能确定,如果没有必要,我为什么要冒险呢?

9. 你有多独立?
A. 我不在乎一个人住,我喜欢自己作决定。
B. 我更喜欢和别人一起住,我乐于作出让步。
C. 我的配偶作大部分的决定,我不喜欢参与。

10. 让自己符合别人的期望,对你来讲有多重要?
A. 不是很重要,我首先要对自己负责。
B. 通常我会努力满足他们,不过我也有自己的底线。
C. 非常重要,我不能贸然失去与他们的合作。

计分标准:
选A,得10分;选B,得5分;选C,得1分。把每一题的得分相加,计算总分。

测试结果：

24分以下，差。你现在的决策方式将导致"分析性瘫痪"，这种方式对你的职场开拓来讲是一种障碍。你需要改进的地方可能有下列几个方面：太喜欢取悦别人，分析性过强，依赖别人，因为恐惧而退却，因为障碍而放弃，害怕失败，害怕冒险，无力对后果负责。测试中，选项A代表了一个有效的决策者所需要的技巧和行为。制作一个表格，列出改进你决策方式的办法，同时，考虑阅读一些有关决策方式的书籍或咨询专业顾问。

25～49分，中下。你的决策方式可能比较缓慢，而且会影响到你的职场开拓。你需要改进的地方可能是下列一个或几个方面：太在意别人的看法和想法，把注意力集中于别人的观点之上，作决策时畏畏缩缩，不敢对后果负责。你需要调整自己的心态并制作一个表格，列出改进你决策方式的办法。

50～74分，一般。你有潜力成为一个好的决策者，不过你存在一些需要克服的弱点。你可能太喜欢取悦别人，或者你的分析性太强，也可能你过于依赖别人，有时还会因为恐惧而止步不前。要确定自己到底在哪些方面需要改进，你可以重新看题目，把你的答案和选项A进行对照，因为选项A代表了一个有效的决策者所需要的技巧和行为。制作一个表格，列出改进你决策方式的办法。

75～99分，不错。你是个十分有效率的决策者。虽然有时你可能会遇到思想上的障碍，减缓你前进的步伐，但是你有足够的精神力量继续前进，并为你的生活带来变化。不过，在前进的道路上你要随时警惕障碍的出现，充分发挥你的力量，这种力量会决定一切。

总分100，很棒。完美的分数！你的决策方式对你的职场开拓是一笔真正的财富。

资料来源：刑群麟.世界上最经典的1500道心理测试题[M].北京：中国言实出版社，2006.

任务二 认识劳动经济学的研究对象及方法

一、任务要求

理解劳动经济学的研究对象以及劳动经济学的研究方法。

二、实训

【实训名称】案例分析。
【实训目的】了解经济学的决策分析方法。
【实训步骤】
1. 全班4～5人一组，分为若干小组。
2. 提供案例：毕业决策的经济学分析。

相对于就业的现实性,安心在"象牙塔"里做纯学问仿佛越来越难。所谓"年年岁岁花相似",毕业生面临深造或者求职选择时出现的彷徨和焦虑,在大学已成为常态。由此,如何在大学四年学习中分配好用来学习和用来增强就业竞争力的时间,就成了众多大学生的难题。时下,国内就业形势更为严峻,甚至处于大一、大二的学生就开始为毕业而紧张。

总是告诫毕业班学生"要这样,别那样",老调重弹时,一个被遮蔽已久的毕业生"通病"已经越来越清晰地显现出来——如今的不少学生身上,似乎有着一个年轻人本不该有的功利心态。

一言以蔽之,大学读了四年,甭说对专业的了解度不够,连自己到底喜欢什么都不知道。这不是太可怕了吗?

一年一度的考研报名将于今年10月16号开始。考研、出国还是就业,想必新一届的应届生又将为此纠结。其实,不妨把毕业生要作的决定看成一项经济学中常作的投资决策。既然是投资,就要考虑投资的收益与成本,还有投资回收期的长短等因素。经过一番精确计算,或许能在收益与成本的权衡中找出可能的最优解。

受本次金融危机影响,国内外的就业形势急转直下。国外方面,以美国为例,其今年9月份的失业率达到9.8%,创下26年来的最高纪录。关于国内的就业形势,根据人力资源和社会保障部的统计数据:2009年将有610万应届高校毕业生需安排就业,加上历年没有就业的人员,超过700万毕业生需要解决就业。这些显然都加剧了选择的风险成本。

对当前的宏观形势有了清晰界定后,就可以分析考研、出国与就业这三个对毕业生来说可能的选项的收益与成本。

(1) 选择考研先要选准目标,勿忘计算沉没成本!

从2001年到2006年,6年内国内报考研究生的人数从45万增长到127万,增加了80余万人。2009年为124.6万人,有机构预测2010年考研人数可能要达到180万人。与此相对应,从1999年高校连续扩招以后,研究生教育一直保持快速增长的势头,目前,考研的报名与录取比例大致维持在3∶1~4∶1。

看到这组对比数据,估计会有人说,现在经济不是正在恢复吗,为什么2010年的考研人数会突然升得那么高? 对,这种怀疑原本没有错。但是大多数同学的考研决定是在大三下学期甚至是大二时就决定了的。因为考研是一项"长期的工程",需要大量的时间投入,这就构成了其决策的沉没成本。所谓沉没成本,就是一旦投入,不管结果如何,都无法再撤回的成本。很多大二就决定考研的学生其实已经在图书馆里花下大量的复习时间,放弃了考托福、GRE等其他机会,这就构成他们的沉没成本。套用一句俗话,是已经"逼上梁山,不得不考"了。

当然,在作出是否考研的决策时,还要注意一个细节:从2008年开始很多学校都取消了公费制。所以,在考虑由学费而形成的读研直接成本时,还必须考虑读研的机会成本。所谓机会成本,就是作出一项选择时所放弃的所有其他选择中的最优选择所能带来的收益。在这里,读研的机会成本主要是读研这几年中,假如没有选择读研而是选择工作所能获得的工资、社会经验等。

考研的同学在选择专业、学校时,也要充分考虑成本与收益。热门的学校、专业,风险就大很多。例如,复旦大学国际金融系曾连续几年创下考研录取分数线之最,其报名与录取比例有时高达100∶1;又如,北京大学中国经济研究中心是国内经济、金融类学子心中的最高殿堂,其难度可想而知。

至于希望毕业后出国的同学,也可以依照考研的成本和收益作出类似分析。相对于考研,出国的限制条件更高,最起码也得是中产家庭,毕竟,奖学金不是人人都能申请到的,出国费用在形成较高直接成本的同时,也产生了较高的机会成本。出国读研的好处很明显,在国外,通常只需1年或1年半的时间就能拿到研究生学位,而国内大部分高校都需要3年。其实,读书的时间短也滋生一个问题:出国读研究竟能学到多少知识?这个必须权衡清楚。至于说出国留学的额外收益——开阔视野,这也因人而异。

特别提醒立志考研的同学,请一定要先认清自己的学习能力和爆发力,选择一个适合自己的目标,这个可能比你后期的努力更重要。毕竟,谁也不想最后的结果是落榜再就业或是"来年再战"。

(2) 报考公务员有高风险,需比投资考研或出国更加谨慎!

不论是考研还是出国,最终都会在就业关口"会师"。

读完研再就业,肯定会具有某些直接选择就业的同学所不具备的优势。浏览过各大招聘网站的同学应该会发现,很多岗位的招聘条件之一动不动就是"研究生以上学历"。这个其实是很正常的,发达国家也有这样的现象,经济学对这种现象有一种专门的解释,叫作"教育深化"。简单来说,就是原本一个专科生就能胜任的工作,现在用人单位招了本科生,原本一个本科生就能胜任的工作,实际却有很多研究生(甚至是博士生)申请该岗位。

自从高校实行扩招以后,上述现象就越来越常见。最后导致的结果,可能就是经济学上所说的"知识失业",从字面意思上来理解就是有知识的人反而更容易失业。从最近几年的就业数据上可以看出,博士生的就业率就低于硕士生。

当然,也有很多人在择业时会选择报考公务员。这几年,公务员的录取比例极低,有些岗位的报名与录取比例竟会达到数千比一。

不少人认为报考公务员的高风险会有高回报,但这可能只是暂时的。就像很多专业一样,热过一阵就会降温,正所谓"风水轮流转,明年到我家"。2009年,国家已经启动对事业单位的改革,对公务员薪酬体制进行改革也将是大势所趋。所以,本人经过粗浅的经济学测算后,强烈提醒大学生:报考公务员有高风险,需比投资考研或出国更加谨慎!

资料来源:雷磊.毕业决策的经济学分析:报考公务员有高风险[N].文汇报,2009-10-15.

3. 分析以上案例:

(1) 在进行选择时为什么感觉很难?

(2) 在进行选择时需要考虑哪些因素?

4. 以小组为单位,以书面形式提交讨论成果。

5. 教师总结。

【实训要求】

能够抓住事件的关键点,正确理解案例,联系学习的理论,紧密联系案例事实加以论证,初步学习案例分析的基本方法。

三、知识链接

(一) 劳动经济学的一些基本概念

据说,有一位美国劳工部长试图从政府的出版物中摒弃"劳动力市场"一词,因为他认为,将劳动力视为像粮食、石油或钢铁等物品一样来加以买卖的做法,有辱劳动者的人格。无疑,劳动力具有几方面的独有属性。劳动力服务只能被租用,而劳动者本身不能被买卖。此外,由于劳动力服务不可能与劳动者相互分离,因此,租用劳动力服务的条件往往与租用劳动力服务的价格同样重要。与商品市场不同,在雇佣交易中,非货币因素(如工作环境、工伤风险、管理者的个性特点、对公平对待的感知以及工作时间的灵活性等)显得更为重要。最后,有很多对雇佣关系产生影响的机构和立法在其他市场上不存在。

然而,基于以下几方面的原因,雇主和雇员间租借劳动力服务的客观环境显然还是构成了一个市场。第一,为便于劳动力服务买卖双方之间的联系,建立了许多专职招聘机构和就业服务机构等类似机构。第二,一旦劳动力服务买卖双方之间建立了联系,关于劳动力服务的价格和质量方面的信息就开始通过求职申请和面试在双方之间进行交换。第三,当双方经过协商达成一致后,还需要签订某种正式或非正式的合同,在合同中约定薪酬、工作条件、就业保障乃至合同的期限。在通常情况下,这些合同都要求雇主根据劳动者的实际工作时间而不是他们所生产的产品来支付薪酬。这种形式的薪酬就要求雇主在甄选和雇用员工的过程中,必须对劳动者的工作动机及其可靠程度给予充分的关注。

雇主和雇员之间在劳动力市场上交易的最终结果,当然是以一定的工资率将劳动者配置于一定的工作岗位上。对劳动力服务的这种配置,不仅仅是满足劳动者个人的需要,也是整个社会的需要。借助于劳动力市场,最重要的国家资源——劳动力就被配置到不同的企业、行业、职业以及地区。

劳动经济学是对劳动力市场的运行及其结果进行研究的一门学科。更确切地说,劳动经济学主要研究雇主和雇员对于工资、价格、利润以及像工作条件等雇佣关系中的非货币因素所作出的行为反应。这些因素既鼓励同时也限制个人的选择。经济学的关注焦点在于研究非个体化而能适用于更广泛群体的行为动机。

本书将考查工资与就业机会之间的关系,工资、收入和工作决策之间的相互作用,各种一般性市场因素对劳动者职业选择的影响方式,工资水平与令人不快的工作特征之间的关系,教育和培训投资的激励因素及其所产生的效果,工会对工资、生产率和员工流动所产生的影响等。在这一过程中,我们将分析各种社会政策对就业和工资所产生的影响,如关于最低工资和加班的法律规定、职业安全与卫生方面的立法、福利改革、工薪税、失业保险、移民政策以及反歧视立法等。

我们对劳动经济学的研究将会分为两个层面展开。在大部分篇幅中,我们将会运用经济理论来分析"是什么"的问题,即运用实证经济学的分析方法来解释人们的行为,在另外一些时候,则运用规范经济学的分析方法来判断"应该是什么"的问题。

(二) 劳动资源的稀缺性

人们社会生活的一个最为基本的事实是,通过消费各种消费资料以满足自身的需要。从经济学的观点看,构成消费对象的消费资料不仅是有形的物质资料(如衣物、食物、住所等),而且还包括无形的非"物质"的资料(如教育、服务、安全、闲暇时间等)。只有消费这些资料,人们的需要和愿望才能得到满足,社会才能存在与发展。但人所共知,生产或形成赖以消费的资料均需劳动,均需消费各种资源(如资本资源、自然资源、劳动资源)才能做到,而人类社会没有满足其全部需要的资源。资源的有限性也称为资源的稀缺性,或者更准确地说,相对于人类社会的无限需要而言,客观上存在着制约满足人类需要的力量,此种力量被定义为资源的稀缺性。

例如,在现代社会,人们为了获得更多的劳动收入,从而获得更多的可资消费的物品,因而对劳动时间的需要是无限的;为了获得更多的享受和发展,对闲暇时间的需要也是无限的。但对于消费主体而言,能够用于生产消费和闲暇消费的时间资源总是有限的。人类社会发展的自身经验已经充分表明,劳动资源的稀缺性始终是制约社会和个人的需要和愿望得到充分满足的基本因素。

劳动资源与其他资源相比较,虽有其自身的若干特点,但在稀缺性方面与其他资源具有共同的属性。

劳动资源的稀缺性具有如下属性:

其一,劳动资源的稀缺性是相对于社会和个人的无限需要和愿望而言的,是相对的稀缺性。在某一特定时期,社会可支配的劳动资源无论其绝对量有多大,总是一个既定的量。任何一个既定的量与无限性相比,总是不足的,即具有稀缺性。

其二,劳动资源的稀缺性又具有绝对的属性。社会和个人的需要和愿望不断增长、变化,已有的需要和愿望得到了满足,又会产生新的需要。因此,劳动资源的稀缺性存在于社会历史发展的各个阶段,从而使劳动资源的稀缺性具有普遍和绝对的属性。

其三,在市场经济中,劳动资源稀缺性的本质表现是消费劳动资源的支付能力、支付手段的稀缺性。劳动资源只能以一定的规模加以利用。消费资料的形成是劳动的结果,是消费各种资源的产物。若消费各种资源的支付能力、支付手段是无限的,则消费资料也就是无限的。而支付能力是生产出来的,是生产的结果,生产力等于支付能力。一定社会发展阶段所能够拥有的劳动量就是消费的支付能力。消费各种资源以生产或形成经济物品的支付能力和支付手段是有限的,这也正是资源(包括劳动资源)闲置的根本原因之一。

劳动资源稀缺性的第三个属性具有极为重要的理论意义与实践意义。无论是社会还是个人,在追求满足其自身需要和愿望的过程中,表面上是受到资源稀缺的约束,本质上则是受到支付能力和支付手段(生产力发展水平)的约束。如前所述,闲暇时间可使个人得到享受和获得发展,可以满足人们的多种需要和愿望。但是,闲暇消费仍然需要支付能力,这是用以保证闲暇消费得以进行的条件。再如,无论是我国还是其他国家,失业和就业不充分都是很普遍的一种现象,是劳动资源闲置的典型表现。劳动资源是稀缺的,怎么还会闲置呢?根本原因在于资源稀缺的本质——支付能力有限。若支付能力无限充分,就不会存在荒芜的土地、浩瀚的沙漠……生产多少经济物品都可以得到支付,也就不会存在资源的闲置。

劳动资源的稀缺性以及劳动资源在社会生产中的能动性作用,导致市场主体的任何经济行为和任何经济决策都有成本。社会和个人依据占有或可以使用的稀缺资源追求某一目标,就意味着对另一目标的放弃。这里的成本概念不是指实际成本,而是指机会成本。所谓机会成本,是指将稀缺的劳动资源用以满足此种需要和愿望而放弃的彼种需要和愿望的满足。例如,某人从事商店店员职业,一日可得100元工资,从事建筑工人职业,一日可得200元工资。然而,他只能就职于一处,选择建筑工人职业,就须放弃店员职业。放弃店员职业的100元工资收入就是获得建筑工人职业200元工资收入的机会成本。

现代劳动经济学产生于劳动资源的稀缺性与成本的存在,其研究对象正是这种客观存在所决定的。

（三）效用最大化与选择

在市场经济中,市场运作的主体是企业和个人。市场主体的经济行为都有着自己的目标,并以明智的方式追求这一目标。个人追求的目标是效用最大化,即在个人可支配资源的约束条件下,使个人需要和愿望得到最大程度的满足。企业追求的目标是利润的最大化。这里不对"利润"作纯经济学的分析,而仅把利润定义为企业生产经营的总收入减去总费用的差额部分。利润最大化的含义就是:如果上述的"差额"是正值,则越大越好;如果是负值,则越小越好。利润最大化不过是效用最大化的变形,它突出了效用的货币收益方面,而忽略掉非货币收益方面。

效用最大化行为的观点通常作为经济分析的基本假设。它并不是说任何一个市场主体的每一种经济选择和经济决策行为都达到了效用最大化的目标,而是说主体的行为可以用效用最大化的观点加以分析和预测。

设想这样一种情况:假设其他条件均相同或具有可比性,某个人既可以从事每小时获得10元工资收入的工作,也可以从事每小时获得20元工资收入的工作。依据效用最大化行为的观点解释人们的行为,将得出人们会选择后一种工作的结论。这一结论并不排斥某人可能选择前者。效用最大化行为的观点只是强调选择后者是经济行为主体的一般选择和趋势。又如,当企业面临工资上涨而资本价格不变,且资本替代劳动不存在任何障碍时,依据效用最大化的观点解释企业此时的行为,将会得出企业将用资本替代劳动的结论。

企业和个人千差万别,各自的目标存在差异,但只要目标确定下来,效用最大化行为的观点对人们的经济行为都能提供有说服力的分析和预测。

社会和个人需要的满足程度受到资源稀缺性的约束,追求效用最大化,人们就要对如何利用资源进行选择。所谓选择,就是指主体关于如何利用资源去生产物品和消费闲暇的决策,从而达到最大限度地满足主体自身的需要和愿望。个人及其家庭在劳动时间及闲暇时间的分配方面进行选择,对教育与培训的种类和水平进行选择,对工资水平进行选择,对职业进行选择;企业对生产方法进行选择,对使用劳动力的数量和结构进行选择,对多用工时或多用劳动力进行选择,对劳动费用进行选择;政府对就业水平进行选择,对利率、税率进行选择,对经济增长率进行选择。如何选择资源的利用表现为资源的配置。通过人们无数次的各种各样的选择,将可用于生产经济物品的劳动资源按一定的工资分配到不同的职业、企业、部门和地区,从而在劳动方面最终回答一个经济社会必须解决的问题,即"生产什么、如何生产、为谁生产"这一基本问题。

劳动经济学的研究对象说到底是由劳动资源的稀缺性而引起的选择问题,即劳动资源的配置问题。因此,从以上的分析可以得出以下结论:劳动经济学的研究对象可以初步定义为研究稀缺的劳动资源配置的科学。

（四）劳动经济学的研究方法

劳动经济学是现代经济学体系的组成部分，必须用科学的方法加以研究，并依照认识客观事物的一般规律，从劳动力市场现象的普遍联系中，概括和归纳出劳动力市场的运行原理。劳动经济学的研究方法主要有两种，即实证研究方法和规范研究方法。

1. 实证研究方法

（1）实证研究方法的特点。

实证研究方法来自哲学上的实证主义。在实证主义哲学家眼中，"实证"一词含有实在、有用、确定、相对等含义。实证主义方法是认识客观现象，向人们提供实在、有用、确定、精确的知识的方法，其重点是研究现象本身"是什么"的问题。经济学与劳动经济学所运用的实证研究方法与哲学中的实证主义虽有渊源，却是有差异的。实证研究方法试图超越或排斥价值判断，只揭示经济现象内在的构成因素及因素间的普遍联系，归纳概括现象的本质及其运行规律。

实证研究方法具有两个特点：

其一，实证研究方法的目的在于认识客观事实，研究现象自身的运动规律及内在逻辑。

其二，实证研究方法对经济现象研究所得出的结论具有客观性，并可根据经验和事实进行检验。

（2）实证研究方法的步骤。

运用实证研究方法分析研究经济现象的目的，在于创立用以说明经济现象的理论。因此，运用实证研究方法研究客观现象的过程也就是形成经济理论的过程。这一过程可分为如下步骤：

① 确定所要研究的对象，分析研究对象的构成要素、相互关系及影响因素，搜集并分类相关的事实资料。

② 设定假设条件。市场主体在劳动力市场的行为由研究对象的特征决定，试图把所有复杂因素都包括进去，显然是既不现实也不可能的。为此，必须对某一理论所适用的条件进行设定。当然，所假设的条件有一些是不现实的，但没有这些假设条件则无法进行科学研究。经济过程中市场主体的行为，特别是人在劳动力市场的选择和决策，不可能带进实验室里，更不能放在显微镜下或装在试管里加以观察。物理学家探究自由落体运动规律时，设定一系列假设条件（如不存在空气阻力等），这些假设是不真实的，但没有人怀疑其结论的正确性。运用实证研究方法研究问题，必须正确设定假设条件。

③ 提出理论假说。假说是对现象进行客观研究所得出的暂时性结论，是未经证明的理论。假说是对存在的经济现象经验性的概括和总结，但还不能说明它是否能成为具有普遍意义的理论。

④ 验证。在不同条件和不同时间对假说进行检验，用事实检验其正确与否。检验包括应用假说对现象的运行发展进行预测。经得住事实和时间检验的假说便可以确定为规律，无法确定为正确的假说便被放弃或进行修改。本书中所阐述的绝大部分理论就是应用这种方法形成的。

运用实证研究方法研究劳动力市场现象，必须坚持调查研究，一切从实际出发；同时需要经济学知识和均衡分析、市场非均衡分析、静态分析和动态分析方法，还需要逻辑学、数学、统计学等多方面的知识和分析工具。

2. 规范研究方法

规范研究方法以某种价值判断为基础,说明经济现象及其运行"应该是什么"的问题。规范研究方法研究客观现象的目的在于:提出一定的标准作为经济理论的前提,并以该标准作为制定经济政策的依据,以及研究如何使经济现象的运行符合或实现这些标准。

规范研究方法具有以下几个特点:

(1) 规范研究方法以某种价值判断为基础,解决客观经济现象"应该是什么"的问题,即要说明所要研究的对象本身是好还是坏,对社会具有积极意义还是具有消极意义。规范研究方法研究经济现象的出发点和归宿离不开价值判断。这里的"价值"不是指经济学中商品的价值,而是指经济现象的社会价值。

迄今为止,人类经济活动是沿着自然经济、商品经济的顺序发展的。商品经济取代自然经济并成为社会经济活动的主导方式,在这种方式中,交换成为最重要的外在特征之一。市场主体之间的经济联系普遍地通过交换来实现。因此,严格地说,规范研究方法的价值判断或价值标准是指互惠的交换。所谓互惠,是从社会的角度看没有人受损失的交换,即交换的结果使社会的福利不因交换而减少。互惠包括三种情况:① 参与交换的各主体均受益;② 参与交换的部分主体受益,但无人受损;③ 参与交换的部分主体受益,部分主体受损,但受益大于受损。如果受损者得到补偿,此种交换即转换成第二种情况。

规范研究方法就是从上述的价值判断出发来研究经济现象,并研究如何实现上述标准。

(2) 规范研究方法研究经济现象的目的,主要在于为政府制定经济政策服务。实现互惠的交换当然对社会有积极意义,它有利于社会总体福利水平的提高。但经济运行过程中存在种种障碍,使互惠的交换不能实现。其主要障碍有以下三类:① 信息障碍。信息缺陷、信息偏误和信息不对称使市场主体不能进行互惠交换。② 体制障碍。交换本身是互惠的,但实际存在的某种惯例、政策及体制安排阻碍互惠交换的实现。③ 市场缺陷。潜在的交换是互惠的,由于市场自身的缺陷,或者由于交换参与的主体观念或习惯的干扰无法进行交换。

上述互惠交换的障碍仅仅依靠市场自身的力量很难消除,甚至不能消除,需要政府制定一定的社会经济政策及体制调整才能推进互惠交换的发展,以增进社会福利。因此,规范研究方法往往成为政府制定社会经济政策服务的工具。例如公共商品的生产。某种产品或服务的生产可以增进社会福利,但公众可以免费消费,从而使其不具有支付动机。产品或服务的生产厂商不能从该种产品的生产中得到利益,因此就不生产。那么,政府可以制定一定的税收政策,通过国家的财政系统对公共商品进行购买,免费为社会服务,如公共道路的照明服务、普通义务教育等就是如此。再如,结构性失业是劳动力市场的一个普遍现象,它直接的结果是造成了劳动资源的浪费,阻碍了社会总体福利水平的提高。缓解或解决这类失业的一项最有效办法是职业技能开发培训,而这项事业与其他商业经营一样风险很大,商业银行很难承担,但政府可以通过积极的劳动力市场政策,用政府贷款或其他形式支持、扶助职业技能开发培训事业。

实证研究方法排斥价值判断,规范研究方法却以价值判断为基础,但是两种研究方法并不是完全对立的。劳动经济学毕竟不能等同于物理学、化学等自然科学,它无法摆脱规范问题,也无法回避价值判断问题。实践表明,规范研究方法离不开实证研究方法对经济现象的客观分析,实证研究方法也离不开价值判断的指导。因此,在劳动经济学的研究中要把两种方法结合起来运用。

四、拓展训练

实证经济学:"理解"行为意味着什么?

实证经济分析的目的就是分析、理解人们对于市场刺激所作出的行为反应。但是,在一个极其复杂的世界里,"理解"行为的含义是什么呢?一位理论物理学家这样阐述:

我们可以想象,构成这个"世界"的各种运动物体的复杂组合,就像是上帝在玩的一场大规模象棋比赛,我们则是旁观者。我们并不知道这场比赛的规则是什么,我们所能够做的只能是观看比赛。当然,如果我们观察这种比赛的时间足够长,我们最终也会了解到其中的一些规则。这些比赛规则就是我们所说的基础物理学。然而,即便了解了每一项规则,我们能够根据这些规则所作出的解释也是非常有限的,因为几乎所有的情形都是如此复杂,我们不可能运用这些规则来观看比赛,更不要说预测下一步会发生什么。因此,我们就只能限于探讨与比赛规则有关的一些基本问题。如果我们了解了这些规则,我们就认为自己"理解"了这个世界。

对没有意志的自然行为进行分析都是如此之难,理解人的行为就会成为一个更大的挑战。因为人的行为并不是机械地遵从某一组规则,如果对实证经济学的目标做一个最为现实的描述,那就应当是试图解释人的行为趋势。

资料来源:Richard T. Feynman. The Feynman Lectures on Physics[M]. MA: Addison-Wesley Publishing Company, Inc., 1963.

任务三 综合实训

一、实训

(一) 实训一

【实训名称】回顾本项目学习的收获。

【实训目的】通过系统回顾,对本模块内容进行总结复习。

【实训内容】认真填写下列表格。

回顾本项目学习的收获					
编制部门:		编制人:		编制日期:	
项目编号	001	学号、姓名		项目名称	像劳动经济学家一样思考
课程名称	劳动经济基础	训练地点		训练时间	
1. 回顾课堂知识,加深印象 2. 培养学生善于思考和反思的习惯 3. 工作任务驱动,使学生带着工作任务去学习					

(续表)

本项目我学到的知识或者技能	
本项目我印象最深的两件事情	
我想继续学习的知识和技能	
考核标准	1. 课堂知识回顾完整，能用自己的语言复述课堂内容 2. 记录内容和课堂讲授的相关度较高 3. 学生进行了认真思考
教师评价	评分

【实训要求】
1. 仔细回想本章所学的内容,若有不清楚的地方,请查看以前有关的知识链接。
2. 本部分内容以自己填写为主,不要过于注意语言的规范性,只要能说清楚即可。

(二) 实训二

【实训名称】案例分析。

【实训目的】理解激励的作用。

【实训步骤】

1. 提供案例:激励影响每个人的选择。

经济学所有的东西都是建立在对人的欲望的激励上。理解了对人的欲望的激励是个有利的工具,就可以明白人们为什么要做他们所做的事,因为激励的影响几乎在各个层面都能看见。事实上,市场自身得以运行是因为买卖双方在激励改变时改变了他们的行为。如果买方想要的商品比卖方愿意(或能够)提供的还多,这些商品的价格将开始上涨,卖方就会更愿意提供这些商品或服务。如果一开始价格太高,供给者就会囤积存货,并将不得不降低价格以出售他的产品。这些低价将鼓励人们更多地购买,但低价也会挫伤生产者提高产量的积极性,因为在这个新的更低的价格下,厂商的利润更小。逐渐地,消费者的需求量将会再一次与供给量达到均衡。

经济学家承认利己是人的本性,即人从事经济活动的目的是实现个人利益最大化。这种利己来自人的欲望。人类欲望的特点是无限性,一个欲望满足了,又会产生新的欲望。正是这种欲望的无限性改变激励,也改变决定做一件事最终的收益,从而也将最终改变人们的行为。

在整个20世纪70年代,美国汽油价格猛涨,消费者的反应是立即减少不重要的出行并更多地采用合伙用车。渐渐地,他们转向了更小的、燃油效率更高的汽车来进一步减少他们的汽油消费。与此同时,石油(汽油的原材料)的提供商加大了他们的开采力度,采用新技术从现有的油井中获得更多的石油,并加强力度寻找新的油田。到20世纪80年代早期,石油的供给已经增长到足够多,以至于生产者不得不降低价格以出售他们已经采出的石油。在20世纪80年代和90年代的绝大部分时间里,石油价格都在持续下跌,于是,消费者再次改变了他们的行为。他们转向了越野车和更大的汽车以提供更大的动力。在更低的汽油价位下,驾驶这些车出行变得更便宜。但是,如果2004年经历的高燃气价格持续下去,越野车会因为驾车者们对高价位的激励作出反应而销量减少。

在苏联,玻璃厂的经理和工人根据生产的玻璃板的吨数获得报酬。因为他们的收入与玻璃的重量挂钩,许多工厂生产的玻璃板都厚得让人透过它几乎看不到任何东西。于是,制度发生了改变,管理人可以根据生产玻璃的面积来获得报酬。在这个规则下,苏联工厂生产的玻璃就薄得很容易碎了。

从买卖双方对20世纪70年代开始的汽油价格变化所作出的反应以及激励在不同经济体制下发挥的作用,可以看出激励在市场中的重要性以及在调整过程中所扮演的角色。我们不能回避激励欲望的重要性,基于欲望作出选择是人类本性的一部分。

2. 仔细阅读上述案例,回答下述问题:

(1)"无论是以自我为中心,还是利他主义的选择,都会受到个人成本与收益变化的影响。改变激励,也就是改变作出决策的成本和收益,将改变人们的行为。"这句话在文中有什么作用? 试简要分析。

(2) 当决策者未能考虑到他们的政策如何影响激励时,事情就会出现他们意想不到的结果。试以汽车安全带法律为例,说说意想的结果和意想不到的结果分别是什么?

(3) 举出生活中的其他实例说明人们如何对激励作出反应。

3. 以小组为单位,以书面形式提交讨论成果。

4. 教师总结。

【实训要求】

能够抓住事件的关键点,正确理解案例,联系学习的理论,紧密联系案例事实加以论证。

二、自测题

(一) 选择题(下列各题只有一个符合题意的正确答案,将你选定的答案编号的英文大写字母填入括号内)

1. 你知道每张奖券的售价以及该期共发行奖券的总数、奖项和相应的奖金额。在这样的情况下,该决策的类型是( )。

A. 确定型决策 B. 风险型决策
C. 不确定型决策 D. 冒险决策

2. 有位先生想买辆小轿车,拟在 A、B、C、D 四个品牌中作出选择。他购买考虑的主要方面是价廉、省油、可靠和舒适,其权重分别为 8、7、6、5,经过一番考察,他对四种品牌的汽车作出如下评价:

考虑因素	A	B	C	D
价廉方面	0.8	0.6	0.4	0.5
省油方面	0.5	0.5	0.7	0.7
可靠方面	0.7	0.6	0.6	0.6
舒适方面	0.2	0.3	0.7	0.8

这位先生最可能买( )品牌的小汽车。

A. B 品牌 B. D 品牌 C. A 品牌 D. C 品牌

3. 某公司生产某产品的固定成本为 50 万元,单位可变成本为 40 元,产品单价为 80 元,若企业目标利润为 30 万元,企业应完成的产销量是( )。

A. 12 500 件 B. 25 000 件
C. 20 000 件 D. 40 000 件

4. 假如各种可行方案的条件大部分是已知的,但每个方案执行后可能出现几种结果,方案的选择由概率决定。这种决策属于( )。

A. 风险型决策 B. 不确定型决策
C. 确定型决策 D. 非程序化决策

5. 在劳动经济学的研究方法中,(　　)是认识客观现象并向人们提供实在、有用、确定、精确的知识的方法。
　　A. 观察研究方法　　　　　　　　B. 实证研究方法
　　C. 对比研究方法　　　　　　　　D. 规范研究方法
6. 规范研究方法重点解决客观经济现象(　　)的问题。
　　A. 是什么　　　　　　　　　　　B. 怎么样
　　C. 应该是什么　　　　　　　　　D. 本质
7. 资源稀缺性的属性包括(　　)。
　　A. 暂时的稀缺性　　　　　　　　B. 绝对的属性
　　C. 相对的稀缺性　　　　　　　　D. 永久的属性
8. 劳动经济学的研究对象是(　　)。
　　A. 劳动力市场的现象　　　　　　B. 劳动力市场的运行规律
　　C. 劳动力市场　　　　　　　　　D. 资本市场
9. 实证研究法的步骤有(　　)。
　　A. 确定和分析研究对象　　　　　B. 设定假设条件
　　C. 提出理论假说　　　　　　　　D. 验证

(二) 计算题

1. 某企业生产一种产品,市场预测结果表明有销路好、销路一般和销路差三种可能。备选方案三个:一是扩建;二是技术改造;三是维持现状。扩建需投资 25 万元,技术改造需投资 15 万元。各方案在不同自然状态下的损益值如下表。

(1) 试用大中取小法、小中取大法、最小最大后悔值法进行决策。

(2) 若知销路好的概率为 0.5,销路一般的概率为 0.3,销路差的概率为 0.2,试用决策树法进行决策。

方　　案	损　益　值		
	销路好(万元)	销路一般(万元)	销路差(万元)
A. 扩建	210	100	−60
B. 技术改造	160	80	−40
C. 维持现状	90	40	−20

2. 某地为满足某种产品的市场需求,拟规划建厂,提出三个方案:

(1) 新建大厂,需投资 300 万元。据初步统计,销路好时,每年可获利 100 万元;销路不好时,每年亏损 20 万元。经营期限为 10 年。

(2) 新建小厂,投资 140 万元。销路好时,每年可获利 40 万元;销路不好时,每年仍可获利 30 万元。

(3) 先建小厂,3 年后销路好再扩建,投资 200 万元,经营期限为 7 年,每年估计获利 95 万元。

其中,市场销售形势预测是产品销路好的概率为 0.7,销路不好的概率为 0.3。

根据上述情况,使用决策树法进行决策。

(三) 论述题

1. 决策者的理性限制表现在哪些方面？如何克服决策者的理性限制？

2. 现实中，人们在决策时遵循的原则为什么是满意原则而不是最优原则？

3. "人们总是付出代价去追逐好品避免坏品。"你同意这样的观点吗？请举例分别说明人们怎样为追逐某个好品、避免某个坏品而付费。

4. "若世上只有一件好品，享有它你绝对没个够。"你赞同这样的看法吗？请说明理由。

5. 一个学生可能不想为了课程成绩得 A 而浪费更多的时间和精力，他可能宁愿留下更多的时间去交女友，而不是为了得 A 而减少谈恋爱的时间。这一情形涉及的关键问题是这个学生应该作出哪种选择才更有利于他。是否还有其他原因来解释这个学生的选择行为呢？

6. 一个人总是说"好东西多多益善"，在实际生活中，他却不愿为好东西付出更多。换句话说，人们言行不一。你对此是怎么解释的？

7. "生活中令人沮丧的一件事情就是，我们总是无法应有尽有地获得所有好东西。我想随心所欲地去享有美味，但同时还想有个好身体，事实上这是不可能的。我想同时拥有更多的闲暇和收入，但我再次发现这两者不可兼得。生活中有太多的选择（在好东西之间），这令我无比沮丧。我想只有天堂才不会有这种令人难堪的选择吧，在那里任何你喜欢的东西都可以要多少有多少，你可以天天吃巧克力而不必担心减肥的事。"请对这段自白加以评论。

项目二

劳动力供给

教学目标

知识目标

① 识记劳动力的三种含义；
② 领会劳动力参与率、劳动力供给表、劳动力供给曲线、劳动力供给弹性、劳动力供给的变动、劳动力供给量的变动等概念；
③ 理解收入效应与替代效应的相互关系和个人劳动力供给曲线是一条"向后弯曲的曲线"；
④ 掌握无差异曲线的特征、预算约束线的斜率的含义、主体均衡的条件、收入效应、替代效应的含义以及个人劳动力供给决策的基本原则。

能力目标

① 能根据劳动数据计算劳动参与率；
② 能运用个人劳动力供给分析的基本模式分析劳动力市场上的劳动力供给决策现象。

案例导入

我想去桂林

作词：陈凯　作曲：张全复
演唱：韩晓

我想去桂林呀　我想去桂林
可是有时间的时候我却没有钱

我想去桂林呀　我想去桂林
可是有了钱的时候我却没时间

Hoo I want to ...
在校园的时候曾经梦想去桂林
到那山水甲天下的阳朔仙境
漓江的水呀常在我心里流
去那美丽的地方是我一生的祈望
有位老爷爷他退休有钱有时间
他给我描绘了那幅美妙画卷
刘三姐的歌声和动人的传说
亲临其境是老爷爷一生的心愿
我想去桂林呀　我想去桂林
可是有时间的时候我却没有钱
我想去桂林呀　我想去桂林
可是有了钱的时候我却没时间
我想去桂林呀　我想去桂林
可是有时间的时候我却没有钱
我想去桂林呀　我想去桂林
可是有了钱的时候我却没时间
有位老爷爷他退休有钱有时间
他给我描绘了那幅美妙画卷
刘三姐的歌声和动人的传说
亲临其境是老爷爷一生的心愿
我想去桂林呀　我想去桂林
可是有时间的时候我却没有钱
我想去桂林呀　我想去桂林
可是有了钱的时候我却没时间

我想去桂林呀　我想去桂林
可是有时间的时候我却没有钱
我想去桂林呀　我想去桂林
可是有了钱的时候我却没时间

Hoo I want to ...

可是有时间的时候我却没有钱

思考及讨论：为什么我们的心愿总是难以达成？我们应该怎么办？

任务一 劳动参与率

一、任务要求

通过本项目的学习能够对劳动参与率的含义有一个深刻的理解,并能够学会劳动参与率的计算,能够学会结合实际现象进行解释和预测。

二、实训

(一) 实训一

【实训名称】案例分析。

【实训目的】加强对劳动者的理解。

【实训步骤】

1. 全班4~5人一组,分成若干小组。
2. 提出案例:保姆的节假日工资。

> "保姆向我索要三倍工资,并表示节后还要补假。我算了一下,至少比平时多付一千元。"国庆假期,南京市民朱女士心情很复杂。这边是保姆提出希望能带薪休假,那边是若不休假所带来的经济压力,雇主与保姆因节假日而产生的工资矛盾突出。10月6日,南京市劳动监察支队的工作人员表示,目前家政服务属于特殊用工形式,保姆与雇主之间并不存在劳动关系,属于雇佣关系,并无节假日上班工资三倍之说。
>
> 资料来源:项凤华.保姆向雇主要加班3倍工资 官员称不适用劳动法[N].现代快报(聚焦长假版),2010-10-07.

3. 思考及讨论:
 (1) 保姆是劳动者,为何不适用《劳动法》?
 (2) 以小组为单位,每人用一句话说明什么是劳动者;
 (3) 以小组为单位,每人说出1~2种在生活中观察到的劳动者;
 (4) 通过该案例,你还能得到什么启发?
4. 每组派代表在全班做总结发言。
5. 教师总结。

【实训要求】

能够抓住事件的关键点,正确理解案例,联系学习的理论,紧密联系案例事实加以论证;小组代表发言时应对小组活动情况做真实概括,总结性强。

(二) 实训二

【实训名称】计算北京地区的劳动参与率。

【实训目的】根据具体的劳动数据计算劳动参与率,加强对劳动参与率的理解。

【实训步骤】

1. 查阅资料,写出北京地区劳动参与率的计算公式。

2. 若要计算劳动参与率应该知道哪几个变量的数据,并设计表格,将这些变量填入第一行,将年份填入第一列(近五年)。

3. 查阅《北京统计年鉴》,找到相关数据并填入上述表格。

4. 计算历年的劳动参与率。

5. 教师总结。

【实训要求】

能够正确地查找数据,正确地计算数据,并结合数据的含义分析计算结果。

三、知识链接

(一) 劳动力的概念

马克思给劳动力规定了如下的定义:"我们把劳动力或劳动能力,理解为人的身体即活的人体中存在的、每当人生产某种使用价值时就运用的体力和智力的总和。"从这个定义中可以看到:

首先,劳动力是指人的劳动能力。自然界的一切其他能力,无论是天然的还是经过加工的水力、电力、牲畜的力量等,它们只能作为劳动的手段,而不是劳动力。

一切形式的生命都要依赖自然环境来维持自身的生存,都在通过某种活动来占有自然物以供自己使用:植物吸收水分和阳光,动物以植物和其他动物为生。在这种物质变换过程中,也有某种力的支出,这种能力是本能。这种本能形式的活动与人类有目的的劳动具有截然不同的本质区别。其他一切形式的生命活动不是劳动,只有人类与自然界的物质变换过程属于劳动范畴,所以,劳动力也只能是唯一的与人类劳动相联系的概念。

其次,劳动力存在于人体之内,是活的人体中的一种能力,不能离开人体而独立存在。正如人体所具有的其他机能一样不能独立存在,不论代价如何都是如此。因此,人的生命与健康是劳动力存在的基础,人是劳动力的体现者和承担者。

再次,劳动力是体力和智力的总和。要进行劳动,必须具有一定的知识与技能。由于劳动力是体力和智力的总和,因此劳动力具有极其广泛的适用性。各种劳动过程,无论其表现形式、劳动成果、劳动过程等多么复杂,劳动力均可以与其相适应,并使劳动过程从简单到复杂。所以,劳动力绝不是一种简单的生理现象,而是包括许多自然、经济、文化因素在内的统一体。

最后,劳动力和劳动不同。劳动首先是人们创造使用价值的有目的的活动,这种活动的实现以劳动力的存在为前提条件之一,即劳动力的使用就是劳动本身,而劳动则是这种力的物质表现。

劳动力的总和(体力和智力)统一于人的身体,不能脱离人体而独立存在,所以,在劳动力本质含义的基础上,人们也把具有劳动能力的人称为劳动力。在这个含义的基础上,经济学家又把人口中有劳动能力的人口部分称作劳动力,也就是劳动力的总和。

现代劳动经济学所研究的劳动力的含义更为具体:它是指在一定年龄之内具有劳动能力与就业要求、从事或能够从事某种职业劳动的全部人口,包括就业者和失业者,即社会劳动力。没有就业意愿或就业要求的人口不属于劳动力的范畴。

一国的劳动力与非劳动力人口一般根据本国的统计制度,通过人口普查、劳动力调查进行统计和估算。美国成年人口的劳动力分类如图 2-1 所示。

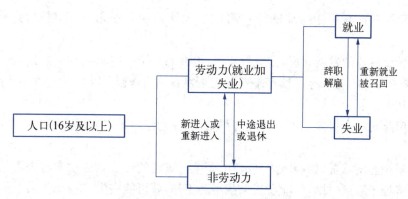

图 2-1 美国成年人口的劳动力分类

一般地,通用的就业者的统计标准如下:

第一,在规定时期内(根据统计制度)正在从事有报酬或收入的职业的人。

第二,因疾病、休假、天气恶劣、劳动争议等原因,有职业但没有工作的人。

第三,雇主、个人经营者,协助家庭从事经营而不领取报酬的家庭成员,在规定时期内从事一定时间以上工作的上述人员。

失业者的统计标准如下:

第一,在规定时期内能够参加工作、积极寻找工作而没有工作的人。

第二,在规定时期内被临时解雇、正在等待重新雇用的人;由于疾病而妨碍寻找工作的人;等等。

(二) 劳动力参与率

劳动力参与率是衡量、测度人口参与社会劳动程度的指标。其含义是劳动力在一定范围内的人口的比率。"一定范围内的人口"可依若干标准进行分类,如总人口、不同年龄组人口或不同性别人口等。以总人口计算的劳动力参与率(简称劳参率)称总人口劳参率;以某年龄组计算的劳参率称年龄劳参率;以某一性别计算的劳参率称某性别劳参率。具体的计算公式分别为:

$$总人口劳参率 = \frac{劳动力}{总人口} \times 100\%$$

$$年龄(性别)劳参率 = \frac{某年龄(性别)劳动力}{该年龄(性别)人口} \times 100\%$$

在计算劳参率时,必须注意劳动力与人口范围的一致性、可比性。例如,如果计算女性人口的劳参率,分子是全部女性劳动力,分母是全部女性人口,其他也是一样。否则,计算是没有意义的。

劳参率只是测度和反映人口参与社会劳动程度的指标,它本身并不是影响人口参与社会劳动的因素,只是社会的、家庭的经济因素影响劳动参与的选择和决策,再通过劳参率的变化影响劳动力供给。此外,劳参率指标准确地反映劳动参与的变动,故它成为分析劳动力供给变动的工具。

影响劳参率的因素错综复杂,各因素对劳参率的影响程度、影响方向也不一样,即使是同样的因素,对不同的劳动力供给决策主体,其发挥作用的程度和方向也不一致,

各因素对劳参率影响程度的准确计量目前还无法解决。一般来说,影响劳参率的因素如下:

首先,教育事业的发展状况,如教育年限、教育的直接成本和机会成本、就业智能起点的高度与市场工资率的关系等。教育事业的发展状况对年轻人口(15～19岁年龄组)的劳参率有重大影响。

其次,保险与社会保障制度等的完善程度,如养老保险的收入保障制度对老年人口劳参率的影响。

最后,宏观经济状况,如经济周期波动、繁荣与衰退的交替对劳动参与决策的种种影响。例如,当经济处于衰退时期,失业者长期找不到工作,就可能丧失寻找工作的意愿,从而退出劳动力市场,使劳参率降低。

劳动参与的决策及劳参率的变动是劳动力供给分析的主要内容。

四、拓展训练

2018年我国劳动力参与率

2018年,我国劳动力参与率约为70%,处于世界较高水平(图2-2)。随着青少年受教育年限延长、人口老龄化程度加深,预计我国劳动力参与率将持续下行,未来可能趋近于美国、日本等发达经济体及全球平均水平。在劳动力数量方面,我国16～59岁劳动年龄人口在2013—2019年下降逾2 300万人,预计未来将延续稳中略降的态势。

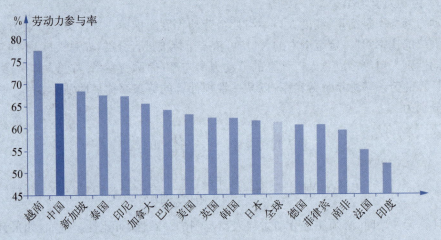

图2-2 2018年主要经济体劳动力参与率

资料来源:《2019年第四季度中国货币政策执行报告》。

思考及讨论:
1. 继续寻找我国历年的劳动力参与率,并制作条形统计图。
2. 总结影响我国劳动力参与率的因素有哪些?请说出理由。
3. 预测我国劳动力参与率的发展趋势,并详细说明预测依据。

任务二 劳动供给决策

一、任务要求

通过案例分析与阅读知识,能够理解劳动力作出劳动供给的决策原则。

二、实训

(一) 实训一

【实训名称】 闲暇有价格吗?

【实训目的】 加强对闲暇与工作的理解。

【实训步骤】

1. 全班 4~5 人一组,分成若干小组。
2. 提出案例:试算你闲暇时间的价值。

> 最近,马修发现一个困惑的难题。他刚刚通过销售图书来帮助他女儿学校的图书馆募款。为此,他特地请假一周来筹备这个活动,从中也获得了很多乐趣。他除了花时间陪女儿和她的朋友,还要鼓励孩子们读书。
>
> 你或许会觉得这很温馨,但马修提出了一个问题:售书活动只募到 150 美元。如果他那一周去工作的话,能挣很多钱,起码比亲身参与这个活动多得多,也都可以捐给图书馆。所以,他与人讨论他是否做了正确的事情。当他要求我为此写篇文章的时候,我告诉他,我并不认为这一定是个非此即彼的情况。或许他在那一周中也能做一点工作,也可以找另一位父母来帮忙,这样就能既贡献了金钱,也贡献了时间。
>
> 但这个事情意味着一个有趣的、很多人都不会问的问题:我们应该怎样看待我们不工作的时间?对我们来说,它用美元衡量的实际价值如何?还有,这很重要吗?
>
> 在过去两年多的时间里,在我研究和撰写一本关于金钱的书的时候,我通读了很多关于个人理财方面的著作。许多大作似乎不怎么重视闲暇时间。作为一个精于财务的人,在不工作的时间里,应该仔细翻查优惠券的信息,把衣服搭在阳台上晾晒,自己做肥皂和洗衣剂,或者逛三个店铺比价,以期得到最好的价格。
>
> 我明白为什么这个推理思路很流行。至少在过去,把业余时间变成钱并不那么容易,所以,正常工作以外的时间的价值基本上被认定为零。但这显然是不真实的。如果是真的,你会以每小时一美元的价格接受一份兼职工作。毕竟,你放弃的只是闲暇时间——用来放松、与家人互动、锻炼身体、当义工的时间。既然大多数人不会做这笔交易,我们对休闲时间的估价肯定要比这个高。
>
> 我们赋予闲暇时间的价值,是我们的收入、对工作的喜爱或厌恶程度、生命中其他优先项以及目前工作所得到的工资的复杂函数。那些工作很少的人不太可能重视额外的一小时闲暇时光,而那些工作时间很多的人会非常看重这一小时休闲的价值——而且,或许因此愿意付出额外的干洗费用,让他有时间去跑跑步。

> 这里面的重要原因是,你的内心其实对时间有个粗略的定价,这帮你做出更明智的选择。如果你把闲暇时间的价格定为每小时30美元,驱车15分钟拐去另一家洗衣店,以此节省几块钱,大概并不值得。
>
> 当然,除非你真的很喜欢那家干洗店,享受每次与老板打招呼的感觉。你想要跟他保持业务关系,所以,你愿意付出溢价——就像父亲在学校图书馆募款的例子,他是真的很看重他教导孩子的东西。
>
> 同理,对马修来说,花时间当志愿者比挣钱(尽管图书管理员是否同意是另一个问题)更有价值。有的闲暇时间比别的空闲更有价值。
>
> 也就是说,每个人对于"价值"的认定是不同的,它不一定能用"价格"来衡量,但我们内心都自有一个标准,所以,即使很难用价值衡量的东西,以这种方式思考也能提醒我们不要在那些无关紧要的事上浪费时间。你认为呢?

3. 思考及讨论:
(1) 请讨论马修的闲暇时间的价值是多少?
(2) 人们怎样处理闲暇与工作的关系?请说出1~2个在生活中观察到的实例。
(3) 通过该案例,你还能得到什么启发?
4. 每组派代表在全班做总结发言。
5. 教师总结。

【实训要求】
能够抓住事件的关键点,正确理解案例,联系学习的理论,紧密联系案例事实加以论证,初步学习案例分析的基本方法。

(二) 实训二
【实训名称】工作对你来说意味着什么?
【实训目的】根据具体的劳动数据计算劳动力参与率,加强对劳动力参与率的理解。
【实训步骤】
1. 全班4~5人一组,分成若干小组。
2. 提出案例:是穷人幸福还是富人幸福?

> 对于什么是幸福,美国经济学家萨缪尔森用"幸福方程式"来概括。这个"幸福方程式"就是:幸福=效用/欲望,从这个方程式中我们看到幸福与欲望成反比,也就是说,人的欲望越大,越不幸福。但我们知道人的欲望是无限的,多大的效用不也等于零吗?因此,在分析消费者行为理论的时候我们假定人的欲望是一定的。当我们在离开分析效用理论时,再来思考萨缪尔森提出的"幸福方程式",真是觉得他对幸福与欲望关系的阐述太精辟了,难怪他是诺贝尔经济学奖的获得者。
>
> 在社会生活中,不同的人对幸福有不同的理解,政治家把实现自己的理想和抱负作为最大的幸福;企业家把赚到更多的钱当作最大的幸福;教师把学生喜欢听自己的课作为最大的幸福;老百姓往往觉得平平淡淡、衣食无忧就是最大的幸福。幸福是一种感觉,自己认为幸福就是幸福。但一些人往往把拥有财富的多少看作衡量幸福的标准,一个人

的欲望水平与实际水平之间的差距越大,他就越痛苦;反之,就越幸福。"幸福方程式"使我想起了"阿Q精神"。

　　鲁迅笔下的阿Q形象是用来警醒中国老百姓那种逆来顺受的劣根性的。而我要说的是,人生如果一点阿Q精神都没有,会感到不幸福,因此,"阿Q精神"在一定条件下是人生获取幸福的手段。在市场经济发达的今天,贫富差距越来越大,如果穷人欲望过高,那只会给自己增加痛苦。倒不如用知足常乐、用"阿Q精神"来降低自己的欲望,使自己虽穷却也活得幸福自在。富人比穷人更看重财富,他会追求更富,如果得不到他也会感到不幸福。是穷人幸福还是富人幸福,完全是主观感觉。

3. 思考及讨论:
(1) 什么是欲望?什么是效用?
(2) 为什么欲望越大越不幸福?
(3) 是穷人幸福还是富人幸福?请说明你的理由。
(4) 请你说服你们小组的其他成员并得出一致结论。
(5) 通过该案例,你还能得到什么启发?
4. 每组派代表在全班做总结发言。
5. 教师总结。

【实训要求】

能够抓住事件的关键点,正确理解案例,联系学习的理论,紧密联系案例事实加以论证,初步学习案例分析的基本方法。

三、知识链接

(一) 效用与无差异曲线

1. 效用

效用是主体从某种物品的消费中所得到的满足。主体消费某种物品从中得到的满足程度高就是效用大;反之,就是效用小。主体如果从消费中感受到痛苦,则是负效用。

效用首先是主体的一种心理感受,其大小取决于消费主体的主观评价而没有客观标准。对于不同的人而言,某种定量物品消费所带来的效用是不同的。

效用取决于物品的使用价值,但其与使用价值并不是同一个概念。使用价值是物品本身所具有的属性,依据物品本身的物理的、化学的属性等,可以满足人们的某种需要,它是一种不以人们的主观评价为转移的客观存在。烈性酒对于饮酒者或是不饮酒者都具有使用价值,但对两者而言,其效用却有天壤之别。所以,效用强调消费者对物品消费所带来的满足程度的主观评价。

效用的大小不能准确地度量。在效用理论的初创阶段,效用的度量建立在计数效用论的基础上,计数效用论认为效用犹如物体的重量或长度一样,可以计量并可加总求和。用处大的效用就多,甚至会说出此物的效用是彼物效用的若干倍等。这种说法虽然方便,但也勉强,因为没有人能够说清楚可以度量的效用为何物。

20世纪初,序数效用论的出现弥补了计数效用论的缺陷。这个理论并不要求计量出效用的量是多少,因为效用作为一种主观评价,无法计量,也不能加总求和。但是,效用可以由消费者列出物品消费所带来满足程度的高低或者主观选择的优先顺序来衡量。例如,某消费者消费 CD 唱片和苹果,他从中得到的效用无法计量和加总求和,更不能用计数来表示。但是他可以比较两种物品消费所得到效用的高低,或者可以列出两种物品主观选择的优先顺序。根据这样的比较或者选择的优先顺序,赋予其各自的序数,如 10、9,或者别的一些从大到小排列的数。每个数值只反映效用的高低程度或者先后顺序,而不是效用量。如前所述,如果消费者认为消费 CD 唱片的效用大于消费苹果的效用,则可以说 CD 唱片的效用是10,苹果的效用是 9。这里必须注意,数值只表明主观评价的高低和选择的优先顺序,而不表示物品消费所带来的效用大小。数值大,表明效用的主观评价高,选择顺序在前;数值小,表明效用的主观评价低,选择顺序在后。由此可见,序数效用论的特点在于效用只有在比较中才有实际意义,从而也就避免了单独对某一物品的效用量作估计的难题。

在个人劳动供给分析的基本模式中,家庭或劳动者个人"消费"的物品分为闲暇时间和劳动时间两个相互独立的部分。消费闲暇能够给人带来效用。在闲暇当中,人们可以阅读书籍——带来精神上的满足;从事家务劳动,清洁、做饭——带来多种满足。劳动时间的"消费"实际上也能给人带来效用:个人向劳动力市场提供劳动力,从事有酬劳动,可以给劳动力供给者带来劳动收入,进而可以购买各种物品,其效用不言自明。

2. 无差异曲线

主体能够支配的时间可以划分为相互独立又相互联系的两部分,即劳动时间和闲暇时间。劳动时间所能带来的劳动收入与闲暇时间的各种配置组合,给主体(家庭或个人)带来的效用可以用无差异曲线来描述。

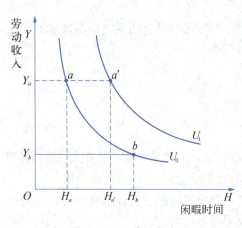

图 2-3 无差异曲线

主体对劳动收入与闲暇时间的组合进行评价或选择,如果出现这样一种情况:A 种组合与 B 种组合对他提供的效用相同,他不能区别何种组合的效用高或何种组合的选择顺序在前,此时,A、B 两种组合对主体来说是无差异的。将与 A 点所示的劳动收入与闲暇时间的组合具有相同效用的所有组合点连接起来,得到的曲线即为无差异曲线,如图 2-3 所示。

在图 2-3 中,纵轴为劳动收入 Y,横轴为闲暇时间 H,a 点组合为 H_a、Y_a;b 点的组合为 H_b、Y_b。a 与 b 的组合不同,但对主体的效用相同。把与 a 点效用均相同的所有组合连接起来,所得到的曲线 U_0 称作无差异曲线。它表明,在 U_0 曲线上的任何一点所示的劳动收入与闲暇时间的组合,带给主体的效用一样,均使其不能区别何种组合的效用高或选择顺序在前。在 U_0 曲线外的任何一点,例如,处于 a 点右侧的 a' 点,它表示的组合中,劳动收入不变闲暇时间却为 $H_{a'}$,a' 点的组合与 a 点相比较,效用的评价必定比 a 点高,选择顺序也必定优先于 a 点,因而也不可能与 a 点无差异。但从 a' 点同样可以确定另一条无差异曲线,如 U_1。U_1 曲线上所有的点所示的劳动收入与闲暇时间组合的效用都比 U_0 曲线上组合的效用高,也就是具有优先的选择顺序。这样的曲线实际上有无数条,每一条曲线对应于不同的效用水平,这些曲线的全部被称为主体的选择偏好系统。

无差异曲线具有以下特征：

(1) 在同一平面上存在无数条无差异曲线，同一条无差异曲线表示的效用相同，不同的无差异曲线表示的效用不同。离原点越远的无差异曲线所表示的效用越高，即选择顺序在前；反之，则效用越低，选择顺序在后。

(2) 在同一平面上，任意两条无差异曲线不相交。因为如果相交，在交点上两条无差异曲线表示相同的效用，则与前述特征相矛盾。

(3) 无差异曲线是一条斜率为负值、凸向原点的曲线。斜率为负值表明主体为了保持或得到相同的效用，增加一种物品的消费，必须减少另一种物品的消费，两种物品不能同时增加或减少。凸向原点则是由边际替代率递减决定的（边际替代率将在下面讨论）。

(4) 主体的偏好不同，无差异曲线的形状不同，即不同的人具有劳动收入替代闲暇时间的不同比率。通俗地说，某人放弃一小时闲暇时间从事劳动获得一元收入可能感到很满足，别人则可能不屑一顾。

无差异曲线的斜率（与无差异曲线上任何一点相切的直线的斜率）也是无差异曲线在该点的边际替代率。它的经济含义是：在主体保持相同效用（效用序列数不变）的条件下，增加（减少）一些闲暇时间，需要减少（增加）的劳动收入的比例，如图 2-4 所示。

在图 2-4 中，Δh 为闲暇时间变化量，Δy 为劳动收入变化量。设 MRS 为边际替代率，则有

$$MRS = \frac{\Delta y}{\Delta h}$$

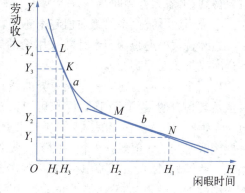

图 2-4　边际替代率

如果 Δh 无限趋近于零，则边际替代率 MRS 就是与无差异曲线相切于 a 点的切线的斜率。从效用的分析中可知，效用水平（效用序列数）是闲暇时间与劳动收入的函数，闲暇时间和劳动收入是自变量，效用水平是因变量，效用水平随闲暇时间和劳动收入的变化而变化。如果设 H 为闲暇时间，Y 为劳动收入，U 为效用水平，则有

$$U = f(H, Y)$$

上式即为效用函数。无差异曲线所示的闲暇-收入偏好实际上是效用函数的几何表示。

在无差异曲线上，设效用水平不变，即

$$du = 0$$

根据数学中的全微分公式，则有

$$du = \frac{\partial u}{\partial h}dh + \frac{\partial u}{\partial y}dy = 0$$

整理得

$$\frac{dy}{dh} = -\frac{\dfrac{\partial u}{\partial h}}{\dfrac{\partial u}{\partial y}}$$

即有

$$MRS = \frac{dy}{dh} = -\frac{\frac{\partial u}{\partial h}}{\frac{\partial u}{\partial y}}$$

它说明,为了保持效用不变,增加一种物品的消费,就要减少另一种物品的消费,边际替代率恒为负数。无差异曲线向右下方倾斜的原因就在于此。通常,边际替代率取其绝对值。

无差异曲线上有无数个点,过每一个点都可以作一条切线,每条切线都有不同的斜率,也就是有不同的边际替代率。所以,边际替代率是一个变化的值。无差异曲线上的任意一点都表示闲暇和收入的组合,在任意的一种组合中,闲暇替代收入的比均不相同。通过观察可以得到,沿着无差异曲线从左上向右下移动,无差异曲线的切线由比较陡峭变得比较平缓。它说明边际替代率的绝对值越来越小,也就是边际替代率递减。

边际替代率递减相当于计数效用论的边际效用递减。这里只不过强调了一点,即效用的递减仅是相对而言的。

以图2-4为例,在同一条无差异曲线 U 上,任何一点所示的闲暇时间与劳动收入的组合虽然其各自的量均不相同,但都可以实现同样的效用水平。例如,在 a 点,闲暇时间为 H_a,劳动收入为 Y_a,在闲暇时间与劳动收入组合中,闲暇时间较少而劳动收入较多,为增加一些闲暇时间 Δh,就要减少较多的劳动收入 Δy;在 b 点,闲暇时间较多而劳动收入较少,为增加一些闲暇时间 Δh,只需减少较少的劳动收入 Δy。反之,也是如此。这充分说明,越是相对稀缺的物品,它的替代能力越大。边际替代率的绝对值递减是无差异曲线凸向原点的根本原因。

(二)预算约束线

在前面的分析中可以看到,在家庭或个人闲暇时间与劳动收入选择的偏好系统中,越在右上方的无差异曲线的效用水平越高,选择顺序越优先。右上方的无差异曲线与左下方的曲线相比较,或者闲暇多些,或者收入多些,或者两者都多些。主体为什么不选择最高的无差异曲线上的闲暇时间和劳动收入的组合呢?显然,如果没有任何限制,在追求效用最大化的驱使下,人们就会这样去做。但实际上并非如此,其根本原因在于人们受到资源的约束。

首先,人们受到个人可支配时间的限制。无论以何种时间单位计量,可支配的时间是有限的:一天有若干小时可用于劳动或享受消费闲暇,一周有若干天,等等。任何情况下的可支配时间都是一个既定的量,这里把个人可支配的时间记为 H。

其次,如果个人把他所有可支配的时间均用于劳动(这里不考虑有关制度因素),个人可获得多少劳动收入呢?这完全取决于个人的劳动能力状况所能获得的市场工资。假设将所有个人可支配的时间全部用于劳动所能获得的劳动收入记为 Y。现以图2-5为例进行如下说明。

在图2-5中,横轴为时间,OH 为个人可支配的全部时间,从原点向右计量为闲暇时间,从 H 点向左计量为劳动时间。无论个人在劳动与闲暇之间如何配置选择,劳动时间与闲暇时间之和等于 OH。纵轴为劳动收入。如果将全部可支配的时间均用于劳动,依个人劳动能力状况所能获得的收入为 OY。在横轴的 O 点上,闲暇时间为零,劳动时间为 HO,收入为

OY。连接 H 与 Y 的直线叫作预算约束线,它表示个人在可支配的时间和劳动能力状况约束下,所能消费闲暇和获得收入的最大组合线。在约束线内的任何一点所示的闲暇时间和劳动收入的组合均无法实现效用最大化;约束线外的任何一点所示的组合,在既定的可支配时间和劳动能力的条件下是不能达到的。

如果将直线 HY 与横轴的夹角设为 α,则直线的斜率为

$$\tan \alpha = \frac{OY}{OH} = \frac{劳动收入}{时间}$$

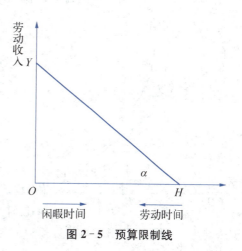

图 2-5 预算限制线

由此可见,预算约束线的斜率即为个人放弃闲暇从而获得劳动收入的比率,即工资率。另一方面,也可以看作闲暇的机会成本。

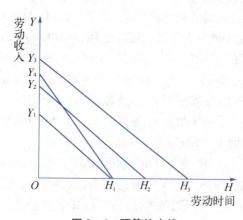

图 2-6 预算约束线

个人可支配的时间不同,劳动能力不同,从而工资率不同,个人预算约束线也就不同。以图 2-6 为例:个人可支配的时间分别为 H_1、H_2、H_3,劳动能力相同,从而工资率相同,则在纵轴的截距分别为 Y_1、Y_2 和 Y_3。显然,三条约束线平行;由于 $H_1<H_2<H_3$,所以,预算约束线 H_1Y_1 在横轴与纵轴的截距离原点较近,而 H_3Y_3 则较远。如果个人可支配的时间相同,假设同为 H_1,但劳动能力有差异,因而工资率不同,则工资率低者的预算约束线在纵轴的截距(劳动收入)为 Y_1,工资率高者的劳动收入则为 Y_4,显然,$Y_4>Y_1$。由此可见,个人预算约束线的形状由个人可支配的时间及劳动能力状况决定,即由个人可支配资源的状况决定。

(三) 主体均衡:在约束条件下效用最大

闲暇-收入无差异曲线说明了个人的主观愿望,预算约束线则反映个人的现实条件。从主观愿望和个人偏好而言,个人可以作出各种效用水平的选择。不考虑其他因素,任何个人都愿意选择离原点较远的无差异曲线,以获得更大的满足。但是,个人能否做到这一点,还要受现实条件的限制。从现实条件来说,个人效用水平又必须受资源状况的限制,这种限制由预算约束线来表示。较多的可支配时间和较高的劳动能力使预算约束线远离原点,较少的可支配时间和较低的劳动能力使预算约束线靠近原点。

闲暇-收入无差异曲线表示个人这一市场主体的主观愿望,预算约束线表示个人的现实条件和可能性。如何使主观愿望与现实条件结合起来,使主体获得最大效用,或者说,如何在受到限制的资源条件下,在闲暇时间与劳动时间和收入之间作出最佳配置,以求最大效用,这就是主体均衡理论所要研究的问题。

所谓主体均衡,就是在资源约束的条件下,闲暇时间与劳动收入的组合能使主体获得最

大效用的状态。研究主体均衡，主要是利用闲暇-收入偏好和预算约束线这两个分析工具，如图2-7所示。

在图2-7中，U_i为选择主体的闲暇-收入无差异曲线，HY为预算约束线。U_2与HY相切于a点，U_1与HY相交于b和c两点，U_i的效用水平为$U_1<U_2<U_3$。

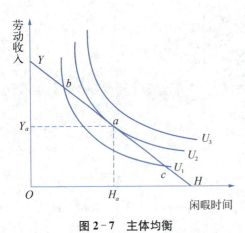

图2-7 主体均衡

前文提到，在平面直角坐标中有无数条无差异曲线，图中只画出三条。在预算约束线HY上，选择哪种组合才能使主体得到最大的效用呢？毫无疑问，那种组合必然是在对主体效用最高的一条无差异曲线上。在图2-7中，U_3虽然效用水平较高，但它在HY的右上方，相对于主体的资源状况而言，它无法达到那样高的效用。U_1与HY相交于b与c两点，虽然这两种组合是在既定资源条件下的最大组合，但是b与c也都在U_1上。显然，U_1的选择顺序在U_2的后面，其效用水平较U_2为低。而且，如果b点沿无差异曲线U_1向右下移动或者c点沿无差异曲线向左上移动，那么，在无差异曲线bc段，其闲暇时间与劳动收入的组合均在预算约束线HY的左下方。显而易见，主体在资源约束下并没有达到最高水平的效用。进一步仍可以观察到：既然U_1与HY相交于b和c，那么，在U_1与U_2之间的无差异曲线仍和HY相交，任何一种组合都在HY上，所以，均满足给定的资源条件；同时，任何一种组合均在效用水平比U_2低的无差异曲线上，都没有达到最大效用；反之，任何一种组合均在效用水平比U_1高的无差异曲线上，其效用水平均比b和c高。

由此看来，无差异曲线U_i在HY右上方的，主体因资源条件的约束而达不到那样高的效用水平；无差异曲线与HY相交的，主体在既定资源条件下又没有达到最大效用。因此，只有在a点，预算约束线HY与无差异曲线的切点才能实现主体的均衡。则a点就是主体在既定资源条件下获得最大效用的均衡点。如果a点沿无差异曲线U_2向左上或右下移动，其闲暇-收入组合因在HY的右侧而无法达到。在a点上，闲暇时间为H_a，劳动时间为$H-H_a$，收入为Y_a。

a点是预算约束线与无差异曲线U_2的切点。因此，U_2在a点的切线就是预算约束线HY。无差异曲线在a点的斜率与预算约束线的斜率相等。前面已讲过，预算约束线的斜率是个人放弃闲暇从事劳动从而获得收入的比率（工资率）。无差异曲线的斜率是闲暇替代劳动收入的边际替代率。所以，主体均衡的条件是：主体在资源约束的条件下获得最大效用必须满足的条件是工资率等于边际替代率，即

$$W = MRS$$

四、拓展训练

对目前的工作厌倦了，怎么办？

如果被"不想工作"的心理压抑得喘不过气来，该怎么办？如果说"不想工作"是一个

普遍存在的心理症状,"先行者"们都采取了哪些自我治疗方式呢?也许大多数人还是会硬着头皮一如既往地工作下去,也有那么一部分人任由"不想工作"的心态发展下去,却意外地展开了一段不一样的新生活。不想工作,让物质走开;不想工作,只与心情有关。

1."新退休人生"

"不想工作"如今成了一种普遍存在的心理状态,尤其在"黄金周"7天长假后表现得特别明显,"目眩头晕、精神不振、喜欢犯困以及面对工作头皮发麻"的表征,你是不是很熟悉?

自从走出校园踏上工作岗位那天起,每个人便进入了无穷无尽的工作状态。一周五天,朝九晚五,机械化的工作就这么一而再、再而三地重复进行下去。日子一长,对工作倦怠的心态便从此而生。

也许在每天疲累的工作之后,"不想工作"的念头经常折磨着你的心灵。然而,在工作和生活方式激荡变革的今天,身处"后工作时代"的我们可以有着更加自主的选择。"不想工作"意味着重新选择,"不想工作"然后更加懂得品味生活,"不想工作"然后回归快乐的生活本身。而个人"不想工作"的普遍心态也蕴含着社会潮流变革的大趋势,更多的人从传统工作中解放出来,投入更具创意的工作中。

看,一些"先行者"已经开始了一段"新退休人生",或者出外休闲,或者赋闲在家,或者读书充电,或者开始了另一份具有创意的工作。而这股"新退休主义"的宗旨就是"退休与年龄无关,想退就退;退休与事业无关,想做就做"。退一步,我们发现了海阔天空的新事业,发现了"不想工作"的乐趣。

2. 大众心态:"不想工作";大众现实:还是要上班,供房、买车和结婚都要钱

对于大部分人来说,"不想工作"是一种集体心态。但事实上,能放任之并实现"不工作"愿望的人却少之又少。大家总有很多理由来说服自己,比如"我每个月还要供房""我明年想买部车""下个假期要去欧洲度假",这些五花八门的理由让"不想工作"只能成为一句心里经常浮现却又被现实战胜的牢骚话。

于是,绝大多数怀抱着"不想工作"想法的人,只能硬着头皮继续工作。在精神高度紧张的工作中,期待着每周两天的休息日,但每每到了周日的晚上,又会对即将到来的工作日产生恐惧,于是产生了奇怪的"周一恐惧症"。每年几次的法定长假虽然能让人们得到暂时的舒缓,却远远不足以平复"不想工作"的心情。这些场景想必你我再熟悉不过了,只是硬着头皮继续工作,这样的状态能持续多久?

3."不想工作":在读书充电、自我拓展和再培训的过程中提升自己

主角脸谱:安娜的前老板评价安娜是一个工作态度积极的人。短短几年间,她从一个小职员升任一家外贸公司的业务经理。照理说,白领丽人安娜是一个敬业的"工作狂",工作对她来说应当是满足感和成就感的源泉。然而一年多前,她却出人意料地从公司辞了职,重返课堂读书去了。

安娜有这个举动并不完全因为她不想工作,而是在高强度的工作下,她发现不仅自己的知识被一点点掏空,而且工作经验的增加反而抑制了自己对创造性工作的热情。于是,安娜利用一年时间完成了EMBA的课程,将自己几年来的工作进行了一次完整的总结,又学习了第二外语法语。如今,充电之后的安娜兴致勃勃地开始了又一个充满挑

战的新工作。

解读："不想工作"是为了更好地工作。像安娜这样，在事业的高峰期急流勇退，然后专心地读书充电，随后重新找到了事业发展的新起点，这着实是一个具有鼓舞作用的事例。的确，在自我拓展和再培训的过程中提升自己，是现代工作人调整身心、再攀高峰的良性发展方向。

4. "不想工作"：工作旅游，收放自如，怪不得小女子乐此不疲

主角脸谱：在朋友们的眼中，陈鹏是一个特别能"折腾"的女孩子。这个生活在重庆的女孩子总让大家大跌眼镜，实在不能将说话温柔、慢条斯理的陈鹏和那个常常跳槽、独自出游的"不安分"形象结合起来。

工作—旅游—工作—旅游，四年来，陈鹏就是按照这个时间表来进行的。每当结束了一家公司的工作，陈鹏便给自己放假，然后出外旅游，短则一两个月，长则一年。陈鹏说，这是她梦想中的工作和生活方式，她既可以在工作时尽情投入，又可以在特别不想工作的时候抽身而出。如此收放自如，怪不得这个小女子乐此不疲了。

解读：不想工作，就去旅游，旅游之后，再回来工作。这是一种自主选择的新工作生活方式，成了多数人的梦想。以往旅游是为了回来后更好地投入工作，如今工作却只是为下一次的旅行积累足够的资本。

也有人辞职后便舒舒服服地享受起了生活。这些人将工作积累下来的钱财用于购物扮靓上，闲暇时约好友吃饭逛街，花大价钱买名牌衣服，一有时间就美容减肥做运动。一段时间下来，虽然荷包大大缩水，但整个人也明显漂亮健康了许多。如此不同的新生活体验，也许只有在辞职后的日子才能体会得到。

5. "不想工作"：在家上班，再也不用每天赶路上班、打卡下班了

主角脸谱：杨怡现在是个完完全全的在家上班族。这个打过高级工、也曾当过老板的人笑称，再也不想回到那个正正规规找工作、每天赶路上班的生活中去了。他说，那段经常超时工作的日子对他来说简直像个梦魇。最终，那股不想工作的强烈愿望演变成了现实。杨怡说，本以为辞职过后会陷入一个失重期，没想到在他面前却是一片广阔的天地，让自己可以自由地选择工作。

如今，杨先生有声有色地经营着自己的网上商铺。在家办公的他，每天都能自由地安排工作、生活以及与家人相处的时间。他说，"不想工作"的心态反而促使他找到了适合自己事业的全新发展方向，让他甘之如饴。

解读："不想工作"的心态是个孵化器，促使人们打破常规，在不断的选择中找到适合自己的新工作。像杨先生一样，"不想工作"只是在找不到合适工作时的一种倦怠心理，并不意味着从此放弃了事业的理想。辞职之后，面前也许是更加广阔的选择空间，一波三折的工作经历也让人更加懂得享受工作带来的乐趣。

6. "不想工作"：养儿育女做全职家庭主妇

主角脸谱：对于谢小姐来说，工作是一种痛苦的选择。天生爱自由的她实在难以忍受一成不变的工作时间的束缚，因此，她每份工作的时间不会超过半年。去年，在先生的支持下，她干脆辞职过起了全职太太的生活。

谢小姐说，在她看来，家庭胜于工作。如今的家庭生活比起以往更加丰富，平日里，

谢小姐在家看看书，每周学古筝，还考取了五级的证书。喜欢上网的爱好也让她成了网络论坛上小有名气的写手，还因此结交了不少拥有共同爱好的好朋友。最近，她家还添了一个漂亮的小宝宝。谢小姐说，比起工作，看着宝宝成长、照顾家里人的经历更加值得珍惜。看来，谢小姐这回是要将赋闲在家的生活进行到底了。

解读：对于部分女性来说，家庭的分量无疑比工作重许多，因此，如今为了家庭而不想工作的女性不在少数。不过，能像谢小姐一样彻底放弃工作而又不必担忧现实生活问题的女性则非常幸运，因为"不想工作"除了要有很强的心理承受能力，更需要得到家人的支持。

如果暂时不具备"不想工作"的条件，最好能及时平衡自己的消极心态，这样才能减少"不想工作"心理带来的负面影响。

其实，"不想工作"的心态很正常。这是人们在解决了基本的生存与温饱问题之后，寻求个人发展的一种表现，也是人生选择多元化的一种体现。

"不想工作"的原因很多，有些人为了提升个人能力而放弃工作，全身心地投入学习之中；有些人出于对上班无兴趣的状态，在工作环境中感到压抑和缺乏自由的空气，因此一心逃避工作；有部分女性为了更好地照顾家庭，不愿意让工作分散有限的精力而"不想工作"；还有些人自愿放弃了原有的工作，转而投身具有社会责任感的事业，如环保、志愿者等公益活动。当然，个人的心理承受能力以及家庭的支持是实现"不想工作"的重要条件。

从经济学的角度来看，"不想工作"的集体心态背后蕴藏着一种新的趋势，它在一定程度上将劳动力从传统格局中解放出来，使更多人可以投身于更新鲜、更具有创意的工作中，对现代工作方式、产业结构以及就业的组成方式有着一定的推进作用。

然而，我们现在可以看到的只是一种新的工作格局的苗头，这一变革不可能在短时间内实现，而会是一个相对长期的过程。

思考及讨论：
（1）请结合案例材料用劳动经济学理论分析为什么有人选择不工作？
（2）什么样的人更有可能选择不工作？请用劳动经济学原理分析。

任务三　收入与替代

一、任务要求

正确理解收入与替代的概念，能够用图形和语言说明收入与替代。

二、实训

（一）实训一

【实训名称】案例分析。

【实训目的】理解收入对个人决策的影响。

【实训步骤】

1. 全班4~5人一组,分成若干小组。

2. 提出案例:均等的遗产。

> 有一个商人,他有两个儿子。大儿子是父亲的宠儿,父亲想把自己的全部财产都留给他。母亲很可怜小儿子,她请求丈夫先不要宣布分财产的事。她总想想个办法让两个儿子分得平均一点。商人听从了她的劝告,没有宣布分财产的决定。
>
> 有一次,母亲坐在窗前哭泣,一位过路人看见了,就走上前去问她为什么哭。
>
> 她说:"我怎么能不哭呢?对我来说,两个儿子都一样亲,可是他们的父亲却想把全部财产留给一个儿子,而另一个什么也得不到。在我还没想出帮助小儿子的办法以前,我请求丈夫先不要向儿子们宣布他的决定。但是我自己没有钱,我不知道怎样才能解决这烦恼。"
>
> 过路人说:"你的烦恼很容易解决。你只管向两个儿子宣布,大儿子将得到全部财产,小儿子什么也得不到。但以后他们将各得其所的。"
>
> 母亲按过路人所说的向两个儿子宣布了商人分财产的决定,小儿子一听说自己什么也得不到,就离开家到外地去了。他在那里学会了手艺,增长了知识。而大儿子依赖父亲生活,什么也不学,因为他知道他将是富有的。
>
> 父亲死后,大儿子什么都不会干,把自己所有的财产都花光了。而小儿子却在外学会了挣钱的本事,变得富裕起来。

3. 思考及讨论:

(1) 从案例中你看到什么?

(2) 为什么大儿子在得到财产后会变穷,而小儿子在得不到财产后会变富?

(3) 请结合案例解释"富不过三代"的含义。

(4) 通过该案例,你还能得到什么启发?

4. 每组派代表在全班做总结发言。

5. 教师总结。

【实训要求】

能够抓住事件的关键点,正确理解案例,联系学习的理论,紧密联系案例事实加以论证,初步学习案例分析的基本方法。

(二) 实训二

【实训名称】案例分析。

【实训目的】理解收入效应与替代效应的含义。

【实训步骤】

1. 全班4~5人一组,分成若干小组。

2. 提出案例:动物的收入效应和替代效应。

经济学被定义为研究稀缺资源在无限的、相互竞争的各种用途上配置的学问。按照这种说法,经济学的工具既可以被用于分析人类的行为,也可以被用于分析动物的行为。在一项经典研究中,罗纳德·巴特里奥、莱昂纳德·格林和约翰·卡格尔描述了他们做的一项实验,通过这项实验,他们对动物的收入效应和替代效应(从它们的劳动力供给曲线的形状)进行了评估。

他们的实验对象是雄性的卡诺克斯白鸽。要求这些白鸽完成的工作内容是去啄一个响应键。如果这些鸽子啄这个键达到了足够的次数,它们就能够获得一个装满各种粮食的储料器作为报酬。通过改变获得每一次啄食机会之前必须达到的啄键次数,就可以改变这些白鸽的"工资率"了。对于啄键次数的要求,从每啄 400 次键才能获得一次啄食的机会(非常低的工资)到啄 12.5 次键就能够获得一次啄食的机会不等。此外,通过让白鸽不需要啄键就可以免费啄食一次,还可以让鸽子得到"非劳动收入"。这种实验环境可使实验者非常容易地观察到白鸽在啄键("工作")和其他主要活动——梳理自己的羽毛和随意走来走去——("闲暇")之间所作出的选择。对于鸽子来说,完成这项工作并不麻烦,也不难,但是需要作出努力。

巴特里奥、格林和卡格尔发现,鸽子的行为与经济学理论完全一致。在实验的第一个阶段,他们降低了工资率(每次啄键能够获得的报酬),但是将免费食物增加到足够的数量,以此来分离出替代效应。几乎在每一次实验中,这些鸽子都减少了它们的劳动力供给,并把更多的时间用于闲暇活动。在实验的第二个阶段,他们取走了免费食物,以此来分离出收入效应。他们发现,随着收入的减少,每一只鸽子都增加了自己啄键的次数(减少了闲暇时间)。因此,对于鸽子而言,闲暇是一种正常物品。此外,尽管随着工资的增长,收入效应和替代效应的绝对值都变小了,但是替代效应下降的程度却比收入效应相对多一些。巴特里奥等人由此得出结论:鸽子在收入和闲暇之间所作出的权衡在很多方面与人是相似的。

资料来源:Raymond C. Battalio,Leonard Green,John H. Kagel. Income-Leisure Trade of Animal Workers[J]. American Economic Review,1981,71(4):621-632.

3. 思考及讨论:
(1) 请用一句话概括什么是收入效应和替代效应。
(2) 请用图示的方法画出收入效应和替代效应。
(3) 请举出几件发生在日常生活中关于个人的收入效应和替代效应的事例。
(4) 通过该案例,你还能得到什么启发?
4. 每组派代表在全班做总结发言。
5. 教师总结。

【实训要求】
能够抓住事件的关键点,正确理解案例,联系学习的理论,紧密联系案例事实加以论证,学习案例分析的基本方法。

三、知识链接

如前所述,个人在劳动力供给决策的资源约束条件是给定的。现在需要继续讨论约束条件改变时,个人如何分配自己的时间以取得最大的效用,如何实现新的均衡。

(一) 纯收入效应

在图 2-7 的分析中,主体的最佳选择时间节点为 a 点。其资源约束条件用预算约束线 HY 来表示。如果个人面临一种新的条件:个人获得与其本人劳动力供给时间量无关的非劳动收入 Δy,此时如何实现新的均衡。现以图 2-8 为例进行分析。

在图 2-8 中,条件没有改变时,均衡点为 a,由于非劳动收入增加,预算约束线 $Y_1 H_1$ 平行向右方移动,得到一条新的预算约束线 $Y_2 H_2$。从图中可以清楚地看到,均衡点由 a 移向 b,闲暇时间增加,劳动时间减少,闲暇时间的增加量为 $H_b - H_a$。由此可见,在其他条件不变时,由于非劳动收入的增加,个人可达到的效用水平必定提高。纯收入效应是从一条无差异曲线移向更高效

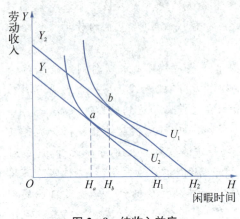

图 2-8 纯收入效应

用的无差异曲线所引起。一般情况下,纯收入效应使闲暇时间增加,劳动时间减少。

(二) 替代效应

另一个可以改变的限制条件是闲暇时间替代劳动收入的比率,即工资率。通常情况下,当可支配的时间不变且工资率变化时,个人的劳动收入必然随之变化,由此产生个人预算约束线的相应改变。例如,当工资率提高了,收入必定增加,从而也对个人劳动供给决策产生影响。这里假设:个人可支配的时间不变、收入不变,只有工资率变化,且假设工资率提高了。结合图 2-9 进行分析。

在图 2-9 中,闲暇-收入无差异曲线为 U,预算约束线为 HY_1,HY_1 与横轴的夹角为 α,与 U 相切于 a 点,此时的工资率为 W_1。显然,闲暇时间为 H_a,劳动时间为 $H - H_a$。由于工资率提高了,直线 $Y_2 b$ 与横轴的夹角设为 β,与无差异曲线相切于 b 点,工资率为 W_2。因为 $W_2 = \tan \beta > \tan \alpha = W_1$,所以有 $W_2 > W_1$。在工资率等于 W_2 的情况下,均衡点由 a 移向 b。相应地,闲暇时间从 H_a 减少到 H_b,劳动力供给时间则从 $H - H_a$ 增加到 $H - H_b$,劳动力供给时间存在一个正向的增量 $H_a - H_b$。由此可

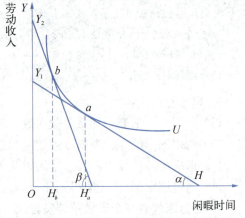

图 2-9 替代效应

见,在其他条件不变的情况下,工资率提高,劳动力供给时间增加,闲暇时间减少。其根本原因在于:当工资率提高时,意味着劳动时间的价值在提高,劳动时间不足,必然导致丧失较多的收入。例如,假设工资率由 10 元/小时提高到 20 元/小时,此时,少供给 1 小时的劳动,就要损失 20 元的收入。经济学原理已经说明:价格提高的商品,必然增加供给量,所以,在工资率提高时,劳动力供给时间必定增加。同时,工资率提高了,意味着闲暇的机会成本提高了,消费闲暇的代价变得更加昂贵。仍如上例,在每小时工资率为 20 元的情况下,消费

1 小时的闲暇就意味着其代价是 20 元。价格提高的商品,必定减少需求量,所以,在工资率提高的情况下,闲暇必定减少。

因为 a 和 b 同在一条无差异曲线上,a 和 b 所示的闲暇-收入组合实现相同的效用,所以,闲暇时间减少带来的效用损失由劳动时间的增加(从而收入增加)带来效用的增加而得到精确的补偿。

我们可以从另一个角度分析这个问题。仍以图 2-9 为例,在无差异曲线 U 上有无数个点,每个点表示一种闲暇时间和劳动收入的组合,过每个点都可画出一条切线,如 aH 和 Y_2b,它们对应不同切线的斜率,也就是对应着不同的工资率 W_i。虽然这些切线所示的个人可支配的资源不相同,但它们都能使主体实现相同的效用水平,其原因在于所有切点都在同一条无差异曲线上。因此,在个人实现相同效用水平的情况下,劳动力供给的决策主体改变其时间分配结构,必定由工资率的变化所引起。相对价格提高的物品必然引起较小的需求,价格提高的物品必然增加其供给。这就是替代效应。

(三) 个人劳动供给曲线

工资率的提高不仅使个人的收入得到增加,也会使闲暇时间和劳动时间的效用发生相应的变化。工资率的变化同时带来收入效应和替代效应两种效应。工资率的变化对劳动供给决策主体的最终影响完全取决于两种效应的相互关系。下面结合图 2-10 进行分析。

在图 2-10 中,其符号的含义与图 2-7 相同,预算约束线与横轴的夹角 α_1 与 α_2 相当于工资率。在工资率没有改变时,工资率为 W_1,主体的闲暇-收入的均衡点为 a。此时,闲暇时间为 H_a,劳动收入为 Y_a。假设工资率上升,由 W_1 提高到 W_2,则预算约束线为 $H'Y'$。在新的约束条件下,主体的最佳选择是在具有更高效用水平的无差异曲线 U_2 上的 b 点实现新的均衡。在均衡点 b,闲暇时间由 H_a 减少到 H_b,劳动时间由 $H'-H_a$ 增加到 $H'-H_b$,有一个正向的增量 H_a-H_b,劳动收入由 Y_a 增加到 Y_b,也有一个正向的增量 Y_b-Y_a。显然,在主体闲暇-收入偏

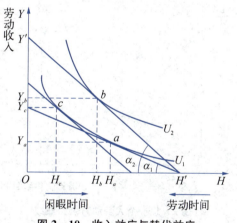

图 2-10 收入效应与替代效应

好和可支配资源既定的情况下,随着工资率的提高,主体的效用达到新的水平,而且工资率对劳动时间的变动有正向影响。

在图 2-10 中,a 点向 b 点的最佳选择的移动,实际上是两种效应共同作用的结果。

首先观察 a 点向 c 点的移动。它表示最佳选择点的变位不改变效用水平,而只改变工资率,c 点是由与 $H'Y'$ 平行的虚线与无差异曲线 U_1 相切所确定。这就是前面所提到的替代效应。由于替代效应,劳动力供给时间增加了 H_a-H_c,闲暇时间则由 H_a 减少到 H_c。显然,替代效应对劳动力供给具有正向影响。

其次,观察 c 点向 b 点的移动。这种移位可以看作工资率不变,收入却增加了。由于收入增加了,为了获得较多的闲暇时间,只能减少劳动力供给时间,用增加的收入换取闲暇。如图 2-10 所示,c 到 b 的变位就是收入效应。收入效应作用的结果是劳动力供给时间减少了 H_b-H_c。显然,收入效应对劳动力供给具有负向影响。

由此可见,由于工资率由 W_1 提高到 W_2,最佳选择由 a 到 b 的变位是替代效应与收入效应共同作用的结果。换言之,工资率由 W_1 提高到 W_2,产生出替代效应 a 到 c 的变位和收入效应 c 到 b 的变位,两种效应共同作用的结果是实现了均衡位置 a 到 b 的移位。

在本例中,由于工资率的提高,对主体劳动力供给决策的最终影响是增加劳动力供给时间,减少闲暇时间。但这种结论是否具有普遍的适用性呢?对于这一问题不能简单地回答"是"或"不是"。由前面的分析可以看到,在工资率提高的条件下,主体劳动力供给的决策受到两种效应的影响,劳动力供给时间的变动量最终取决于替代效应与收入效应的相互关系。而这两者的相互关系实际上取决于主体的闲暇-收入偏好,或者说取决于主体的效用函数。本例中,工资率提高产生的替代效应大于收入效应,所以,随着工资率的提高,主体选择了增加劳动力供给时间。由此推论,如果替代效应小于收入效应,随着工资率的提高,劳动力供给时间反而减少了。

经验、事实和理论研究表明,在工资率较低且收入较少时,由工资率提高产生的替代效应大于收入效应,所以随着工资率的提高,劳动力供给增加;在工资率维持较高水平并且收入也在较高水平时,由工资率提高产生的两种效应的相互关系发生了变化,即替代效应小于收入效应。所以随着工资率的提高,替代效应造成的劳动力供给时间的增加,小于收入效应作用下的劳动力供给时间的减少,最终表现为工资率对劳动力供给的负向影响。图 2-11 的个人劳动力供给曲线就是上述分析的几何描述。

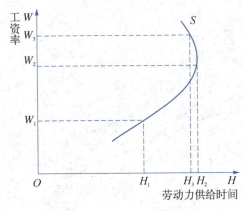

图 2-11 个人劳动力供给曲线

在图 2-11 中,横轴为劳动力供给时间,纵轴为工资率,S 为个人劳动力供给曲线。在工资率为 W_1 时,个人劳动力供给时间为 H_1;随着工资率的提高,劳动力供给时间增加,在工资率为 W_2 时,劳动力供给时间为 H_2;工资率进一步提高,由 W_2 提高到 W_3 时,劳动力供给时间为 H_3,劳动力供给反而减少了。由此产生的个人劳动力供给曲线 S 为"向后弯曲"的形状:工资率低于 W_2,曲线 S 的斜率为正值;工资率高于 W_2,曲线 S 的斜率为负值,即在工资率大于 W_2 的区间,工资率的提高使劳动力供给时间减少。

那么,工资率 W_2 是一种什么水平,是 10 元/小时还是 20 元/小时或者其他某种具体水平呢?劳动力供给分析的理论不能给予确定的回答。如果必须回答,只能说具体水平取决于个人闲暇-收入的偏好,或者说取决于个人效用函数的特征。

在后文项目四讨论劳动力市场均衡时,我们会描绘出一条从左下向右上倾斜、斜率为正值的劳动力供给曲线(图 4-2),那是一条市场劳动力供给曲线。市场劳动力供给曲线是由众多的个人劳动力供给曲线叠加而成的,之所以不像个人劳动力供给曲线那样向后弯曲,主要原因在于劳动力市场人数众多,个人偏好千差万别。在某种工资率下,一些人可能因收入效应的作用更大而减少劳动力供给时间,另一些人反而大幅度增加劳动力供给时间,还有一些人只是存在替代效应等,所以,市场劳动力供给曲线向右上方倾斜。

四、拓展训练

"吉芬商品"(Giffen Goods),是指在其他因素不变的情况下,某种商品的价格如果上升,消费者对其需求量反而增加。请分组讨论:闲暇是"吉芬商品"吗?

每组将讨论结果写在 A4 纸上上交,要求不少于 300 字。

任务四　劳动力供给与劳动力供给曲线

劳动力供给是指在一定的市场工资率的条件下,劳动力供给的决策主体(家庭或个人)愿意并且能够提供的劳动时间。供给者提供一定量劳动时间所愿意接受的工资率称为劳动力供给价格。

在市场经济中,劳动力供给的决策主体是劳动者家庭或个人。在劳动力供给决策时,决策主体一般面临两种选择:其一为劳动参与决策,即是否进入劳动力市场寻求有酬职业,参与社会劳动;其二是劳动供给时间长度决策:在个人可支配的时间中,闲暇时间与劳动时间的选择,即向劳动力市场供给多少劳动时间。两种选择可同时进行,也可分别决定。

劳动力供给决策上述两方面的内容,要受到种种因素的影响和制约。劳动力供给量与影响因素之间存在着相关关系。如果把影响劳动力供给的各种因素作为自变量,把劳动力供给作为因变量,则可以用函数关系来表示影响劳动力供给的因素与劳动力供给之间的关系。这个函数称为劳动力供给函数。以 S 代表劳动力供给,以 X_i 代表影响因素,则劳动力供给函数为

$$S = f(X_1, X_2, X_3, \cdots, X_i) \quad (i = 1, 2, 3, \cdots, N)$$

影响劳动力供给的因素 X_i 有有限多个,且各因素与劳动力供给的关系极为复杂,完全揭示它们之间的联系几乎是不可能的。因此,只能从劳动力市场分析的角度考察几种最主要的关系。

如果只考虑劳动力供给与市场工资率之间的关系,假设其他条件不变,市场工资率作为影响劳动力供给的唯一因素,以 W 代表市场工资率,则可以把劳动力供给函数表示为

$$S = f(W)$$

上式表明,劳动力供给 S 是市场工资率 W 的函数。劳动力供给函数只是用函数表达式的形式,即用数学语言来表述劳动力供给的概念。

也可以用劳动力供给表和劳动力供给曲线来表述劳动力供给。用来表明市场工资率与劳动力供给量之间关系的表格称为劳动力供给表,其形式如表 2-1 所示;进一步假设工资率与劳动力供给量无限可分,即假设工资率和劳动力供给是连续变动的,则可以把工资率与劳动力供给之间的关系描述为劳动力供给曲线,其形式如图 2-11 所示。劳动力供给表和供给曲线不过是用表格和图像的形式来表述劳动力供给概念。

表 2-1　劳动力供给表

工资率 W(元/时)	劳动力供给量(人)	曲线上的点
4	200	a
6	240	b
8	300	c

(续表)

工资率 W(元/时)	劳动力供给量(人)	曲线上的点
10	380	d
12	500	e
14	700	f

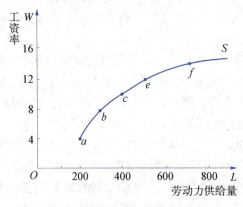

图 2-12 劳动力供给曲线

从表 2-1 和图 2-12 中可以看到,当市场工资率从 4 元/小时不断提高到 14 元/小时,随着工资率的提高,劳动力供给量就逐渐增加;根据劳动力供给表画出的劳动力供给曲线是从左下向右上倾斜的曲线。应当说明的是,劳动力供给曲线是一条平滑的曲线而不是一条折线,是假定工资率和供给量无限可分、连续变动的。这种假设虽然不完全符合实际,但为了方便(同时它也确实反映供给变化的大致趋势和一般规律),我们仍然这样假设。

从劳动力供给量和工资率的关系中可以看到,当工资率变化时,劳动力供给量相应地变动。我们将劳动力供给量变动对工资率变动的反应程度定义为劳动力供给的工资弹性,简称劳动力供给弹性。其计算公式是劳动力供给量变动的百分比与工资率变动的百分比的比值。设 E_s 为劳动力供给弹性,$\Delta S/S$ 表示供给量变动的百分比,$\Delta W/W$ 表示工资变动的百分比,则有

$$E_s = \frac{\frac{\Delta S}{S}}{\frac{\Delta W}{W}}$$

劳动力供给弹性的实质就是,当工资率变动1%时,劳动力供给变动多少。例如,当工资率为10元/小时,劳动力供给为1 000人;工资率提高到12元/小时,劳动力供给为1 500人。根据上述资料计算劳动力供给弹性,可得 $\Delta S/S=(1\,500-1\,000)/1\,000\times 100\%=50\%$,$\Delta W/W=(12-10)/10\times 100\%=20\%$,则 $E_s=50\%/20\%=2.5$。

通常,在考察市场劳动力供给时,劳动力供给弹性值分布在零到无限大之间。根据劳动力供给弹性的不同取值,一般将劳动力供给弹性分为五大类,如图 2-13 所示。

① 供给无弹性,即 $E_s=0$。在这种情况下,无论工资率如何变动(在劳动力市场分析的实际可能范围内),劳动力供给量固定不变。无弹性

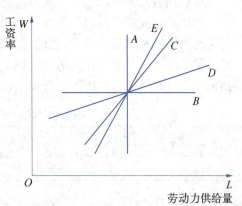

图 2-13 劳动力供给弹性

的劳动力供给曲线是一条与横轴垂直的曲线,如图2-13中的A。

② 供给有无限弹性,即$E_s \to \infty$。在这种情况下,工资率给定,而劳动力供给量的变动的绝对值大于零。有无限弹性的劳动力供给曲线是与横轴平行的曲线。如图2-13中的B。

③ 单位供给弹性,即$E_s=1$。在这种情况下,工资率变动的百分比与供给量变动的百分比相同。这时,劳动力供给曲线与横轴的夹角为45°,呈向右上倾斜的曲线,如图2-13中的C。

④ 供给富有弹性,即$E_s>1$。劳动力供给量变动的百分比大于工资率变动的百分比。这时,劳动力供给曲线是一条向右上倾斜且较为平坦的曲线,如图2-13中的D。

⑤ 供给缺乏弹性,即$E_s<1$。劳动力供给量变动的百分比小于工资率变动的百分比。这时,劳动力供给曲线是一条向右上倾斜且较为陡峭的曲线,如图2-13中的E。

在理解和把握劳动力供给弹性时,其定义虽然是用数学语言表述的,但需要注意的是:无论是工资率还是劳动力供给量,不能像数学那样可以无限取值,只能是在劳动力市场中现实的和实际可能的变动范围内有实际意义。

三、劳动力供给量的变动与劳动力供给的变动

工资率虽然是影响劳动力供给变动的重要因素,但其他多种经济的、社会的因素,也对劳动力供给产生影响。因此,在考察劳动力供给时,需要注意区分劳动力供给量的变动与劳动力供给的变动。二者尽管只是一字之差,其含义却截然不同。

劳动力供给量的变动是指在其他条件不变的情况下,仅由工资率变动所引起的劳动力供给数量的变化。这种变动表现为在同一条劳动力供给曲线上的移动。如图2-14所示。

在图2-14中,纵轴为工资率,横轴为劳动力供给量,S为劳动力供给曲线。当工资率由W_0提高到W_2时,劳动力供给量由L_0增加到L_2,在供给曲线S上则是从a点向右上方移动到b点。当工资率由W_0下降到W_1时,劳动力供给量由L_0减少到L_1,在供给曲线S上则是从a点向左下方的c点移动。

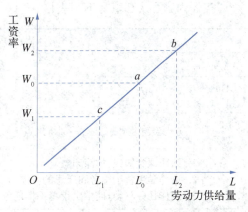

图2-14 劳动力供给量的变动

劳动力供给的变动是指在工资率不变的情况下,由其他因素的变动所引起的劳动力供给的变动。劳动力供给的变动表现为劳动力供给曲线的位移,可以用图2-15说明。

在图2-15中,工资率为W_0,由于其他因素的变化(如教育成本的变化、保障制度的变化、其他制度的变化等)而引起供给曲线的位移。在同样的工资率W_0的情况下,由S_0的劳动力供给曲线决定的劳动力供给为L_0;工资率不变,其他因素变化,劳动力供给曲线由S_0位移到S_2,劳

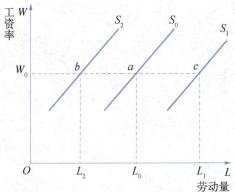

图2-15 劳动力供给的变动

动力供给则由 L_0 减少到 L_2;劳动力供给曲线由 S_0 位移到 S_1,劳动力供给则由 L_0 增加到 L_1。可见,劳动力供给曲线向左移动,劳动力供给减少;劳动力供给曲线向右方移动,劳动力供给增加。换言之,劳动力供给曲线左移,反映为劳动力供给曲线上升:可以简单推理一下,如果劳动力供给曲线左移,由 S_0 位移到 S_2,要在新的条件下供给 L_0 的劳动力,其工资率必然提高。反之,则为下降。其道理是一样的:如果劳动力供给曲线由 S_0 位移到 S_1,要在新的条件下供给 L_0 的劳动力,工资率必然下降。

任务五 综合实训

一、实训

(一) 实训一

【实训名称】 回顾本项目学习的收获。

【实训目的】 通过系统回顾,对本模块内容进行总结复习。

【实训内容】 认真填写下列表格。

		回顾本项目学习的收获			
编制部门:			编制人:		编制日期:
项目编号	002	学号、姓名		项目名称	劳动力供给
课程名称	劳动经济基础	训练地点		训练时间	
本项目我学到的知识或者技能	1. 回顾课堂知识,加深印象 2. 培养学生善于思考和反思的习惯 3. 工作任务驱动,使学生带着工作任务去学习 				

(续表)

本项目我印象最深的两件事情	
我想继续学习的知识和技能	
考核标准	1. 课堂知识回顾完整,能用自己的语言复述课堂内容 2. 记录内容和课堂讲授相关度较高 3. 学生进行了认真思考
教师评价	评分

【实训要求】

(1) 仔细回想本章所学内容,若有不清楚的地方,请查看以前有关的知识链接。

(2) 本部分内容以自己填写为主,不要过于注意语言的规范性,只要能说清楚即可。

(二) 实训二

【实训名称】案例分析。

【实训目的】能够运用收入效应与替代效应分析劳动经济现象。

【实训步骤】

1. 提供案例:收入效应与替代效应。

> 当工资提高时,个人劳动力供给先随着工资的上涨而增加,当工资上涨到一定程度时,劳动供给开始减少。个人劳动力供给曲线是向后弯曲的曲线。
>
> 张三是个大学毕业生,刚参加工作,工作内容是编写程序。工作初期,涨工资会使张三增加工作量。当他成为一个软件高手之后,工资已经足够高了,张三的收入也相当高了,这个时候,张三面对涨工资的反应,不是选择加班,而是更多地休闲和参加体育运动。

2. 讨论问题：
(1) 在工资较低的时候，工资上涨的替代效应和收入效应哪个更大？
(2) 当工资上涨到足够高的时候，如果接着上涨，又将如何呢？
3. 以书面形式提交分析结果。

【实训要求】

能够抓住事件的关键点，正确理解案例，联系学习的理论，紧密联系案例事实加以论证。

二、自测题

(一) 单项选择题(下列各题只有一个符合题意的正确答案，将你选定答案编号的英文大写字母填入括号内)

1. 在其他条件不变的情况下，由于对教育、培训有较高回报的预期，因此，人力资本投资增加，将使(　　)。

　　A. 劳动供给增加　　　　　　　　B. 劳动供给减少
　　C. 劳动需求增加　　　　　　　　D. 劳动需求减少

2. 在工资率和收入水平较低的情况下，随着工资率提高，劳动者将增加劳动供给。造成这种现象的原因是(　　)。

　　A. 收入效应　　　　　　　　　　B. 替代效应
　　C. 收入效应小于替代效应　　　　D. 收入效应大于替代效应

3. 如果某种劳动力供给弹性系数等于零，则该劳动力供给弹性为(　　)。

　　A. 无弹性　　　　　　　　　　　B. 单位弹性
　　C. 缺乏弹性　　　　　　　　　　D. 富有弹性

4. 劳动力供给的含义是指(　　)。

　　A. 在一定市场工资率的条件下，劳动者个人或家庭愿意并且能够提供的劳动时间
　　B. 在一定市场工资率的条件下，政府规定劳动者的劳动总时间
　　C. 一定时期内，一国或地区生产某种使用价值时运用的体力和智力的总和
　　D. 一定时期内，一国或地区劳动人口的总和

5. 下列最能准确地体现"劳动力供给"含义的是(　　)。

　　A. 中国具有13亿以上人口
　　B. 张三家里18岁以上的成员有3人
　　C. 李四今年大学毕业，正在寻找工作
　　D. 王五来到人才市场应聘，要求最低工资不低于1万元/年

6. 引起劳动力供给量变动的最重要的因素是(　　)。

　　A. 生产技术革新　　　　　　　　B. 资本规模变化
　　C. 市场工资率变动　　　　　　　D. 企业经营范围变动

7. 个人劳动力供给曲线与其他供给曲线存在明显区别，即"向后弯曲"。造成这种结果的主要原因是(　　)。

　　A. 收入效应大于替代效应　　　　B. 收入效应小于替代效应
　　C. 总互补关系　　　　　　　　　D. 总替代关系

8. 在工资率维持较高水平并且收入也在较高水平时，随着工资率的提高，劳动供给会

减少,原因是( )。
　　A. 收入效应大于替代效应　　　　　　B. 收入效应小于替代效应
　　C. 收入效应大于规模效应　　　　　　D. 替代效应小于规模效应
9. 如果某种劳动力需求的工资弹性大于1,说明该劳动力需求弹性是( )。
　　A. 无弹性　　　　　　　　　　　　　B. 无限弹性
　　C. 富有弹性　　　　　　　　　　　　D. 缺乏弹性
10. 如果其他条件不变,且对教育、培训等人力资本投资有较高的回报预期时,人力资本投资对劳动供给会产生( )。
　　A. 正向影响　　　　　　　　　　　　B. 负向影响
　　C. 没有影响　　　　　　　　　　　　D. 影响情况不确定
11. 衡量、测度人口参与社会劳动程度的指标是( )。
　　A. 就业率　　　B. 失业率　　　C. 劳动力供给弹性　　D. 劳动力参与率
12. 一般来说,劳动力供给曲线是一条( )。
　　A. 从左上向右下倾斜的曲线　　　　　B. 从左上向右下倾斜的折线
　　C. 从左下向右上倾斜的折线　　　　　D. 从左下向右上倾斜的曲线
13. 下列对无差异曲线的特征表述正确的是( )。
　　A. 离原点越远的无差异曲线所表示的效用越低
　　B. 同一平面上任意两条无差异曲线不会相交
　　C. 无差异曲线的斜率为正值,凸向原点
　　D. 即使主体偏好不同,无差异曲线的形状也不会有区别
14. 根据工作-闲暇基本模型,"工作"的定义为( )。
　　A. 有报酬的或家庭工作的时间　　　　B. 有报酬工作的时间
　　C. 任何"不必要"活动的时间　　　　　D. 休息和放松以外的时间
15. 无差异曲线凸向原点是因为( )。
　　A. 当收入较低的时候,人们更愿意牺牲收入去换取更多的闲暇
　　B. 当收入较低的时候,人们更不愿意牺牲收入去换取更多的闲暇
　　C. 任何收入水平的人们都愿意以相同的收入去换取更多的闲暇
　　D. 闲暇换取收入的边际替代率是负的
16. 如果每天工作超过8小时可领取相当于原工资一倍半的加班费,工作超过8小时的人比每天只工作8小时的人的( )将更( )。
　　A. 预算约束曲线;平坦　　　　　　　B. 无差异曲线;平坦
　　C. 预算约束曲线;陡峭　　　　　　　D. 无差异曲线;陡峭
17. 如果Alice的工资由每小时6美元上升到每小时6.5美元,则( )。
　　A. 与涨工资之前相比,她将工作更长的时间
　　B. 与涨工资之前相比,她将工作更短的时间
　　C. 工资改变前后她工作相同的时间
　　D. 与涨工资之前相比,她的工作时间可能会更长、更短或相同
18. 如果社会保障给付发生了改变,使各退休年龄的终生收益出乎意料地减少一个固定数额,理论上讲,这会引起工人( )。

A. 提前退休　　　　　　　　　　　B. 延迟退休
C. 退休时间和收益减少前一样　　　D. 可能提前退休,也可能延迟退休

19. 劳动力供给弹性是(　　)变动对工资率变动的反应程度。
A. 劳动力供给　B. 劳动力需求　C. 劳动力供给量　D. 劳动力需求量

20. 供给富有弹性表示为(　　)。
A. $E_s<0$　　B. $E_s>0$　　C. $E_s<1$　　D. $E_s>1$

21. 如果劳动力供给量变动的百分比小于工资率变动的百分比,以下判断正确的是(　　)。
A. $E_s>1$　　B. $E_s<1$　　C. $E_s>2$　　D. $E_s<0$

22. 供给缺乏弹性表示为(　　)。
A. $E_s<0$　　B. $E_s>2$　　C. $E_s<1$　　D. $E_s>1$

23. 如果劳动力供给量变动的百分比大于工资率变动的百分比,以下判断正确的是(　　)。
A. $E_s>1$　　B. $E_s<1$　　C. $E_s>0$　　D. $E_s<0$

24. 劳动力供给的工资弹性 E_s 表示为(　　)。

A. $\dfrac{\frac{\Delta S}{S}}{\frac{\Delta W}{W}}$　　B. $\dfrac{\frac{\Delta W}{W}}{\frac{\Delta S}{S}}$　　C. $\dfrac{\frac{\Delta W}{S}}{\frac{\Delta S}{W}}$　　D. $\dfrac{\frac{\Delta S}{W}}{\frac{\Delta W}{S}}$

25. 在工资率降低的情况下,劳动者最终是增加劳动力供给时间,此时(　　)。
A. 收入效应小于替代效应
B. 收入效应大于替代效应
C. 若工资率较高,可以判定收入效应小于替代效应;若工资率较低,则可以判定替代效应小于收入效应
D. 不能判断收入效应大于还是小于替代效应

26. 已知当工资率从每小时5元增加到每小时8元时,某工人每天愿意工作的时间从8小时增加到9小时,假如工资率上升所带来的收入效应是使工人的工作时间从8小时下降到7小时,那么,工资率上升所带来的替代效应是使工人的工作时间(　　)。
A. 增加3小时　　　　　　　　　B. 减少3小时
C. 增加2小时　　　　　　　　　D. 减少2小时

27. 从收入效应的角度看,工资率下降,劳动者决策的劳动力供给时间(　　)。
A. 增加
B. 减少
C. 在工资率较低的情况下增加,在工资率较高的情况下减少
D. 在工资率较低的情况下减少,在工资率较高的情况下增加

28. 从替代效应的角度看,工资率下降,劳动者决策的劳动力供给时间(　　)。
A. 增加
B. 减少
C. 在工资率较低的情况下增加,在工资率较高的情况下减少
D. 在工资率较低的情况下减少,在工资率较高的情况下增加

（二）多项选择题（下列各题中都有两个或两个以上的正确答案，将你选定答案编号的英文字母填入括号内）

1. 影响劳动力参与率的因素有（   ）。
   A. 教育制度与教育供给规模   B. 工资政策与工资关系
   C. 个人非劳动收入   D. 社会保障制度
   E. 宏观经济状况

2. 一般来说，影响劳动力供给的微观因素有（   ）。
   A. 个人因素   B. 家庭因素   C. 企业因素   D. 社会因素
   E. 政策因素

3. 影响劳动力供给的宏观因素有（   ）。
   A. 人口因素   B. 劳动力参与率
   C. 劳动制度   D. 社会平均劳动强度
   E. 劳动力受教育和训练水平

4. 影响劳动力供给的人口因素包括（   ）。
   A. 人口规模   B. 人口年龄结构
   C. 人口的性别比例   D. 人口的民族构成
   E. 人口的城乡结构

5. 下列关于收入效应和替代效应的陈述正确的是（   ）。
   A. 在工资率较高的条件下，收入效应大于替代效应
   B. 在工资率较高的条件下，收入效应小于替代效应
   C. 在工资率较低的条件下，收入效应大于替代效应
   D. 在工资率较低的条件下，收入效应小于替代效应
   E. 存在这样一个工资率，在此工资率下收入效应等于替代效应

6. 在工资率变动的情况下，劳动者最终是增加劳动力供给时间还是减少劳动力供给时间，要取决于收入效应与替代效应中何种效应的力量更大，下列陈述不正确的是（   ）。
   A. 收入效应小于替代效应，劳动者最终是增加劳动力供给时间
   B. 收入效应大于替代效应，劳动者最终是增加劳动力供给时间
   C. 收入效应小于替代效应，劳动者最终是减少劳动力供给时间
   D. 收入效应大于替代效应，劳动者最终是减少劳动力供给时间
   E. 无论收入效应大于还是小于替代效应，仍不能确定劳动者最终是增加还是减少劳动力供给时间

7. 在工资率增加的情况下，劳动者最终是增加劳动力供给时间还是减少劳动力供给时间，要取决于收入效应与替代效应中何种效应的力量更大，下列陈述正确的是（   ）。
   A. 收入效应小于替代效应，劳动者最终是增加劳动力供给时间
   B. 收入效应大于替代效应，劳动者最终是增加劳动力供给时间
   C. 收入效应小于替代效应，劳动者最终是减少劳动力供给时间
   D. 收入效应大于替代效应，劳动者最终是减少劳动力供给时间
   E. 无论收入效应是大于还是小于替代效应，仍不能确定劳动者最终是增加还是减少劳动力供给时间

8. 在工资率降低的情况下,劳动者最终是增加劳动力供给时间还是减少劳动力供给时间,要取决于收入效应与替代效应中何种效应的力量更大,下列陈述不正确的是(　　)。

A. 收入效应小于替代效应,劳动者最终是增加劳动力供给时间

B. 收入效应大于替代效应,劳动者最终是增加劳动力供给时间

C. 收入效应小于替代效应,劳动者最终是减少劳动力供给时间

D. 收入效应大于替代效应,劳动者最终是减少劳动力供给时间

E. 无论收入效应大于还是小于替代效应,仍不能确定劳动者最终是增加还是减少劳动力供给时间

9. 市场工资率变动的收入效应(　　)。

A. 可以用劳动者非劳动收入的变化导致劳动力供给时间的变化来解释

B. 可以用劳动者闲暇的机会成本变化导致劳动力供给时间的变化来解释

C. 在工资率较高的情况下,比替代效应大

D. 在工资率较高的情况下,比替代效应小

E. 在工资率较低的情况下,比替代效应大

10. 市场工资率变动的替代效应(　　)。

A. 可以用劳动者非劳动收入的变化导致劳动力供给时间的变化来解释

B. 可以用劳动者闲暇的机会成本变化导致劳动力供给时间的变化来解释

C. 在工资率较高的情况下,比收入效应大

D. 在工资率较高的情况下,比收入效应小

E. 在工资率较低的情况下,比收入效应大

(三) 名词解释

1. 劳动力供给
2. 效用
3. 替代效应
4. 收入效应
5. 劳动力参与率

(四) 计算题

1. 某地区某年末人口统计数据如下表所示(单位:万人)。

年龄段	男性		女性	
	人口数	劳动力人口	人口数	劳动力人口
15～25岁	22	8.0	21	6.0
25～35岁	28	27.0	28	26.0
35～45岁	32	31.6	33	30.8
45～55岁	30	28.7	29	26.2
55～65岁	37	34.1	37	1.5

根据表中数据回答以下问题:

(1) 分别计算15～25岁年龄段和25～35岁年龄段的总人口劳动力参与率(结果保留两

位小数)。

(2) 比较(1)中两个年龄段劳动力参与率的高低情况并分析可能存在的原因。

(五) 简答题

1. 劳动力的三种含义是什么?
2. 什么是劳动力参与率?其影响因素有哪些?

项目三

劳动力需求

教学目标

知识目标

1. 掌握劳动力需求的概念,劳动力需求的派生性,劳动力需求与工资的反向联系;
2. 劳动力需求的变动,劳动力需求量的变动,劳动力需求的工资弹性;
3. 劳动的边际生产力递减规律:平均产量,边际成本,主体均衡的含义;
4. 劳动的边际产量,劳动的边际产品价值,劳动的边际产品收益;
5. 长期,等产量线的图形,等成本线的概念、图形,边际技术替代率;
6. 等成本线的斜率;
7. 生产要素价格变化对劳动力需求的影响:规模效应,替代效应;
8. 决定劳动力需求的自身工资弹性的因素:其他生产要素替代劳动力的可能性、产品的需求弹性、劳动成本占总成本的比重、资本以及任何其他可以在生产中替代劳动力的生产要素的供给弹性。

能力目标

1. 能分析雇主为什么需要劳动力;
2. 掌握劳动力需求的决定必须遵循的原则;
3. 掌握决定企业长期劳动需求应遵循的原则;
4. 能正确理解规模效应与替代效应的关系。

案例导入

有资本和劳动力,却没有产出

皮尔先生把共值5万镑的生活资料和生产资料从英国带到澳洲的斯旺河去。皮尔先生非常有远见,他除此以外还带去了3 000名男工、女工和童工。可是,一到达目的地,皮尔先生竟连一个替他铺床或到河边打水的仆人也没有了。不幸的皮尔先生,他什么都预见到了,就是忘了把英国的生产关系输出到斯旺河去!他拥有现代庸俗经济学中生产函数的所有要素——资本和劳动力,却没有任何产出,因为劳动力不愿与资本相结合,并且能够做到不与资本相结合。

资料来源:马克思.资本论(第一卷)[M].北京:人民出版社,2004.

思考:为什么会出现这种结果?你认为雇主与雇员之间是一种什么样的关系?

任务一 认识劳动力需求

一、任务要求

能够理解劳动力需求的含义;能用语言或图表表示劳动力需求与价格之间的关系。

二、实训

(一)实训一

【实训名称】案例分析。

【实训目的】理解劳动力需求的含义。

【实训步骤】

1. 提出案例:贩运华工的罪恶活动。

西方侵略者曾经疯狂地掳掠华工,将他们贩运到国外做"苦力"。大量贫穷破产的中国人被胁迫、拐骗或绑架,被强行运往国外。1846年12月,西班牙轮船在福建厦门贩运第一批华工,贩运华工的罪恶活动便从此开始。至1852年,从厦门被贩运出洋的华工约在8 000~15 000人。1853年,厦门发生了反抗拐卖华工的暴动,贩运华工的中心便移往汕头,至1858年,从汕头被掠出洋的华工达4万多人。随后,香港、广州、澳门等地的贩运华工活动相继兴起。据不完全统计,1864—1873年,从澳门贩运到秘鲁、古巴的华工达147 729人。

资料来源:任贵祥.当代与近代两次移民潮比较研究[J].史学月刊,2002(9):58-66.

2. 思考及讨论:

(1)本来移民应该是自愿的行动,为什么会成为一种强迫?请列举具体原因。

(2) 这种情形一般会在什么情况下发生？现在为什么比较少见？
(3) 通过该案例,你还能得到什么启发？
3. 教师总结。

【实训要求】
能够抓住事件的关键点,正确理解案例,联系学习的理论,紧密联系案例事实加以论证,初步学习案例分析的基本方法。

(二) 实训二
【实训名称】劳动雇佣决策。
【实训目的】真正理解企业为什么雇用劳动力。
【实训步骤】
1. 实训情景：最近北京地区开始调整最低工资水平,据说涨幅可能超过5%。
2. 任务：
(1) 你作为某公司的人力资源经理听说了这个消息,需要向总经理汇报该情况,你认为应该怎么汇报,请写出提纲；
(2) 总经理对你的汇报很满意,继续让你提出建议并详细说明理由后再向他汇报。
3. 全班4~5人一组,分成若干小组。
4. 小组讨论,沟通交流个人意见,要求在规定的时间内达成一致意见。
5. 每组派代表在全班做总结发言。
6. 教师总结。

【实训要求】
能够抓住事件的关键点,正确理解案例,联系学习的理论,紧密联系案例事实加以论证；小组代表发言时应对小组的活动情况做真实概括,总结性强。

三、知识链接

(一) 劳动力需求是一种派生性需求

所谓劳动力需求,是指企业在某一特定时期内,在某种工资率下愿意并能够雇用的劳动量。劳动力需求是企业雇用意愿和支付能力的统一,两者缺一不可。

劳动力需求不能等同于劳动力需要。从经济学角度来说,需求和需要是两个不同的概念。需要是指主体无须考虑支付能力的主观愿望。比如,某企业需要员工1万人,但该企业在现行工资水平条件下没有能力支付这1万个劳动力的使用,因此,这不能构成该企业的劳动力需求。需求是指购买者在现行价格水平条件下有能力并愿意的购买量。因此,劳动力需求是指企业在不同的工资水平(劳动力的价格)条件下,有能力并有意愿使用劳动力的数量,两者缺一不可。

社会物质产品(服务)的需求是一种绝对的需求,是产品效用需求,即该需求来自消费者因为其必须购买物质产品(服务)来满足自身的需要。在市场经济中,企业之所以雇用劳动力,是因为劳动力与其他生产要素相结合,就能为市场供给产品和服务。因此,劳动力需求产生的直接基础在于产品(服务)的需求,故劳动力需求是由产品需求派生而来,是一种派生性需求。正是由于劳动力需求的派生性质,在其他条件不变时,劳动力需求水平随市场产品需求的变动而变动。

生产产品不仅要有劳动力,而且还要有其他生产要素的投入,如土地、资本等。因此,劳动力需求是生产要素需求的组成部分。由于劳动力需求的派生性以及该需求是生产要素需求的组成部分,因此,劳动力需求的分析必须联系产品需求的分析,必须联系劳动力与其他生产要素相互关系的分析。单纯地依靠劳动力是无法开始生产的,若仅依靠其他生产要素也是创造不出产品的,只有当两者有机地结合起来时,才能为社会生产、提供各类产品和服务。所以,产品需求的分析不仅要考虑到劳动力的需求,也要考虑到其他生产要素的需求。换言之,劳动力需求的分析要联系生产过程的分析来进行,所以,劳动力需求的理论是关于生产的理论。

(二)劳动力需求与工资率的反向联系

劳动力需求与消费者对消费品的需求有很多相似的地方,它们都是购买意愿和支付能力的统一。消费者对某种消费品的需求,其直接目的是通过物品的消费获得某种满足。但劳动力需求的直接目的只是为了生产剩余,也就是为雇主提供利润。当这种生产剩余的能力为零时,需求量不会再增加。

在市场经济的条件下,需求量与价格水平存在着相互依存的关系,比较的标准是价格水平。只有在确定的时间和确定的价格水平下,才能谈到需求增加、减少还是不变的问题。

企业雇用劳动力,按照一定的工资率支付给工人工资。对工人来讲,这是他们的劳动收入。对企业来讲,这是劳动力消费的成本。当劳动力消费的结果,即生产的产品价值小于成本时,劳动力消费则不能生产剩余。只有生产的产品价值等于或大于生产成本时,该需求量才能使之存在或增加。虽然劳动力需求是一种派生性需求,但是企业在劳动力的雇用上并不是简单地随产品需求变动而调整其劳动力需求的。例如,市场产品需求增加,企业并不是简单地决定增加雇用劳动量,而首先要比较增加劳动雇用量所引起的总成本和总收入发生的变化。如果增加雇用量能使总收入比总成本增加更多,企业才会增加劳动力的雇用;反之,如果总成本比总收入增加得多,企业绝不会增雇工人。劳动力需求的概念中包括雇用意愿和支付能力两个条件的根据即在于此。因此,在假设其他条件不变的情况下,劳动力需求与工资率存在着如下关系:工资率提高,劳动力需求减少;工资率降低,劳动力需求增加。这是分析劳动力需求的一个重要前提。

(三)劳动力需求表和需求曲线

企业在雇用劳动力时,企业愿意支付的工资率定义为劳动需求价格。如果将劳动需求价格与劳动力需求量之间的数量关系用表格的形式描述出来,就可得到企业劳动力需求表。进一步假设工资率与劳动力需求量的变动无限可分且连续变动,则可根据需求表描述出企业的劳动力需求曲线。详见表3-1和图3-1。

劳动力需求表和劳动力需求曲线是用表格和几何图像的形式表述劳动力需求的概念。

在图3-1中,横轴为企业的劳动力需求量,纵轴为工资率,曲线D为企业的劳动力需求曲线。从劳动力需求表和需求曲线中可以看到,当工资率由3元/小时依次提高到6元/小时,随着工资率的提高,企业的劳动力需求量相应减少。劳动力需求曲线D是一条从左上向右下倾斜的曲线,它充分说明了在其他条件不变的情况下,劳动力需求量与工资率之间的反向联系。

表 3-1 劳动力需求表

工资率(元/小时)	劳动力需求量(人·小时)	位置
3	5 000	a
3.5	4 600	b
4	4 000	c
4.5	3 500	d
5	3 000	e
5.5	2 400	f
6	1 800	g

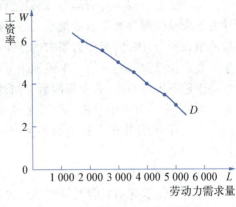

图 3-1 劳动力需求曲线

(四) 劳动力需求量的变动与劳动力需求的变动

劳动力需求是劳动力市场最重要的经济现象之一,同时也是最重要的变量之一,它的变动不仅受制度结构的影响,而且还受多种经济因素的影响,如生产的技术条件、其他生产要素的价格、总需求水平等。如果把影响劳动力需求的各种因素作为自变量,把劳动力需求作为因变量,则可以用函数关系揭示劳动力需求与影响因素之间的关系,这个函数称为劳动力需求函数。以 D 表示劳动力需求,以 x_i 表示影响因素,则劳动力需求函数为

$$D = f(x_1, x_2, \cdots, x_n) \quad (i = 1, 2, \cdots, n)$$

影响劳动力需求的因素 x_i 有有限多个,且各因素与劳动力需求的关系极为复杂,完全认识它们之间的关系几乎是不可能的。因此,人们只能从劳动力市场运行的主要方面考查几种最主要的联系。

如果只考虑劳动力需求与工资率之间的关系,假设其他条件不变,工资率作为影响劳动力需求的唯一变量,以 W 表示,则可把劳动力需求函数表示为下式:

$$D = f(W)$$

上式表明,劳动力需求 D 是工资率 W 的函数。劳动力需求函数是用数学语言表述劳动力需求的概念。

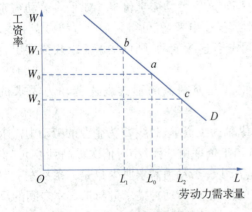

图 3-2 劳动力需求量的变动

众所周知,其他条件不可能是不变的,技术在进步,货币资本的规模也在扩大,如此等等,不一而足。因此,在分析劳动力需求时,需要区别劳动力需求量的变动与劳动力需求的变动。

劳动力需求量的变动是指在其他条件不变的情况下,仅由工资率的变动引起的劳动力需求量的变动。此类变动表现为在同一条劳动力需求曲线上的移动,如图 3-2 所示。

在图 3-2 中,横轴为劳动力需求量,纵轴为工资率,D 为劳动力需求曲线。当工资率为 W_0 时,劳动力需求量为 L_0,在需求曲线 D 上为 a 点。当工资率由 W_0 提高到 W_1 时,劳动力需

求量由 L_0 下降到 L_1，在需求曲线 D 上由 a 向左上移向 b 点。当工资率由 W_0 下降到 W_2 时，劳动力需求量由 L_0 增加到 L_2，在需求曲线 D 上由 a 向右下移动到 c 点。

劳动力需求的变动是指在工资率不变的条件下，由其他因素的变化所引起的劳动力需求量的变动。这种变动表现为劳动力需求曲线的移位。可以用图 3-3 说明。

在图 3-3 中，工资率为 W_0，由于其他因素的变化，引起需求曲线的移位。在同样的工资率 W_0 的情况下，由 D_0 的需求曲线决定的劳动力需求为 L_0，工资率不变，其他因素变化，劳动力需求曲线由 D_0 位移到 D_2，劳动力需求由 L_0 降低到 L_2；需求曲线由 D_0 移到 D_1，劳动力需求由 L_0 增加到 L_1。可见，需求曲线向左下移动，工资率不变，劳动力需求减少；需求曲线向右上方移动，劳动力需求增加。

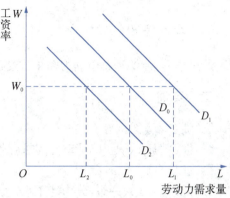

图 3-3　劳动力需求的变动

四、拓展训练

福特公司产量的安排

对许多企业来说，总成本分为固定成本和可变成本，这取决于时间框架。例如，考虑一个全机车公司，比如福特汽车公司。在只有几个月的时间内，福特公司不能调整汽车工厂的数量与规模。它可以生产额外一辆汽车的唯一方法是，在已有的工厂中多雇用工人。因此，这些工厂的成本在短期中是固定成本。与此相比，在几年的时间中，福特公司可以扩大其工厂规模，建立新工厂和关闭旧工厂。因此，其工厂的成本在长期中是可变成本。

许多成本在短期中是固定的，但在长期中是可变的，所以，企业的长期成本曲线不同于其短期成本曲线。长期平均总成本曲线是比短期平均总成本曲线平坦得多的 U 形曲线。此外，所有短期成本曲线在长期成本曲线上及以上。这些特点的产生是因为企业在长期中有更大的灵活性。实际上，在长期中，企业可以选择它想用的哪一条短期成本曲线。但在短期中，它不得不用它过去选择的任何一条短期成本曲线。

当福特公司想把每天的产量从 1 000 辆汽车增加到 1 200 辆时，在短期除了在现有的中等规模工厂中多雇用工人之外别无选择。由于边际产量递减，每辆汽车的平均总成本从 1 万美元增加到 1.2 万美元。但是，在长期中，福特公司可以扩大工厂和车间的规模，而平均总成本仍保持在 1 万美元的水平上。

对一个企业来说，进入长期要多长时间呢？答案取决于企业规模。对一个大型制造企业，如汽车公司，这可能需要一年或更长。与此相比，一个人经营的柠檬水店可以在一小时甚至更短的时间内去买一个水罐。

思考及讨论：
1. 在经济学中长期和短期的含义是什么？
2. 为什么在短期内只能调整劳动要素的数量？
3. 为什么长期平均总成本曲线是比短期平均总成本曲线平坦得多的 U 形曲线？

任务二 劳动力需求弹性

一、任务要求

通过学习,能够理解劳动力需求弹性的内涵,掌握影响劳动力需求弹性的因素。

二、实训

【实训名称】案例分析。

【实训目的】认识影响劳动力需求弹性的因素。

【实训步骤】

1. 全班 4~5 人一组,分为若干小组。
2. 提供案例:工会在劳资谈判中的作用。

> 在企业劳动关系当中,劳动者和管理者之间始终是一对矛盾,且劳动者在这一矛盾中始终处于相对弱势的地位,在企业工会未产生以前,劳动者的权益很难得到有效的保证;企业工会出现以后,情况发生了根本的变化,劳动者有了自己的代言人,工会代表劳动者集体就工资和劳动条件等问题与企业管理者开展集体谈判,签订集体合同。
>
> 企业工会的基本职能在于代表劳动者开展企业集体谈判,签订企业集体合同,维护劳动者的劳动权益,这一点从工会出现初期直到现在都是如此。
>
> 代表和维护企业劳动者的合法权益是企业工会的基本职能,而劳动者的合法权益具体又包括劳动者的经济权益、政治权益(主要是民主权益)和劳动权益等。其中,劳动权益是企业劳动者与管理者之间劳动关系的核心内容。因此,维护劳动者的劳动权益是企业工会维护职能的基础或核心内容。一般来讲,劳动者的劳动权益主要包括劳动就业权、劳动报酬权、休假休息权、劳动保护权、职业培训权、社会保障权、请求劳动争议或冲突处理权以及其他与劳动相关的权益等。企业工会维护劳动者劳动权益就是要对劳动者的这些权益进行保护和维持。也只有在维护劳动者这些劳动权益的基础上,企业工会才能进一步对劳动者的其他经济权益、政治权益(劳动权益当中也包括一部分经济权益和政治权益)等进行维护。
>
> 工会和集体谈判在美国企业工资事务中起着重大的作用。有工会组织的企业和没有工会组织的企业的工资决定都受到工会力量的影响。前者是直接影响,后者是间接影响。这种间接影响是通过一种"威胁"效应,即无工会组织的企业雇主害怕工资定得过低会促使自己企业工会化,并在与工会化企业的竞争中处于不利地位。
>
> 在集体谈判中,工会力图调控资方对工会会员的福利和工会力量及对安全有直接影响的一切行动。劳资合同的主要条款包括三大部分:工作的占有和保障;工作时间表、工作速度和生产方法;工资的数额及支付方法。这三个部分都影响工资的费用和决策。招雇、提升和停工的办法间接影响人力费用,工作速度和生产方法强烈地影响人力费用,工资的决定则直接地影响人力费用。

> 工会的压力常常迫使企业管理部门(资方)提高企业效率,从而提高其支付工资的能力。在这种"冲击效应"不能奏效的地方(由于经济条件和企业条件无法改变),往往迫使效率较差的企业关闭或转产。因此,当这类企业的工人(工会会员)确信强制要求提高工资有可能会使他们失去工作时,他们就会表决接受较低的工资,使企业继续维持经营生产。在企业地处偏僻、工人需要到远处找新工作的情况下,更是如此。但一般来说,工会更强调工资率均等的原则,而较少考虑企业支付能力的原则。

3. 分析以上案例中的工会和集体谈判的作用。
4. 分析工会如何影响劳动力的需求弹性。
5. 以小组为单位,以书面形式提交讨论成果。
6. 教师总结。

【实训要求】

能够抓住事件的关键点,正确理解案例,联系学习的理论,紧密联系案例事实加以论证;小组代表发言时,应对小组的活动情况做真实概括,总结性强。

三、知识链接

(一) 劳动力需求的自身工资弹性

从劳动力需求表和需求曲线所反映的工资率与劳动力需求量的关系中可以发现,当工资率变动时,劳动力需求量相应地变动。劳动力需求量变动对工资率变动的反应程度定义为劳动力需求的自身工资弹性。

设 E_d 为劳动力需求的自身工资弹性,用 $\Delta D/D$ 表示劳动力需求量变动的百分比;用 $\Delta W/W$ 表示工资率变动的百分比,根据定义,其公式为

$$E_d = \frac{\frac{\Delta D}{D}}{\frac{\Delta W}{W}}$$

由于劳动力需求量与工资率的反向关系,劳动力需求的自身工资弹性值为负值。在通常情况下,人们一般关注它的绝对值。从计算公式中可以看到,劳动力需求的自身工资弹性的含义是工资率变动1%时劳动力需求量变动的多少。例如,工资率为5元/小时,劳动力需求量为1 000人;工资率提高到6元/小时,劳动力需求量下降到800人,则劳动力需求的自身工资弹性为:工资率变动的百分比 $\Delta W/W=(6-5)/5\times100\%=20\%$;劳动力需求量变动的百分比 $\Delta D/D=(800-1\ 000)/1\ 000=-20\%$;劳动力需求的自身工资弹性 $E_d=(\Delta D/D)/(\Delta W/W)=20\%/(-20\%)=-1$,其绝对值 $|E_d|=|-1|=1$。

从前文的分析中可知,劳动力市场是劳动力需求方和供给方依据工资率这一要素价格信号自由进出的系统。一般而言,市场总是由为数众多的需求方和供给方组成。企业劳动力需求曲线揭示了每种工资率下企业愿意雇用的劳动量。市场劳动力需求曲线则表示了在每种工资率下,某一市场(如建筑工人市场、纺织工人市场等)企业劳动力需求的总和。市场需求曲线是由企业需求曲线叠加而成,同样存在着劳动力需求量与工资率之间的反向关系,

即劳动力需求曲线的斜率为负值。当然,市场结构不同,劳动力需求曲线的形状也存在差异。劳动力需求的自身工资弹性能够较好地反映这种差异,它是分析这类差异的有效工具之一。在考察市场劳动力需求时,将工资率与劳动力需求量的变动百分比在理论与实践上的所有可能均包括进去,根据劳动力需求的工资弹性的不同取值,可将劳动力需求的工资弹性分为五类,如图3-4所示。

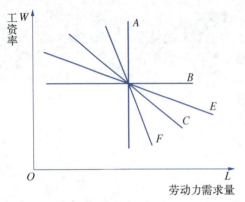

图3-4 劳动力需求的工资弹性

(1)需求无弹性,即 $E_d = 0$。不论工资率如何变化,劳动力需求量固定不变。无弹性的劳动力需求曲线是一条与横轴垂直的线,如图3-4中的 A。

(2)需求有无限弹性,即 $E_d \to \infty$。工资率不变,或者更准确地说,其变动的百分比为零,而劳动力需求量变动的百分比的绝对值大于零。有无限弹性的劳动力需求曲线与横轴平行,如图3-4中的 B。

(3)单位需求弹性,即 $E_d = 1$。此时,工资率变动的百分比与需求量变动的百分比的绝对值相等。这时的劳动力需求曲线是与横轴的夹角为45°并向右下倾斜的曲线,如图3-4中的 C。

(4)需求富有弹性,即 $E_d > 1$。这种劳动力需求曲线是一条向右下倾斜且较为平缓的曲线,如图3-4中的 E。

(5)需求缺乏弹性,即 $E_d < 1$。这种劳动力需求曲线是一条向右下倾斜且较为陡峭的曲线,如图3-4中的 F。

在理解和把握需求的工资弹性时,需注意两点:

其一,工资率和劳动力需求量变动的百分比都是针对某一确定的区间而言,既包括工资率变动的确定区间,也包括时间间隔。例如,2010年的工资率是多少,2020年又是多少,劳动力需求量变动多少等,这样计算需求的工资弹性是没有什么意义的。

其二,要注意区别弹性和曲线的斜率,这是两个不同的概念。弹性是百分比的比值,斜率是绝对值的比值。例如,如果需求曲线是一条直线,在劳动力需求曲线任一区间的斜率都相等,但其弹性值却不一样,读者可根据图3-4中的 C、E、F 自行计算。

(二)决定劳动力需求工资弹性的因素

企业的行业劳动力需求曲线,长期的、短期的需求曲线都是向右下倾斜的。但是,假设工资率提高10%,劳动力需求是下降2%、10%还是15%呢?显然有很大的区别,劳动力需求的工资弹性反映了这种差别。为什么会有这些差别呢?是哪些因素决定劳动力需求的工资弹性呢?决定劳动力需求工资弹性的因素有以下四个方面。

1. 其他生产要素替代劳动力的可能性

其他生产要素替代劳动力的可能性是决定劳动力需求工资弹性的第一个因素。这种可能性越大,需求弹性就越大;反之,则越小。

其他生产要素替代劳动力的可能性包含两层含义:其一为技术方面的;其二为成本方面的。从技术的角度而言,当工资率提高而资本很容易替代劳动时,企业就会决定用资本替代劳动。在生产中,简单的、无技术的、重复性的劳动,如建筑业的水泥搅拌工、运输业的搬运工等,这类劳动力的工资提高了,很容易以相当小的资本数量加以替换。因此,他们的工资率提高后,对他们的需求就会较大幅度地减少。替代越容易,劳动力需求曲线就越富有弹性;如果替代很困难,甚至不能替代,弹性就很小。例如,民航客机的飞行员,用资本替代他们就很困难,甚至不可能。这类劳动力需求曲线就缺乏弹性。

从成本的角度而言,假设资本的价格不变,用一个单位的资本和用三个单位的资本替代同量的劳动力,其替代的可能性也是完全不同的。如果工资率提高了,造成以越来越大的资本数量替代同量的劳动力,替代的可能性就小,从而劳动力需求曲线的弹性就小;反之,替代一定量劳动力所需的资本数量越小,在工资率提高的情况下,企业减少的劳动力就越多,从而劳动力需求曲线的弹性就越大。

2. 产品的需求弹性

产品的需求弹性是决定劳动力需求弹性的第二个因素。由劳动力需求的性质可知,劳动力需求是由市场对产品的需求派生的。当工资率提高时,企业的最初反应并不是马上简单地减少劳动的投入,从而降低产出水平。通常的反应是提高产品的价格,看看能否将工资率的提高、成本的上升转移到消费者身上。但是,产品价格的变动必然影响产品的需求数量。影响的程度则取决于产品的需求弹性。这一点从图 3-5 中可以看得很清楚。

在图 3-5 中,横轴为产品的需求数量 Q,纵轴为需求价格 P,D_1 和 D_2 为产品的需求曲线。需求曲线 D_1 和 D_2 的弹性有很大的区别:D_1 的弹性大,D_2 的弹性小。如果产品的需求曲线为 D_1,价格由 P_1 提高到 P_2,需求量则由 Q_a 大幅度地减少到 Q_c。如果其需求曲线为 D_2,同样的价格变动,需求量由 Q_b 降到 Q_c,减少的幅度相对较少。

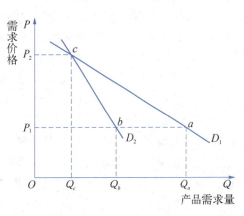

图 3-5 产品的需求弹性

由此可见,产品价格上升,必然降低产品需求的数量,除非产品需求曲线无弹性。而且需求的弹性越大,产品需求下降就越多,反过来就会减少企业所需要的劳动力。一般而言,生活必需品(如粮食、药品等)的需求弹性小,需求量对价格变动的反应很小。所以,生产生活必需品的生产部门劳动力需求的工资弹性比较小,而生产奢侈品的生产部门劳动力需求的工资弹性则比较大,一个比较小的价格变动,就会引起产品需求比较大的变化。例如,假设某种药品的需求弹性为 0.2,价格提高 10%,需求量仅降低 2%。如果生产该药品的企业工资率提高了,一方面,企业可以通过提高产品的价格消化一部分因工资率的提高所带来的影响,将工资率提高所带来的影响转移到消费者身上;另一方面,只需减少少量的劳动力,就可以完全消化工资率提高所带来的全部影响,所以,其劳动力需求的工资弹性就比较小。对于奢侈品的生产企业来说,上述方法就无法实施,所以,劳动力需求的工资弹性就大。因此,产品的需求弹性大,劳动力需求的弹性也大;反之,则小。这也正是行业需求曲线弹性与企业需求曲线弹性产生差别的重要原因。

3. 劳动成本占总成本的比率

劳动成本占总成本的比率,是决定劳动力需求弹性的第三个因素。不同的产品,其成本结构有很大的差别。通常所说的劳动密集型产品的劳动成本占总成本的份额较高,而资本密集型产品的劳动成本占总成本的份额较低。假设 A 和 B 两家企业,A 企业的产品成本中,劳动成本占总成本的 50%;B 企业的产品成本中,劳动成本占总成本的 10%。两家企业面临着工资率提高 10% 的局面,最终结果是,A 企业的总成本上升 5%,B 企业的总成本上升 1%。劳动成本占总成本的不同比率,对产品价格的影响显著地不同。联系第二个因素的分析,显然,同样工资率的变动,A 企业劳动力需求的变动与 B 企业相比较,其变动幅度大。因此,劳动成本占总成本的比率越大,劳动需求的弹性越大;反之,则越小。

4. 资本的供给弹性

资本以及任何其他可以在生产中替代劳动力的生产要素的供给弹性是决定劳动力需求弹性的第四个因素。资本和劳动力的相互替代如果没有任何技术上的障碍,经济上的比较就占据突出的位置。在第一个因素的讨论中,假设资本价格不变,工资率提高将导致企业用资本替代劳动力。确实,当企业面临着极富弹性的资本供给,企业增加资本的使用而又不会刺激资本供给价格的较大上升。如果资本的供给弹性很小,对资本的需求稍有增加就导致其供给价格大幅上升,此时,用资本替代劳动虽然在技术上是可行的,但在成本的比较上可能是不可行的,这必将阻碍企业用资本替代劳动力。因此,在生产要素相互替代的技术可能性给定的情况下,资本的供给弹性越大,劳动需求的工资弹性也大;反之,则小。

上述决定劳动力需求工资弹性的四个因素是由 A. 马歇尔和 J. 希克斯加以归纳和总结的,故也称希克斯-马歇尔派生需求定理。

(三)劳动力需求的交叉工资弹性

在前述的劳动力需求分析中,关于劳动力的一个基本假设是同质的,劳动力没有质的差别。但企业的生产往往是使用多种类别的劳动力,其中任何一种劳动力的需求都会受到其他类别劳动力工资的影响。现假设企业劳动力需求为 A 和 B 两类工人,可以将 A 类劳动力需求量变动对 B 类劳动力的工资率变动的反应程度,定义为劳动力需求的交叉工资弹性。其计算公式是 A 类劳动力需求量变动的百分比与 B 类劳动力的工资率变动的百分比的比值。设 $E_{A,B}$ 为劳动力需求的交叉工资弹性,$\Delta D_A/D_A$ 表示 A 类劳动力需求量变动的百分比,$\Delta W_B/W_B$ 表示 B 类劳动力的工资率变动的百分比,根据定义,有

$$E_{A,B} = \frac{\frac{\Delta D_A}{D_A}}{\frac{\Delta W_B}{W_B}}$$

同理,有

$$E_{B,A} = \frac{\frac{\Delta D_B}{D_B}}{\frac{\Delta W_A}{W_A}}$$

劳动力需求的交叉工资弹性值若为正值,表示一类劳动力的工资率上升引起另一类劳动力需求的增加,这两类劳动力称为总替代;劳动力需求的交叉工资弹性值若为负值,表示一类劳动力的工资率上升引起另一类劳动力需求的减少,这两类劳动力称为总互补。

例如，企业的工人在年龄上可分为青年工人和老年工人，老年工人的工资提高了5%，若青年工人的需求增加了3%，其交叉工资弹性为0.6。说明青年工人与老年工人的关系为总替代。

在产品市场中，互替产品与互补产品一目了然，比较简单明了。例如，作为能源动力产品的煤炭和石油，它们是互替商品。当煤炭的价格提高了，若石油的价格不变，则石油的需求增加。因此，它们的交叉价格弹性为正值。再如，汽车和轮胎是互补产品，当汽车的价格提高了，轮胎的价格不变，轮胎的需求也将减少。所以，它们的交叉价格弹性为负值。

劳动力需求既然是产品需求所派生的需求，且劳动力市场的劳动力类别存在着很强的过渡性差异，那么，劳动力需求的交叉工资弹性的取值是总替代还是总互补，还要取决于生产函数的具体特征、产品市场和劳动力市场的需求条件等。

四、拓展训练

大量越南劳工非法进入中国务工

一名超过3个月的居留期已构成非法居留的越南妇女在广东省珠海市一个工业园区被当地警方查出，随后引出了一起61名越南人非法打工的事件。这起发生在2008年4月11日的"三非"（非法入境、非法居留、非法就业）案件，经过珠海市公安局的调查，最终在该市斗门区白蕉镇一家花艺厂被查获，随后该企业被罚款4.5万元，并承担遣送全部越南人回国所需的费用。

早在2007年，珠海市警方就连续发现并成功查处了7宗113名越南人非法就业案件。其中，4月20日，一家企业在招工时发现6名持有越南有效护照及签证同时又持有伪造的广西壮族自治区居民身份证企图在珠海非法就业的越南女性；6月7日，在三灶镇一家工艺制品公司车间内查获30名非法就业的越南人；6月18日，在金湾区小林镇一家鞋业公司的流水生产线上当场查获正在作业的17名越南人。从2008年至今，珠海市共查处了18家非法雇用越南人的企业，后者均被公安部门依法实行重罚。

事实上，越南劳工不仅仅出现在中国的大城市和经济发达地区，也出现在一些小城市和农村地区，其特点是均非个别行动，而是都由"工头"有组织地带入中国。2008年2月28日，广西壮族自治区靖西县岳圩边防派出所在辖区大兴村走访时，发现8名无任何合法入境手续的越南人正在帮助边民砍伐甘蔗，原因是前段时间当地刚刚遭受严重的雨雪冰冻灾害影响，随着天气转暖，急需较多的劳动力，越南人就是利用这个机会从边境便道非法入境务工。

资料来源：尹鸿伟.大量越南劳工非法进入中国调查[J].南风窗，2009(11)：50-53.

思考及讨论：
1. 为什么大量越南劳工要进入中国？
2. 为什么有些企业要冒着违法的危险雇用越南劳工？
3. 你认为什么人最反对越南劳工进入中国？为什么？

任务三　短期劳动力需求

一、任务要求

准确理解长期、短期的含义；理解短期内雇主对劳动力需求的决策原则。

二、实训

【实训名称】案例分析。
【实训目的】理解雇主调整劳动力的手段及原因。
【实训步骤】
1. 全班 4~5 人一组，分成若干小组。
2. 提出案例：变相裁员十大招。

> （1）无薪长假，无薪调休。
> （2）无薪教育训练，无偿占用员工时间，如军训、做操、开早会等。
> （3）试用期员工无论绩效如何，全部辞退。
> （4）将员工调离熟悉的环境，迫使员工辞职。
> （5）进行加班管控，减少当月收入。
> （6）取消或减少当月收入。
> （7）进行学历、经历、资格再查，借机解雇员工。
> （8）纪律考核动辄记大过、处分。
> （9）减少其他福利。
> （10）其他手段，如请假不批等。

3. 思考及讨论：
（1）雇主为什么要这样做？
（2）雇主这样变相裁员合法吗？
（3）通过该案例，你还能得到什么启发？
4. 每组派代表在全班做总结发言。
5. 教师总结。

【实训要求】
能够抓住事件的关键点，正确理解案例，联系学习的理论，紧密联系案例事实加以论证；小组代表发言时应对小组的活动情况做真实概括，总结性强。

三、知识链接

为简化分析，对企业劳动需求的分析先从预测行为的简单模型入手，即在四个假设前提下分析企业的短期劳动需求。本节以后，再逐渐抛开这些假设，分析企业劳动需求的复杂模型。

(一)假设前提

(1)雇主追求利润最大化(产品销售收入与生产成本的差值)。

(2)商品和劳务生产中只使用两个同质的生产要素——劳动和资本。也就是说,假设有一个两要素生产函数,表示产出为 Q 的劳动(L)和资本(K)的各种组合: $Q = f(L, K)$。式中, f 指函数,表示 Q 与生产要素的一般数学关系, Q 与两种生产要素之间的特定关系取决于采用的技术。

(3)小时工资成本是唯一的劳动成本。企业的雇佣成本、培训成本、小额优惠成本略去。

(4)企业劳动市场和产品市场都是竞争性的,在这个假设前提下,可以认为工资和产品价格是既定的。

(二)生产时期假设

生产时期分为三类:

其一,市场时期。在这个时期,产品已经生产出来,能够随时出售。这个时期的特点是:只有交换,没有"生产",要供给市场的物品已经有了。

其二,短期。在这个时期内,其他生产要素是不变的,唯一可变的生产要素是劳动投入。

其三,长期。这是指所有生产要素都可以调整的时期,不仅劳动投入可以调整,资本也可以调整,新的企业也可以建立。

在把握上述假设条件中,请注意各种时期都是功能的定义,而非计时的定义。它是依据一个时期发生了什么变动而言,而非按照多长时间长度来说的。例如,冶炼厂调整其所有生产要素,建设新的炼钢炉,时间就很长;一个运输企业,用大吨位载重汽车替换人力车,时间就很短。但它们都属于长期。

(三)边际生产力递减规律

从假设条件可知,短期的生产实际上就是产量取决于一个可变要素的投入。可变要素投入发生变化,产量相应地就发生变化。如果用数学语言描述,就是产量是可变要素投入的函数。这里假设可变的生产要素为劳动投入,设可变的劳动要素投入为 L,产量为 Q,则短期的生产可用下述一元函数表示: $Q = f(L)$。短期生产的其他要素固定不变,唯一可变的生产要素是劳动投入。当把可变的劳动投入增加到不变的其他生产要素上,最初劳动投入的增加会使产量增加;但当其增加超过一定限度时,增加的产量开始递减。这就是劳动的边际生产力递减规律。

边际生产力递减规律发生作用的前提是技术水平不变。离开了这一前提,边际生产力递减规律则不能成立。这一规律反映的是把不断增加的可变的劳动要素增加到其他不变的生产要素上时对产量所产生的影响。特别需要注意的是,随着产量的变化,机器、厂房等可以是不变的,但原料、材料等要发生变化。这里把原料、材料等的变化也舍弃掉了。这种抽象并不影响问题的分析,而是使问题得到简化。

在其他生产要素不变时,由劳动投入的增加所引起产量的变动可以分为三个阶段。

第一阶段:边际产量递增阶段。边际产量是指由于增加一个单位的劳动要素投入而增加的产量。这是因为在开始时,不变的生产要素没有得到充分利用,劳动投入不断增加,可以使固定不变的生产要素得到充分利用,从而使边际产量递增。

第二阶段:边际产量递减阶段。之所以出现边际产量递减,是因为不变的生产要素已接近充分利用,可变的劳动要素对不变的生产要素的利用趋向于极限。

第三阶段:总产量绝对减少。此时,固定不变的生产要素已经得到充分利用,潜力用尽,固定不变的生产要素已经容纳不了过多的可变要素,两者的结合比例已经完全恶化。再增加可变的劳动要素,只会降低生产效率,使总产量减少。

由总产量和劳动投入的关系中,还可以得到平均产量的概念。平均产量就是指平均每单位劳动投入所生产的产量。

设总产量为 Q,可变的劳动要素投入为 L,平均产量为 AP,边际产量为 MP,则有

$$AP = \frac{Q}{L}, \quad MP = \frac{\Delta Q}{\Delta L}$$

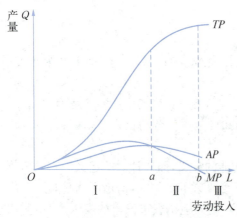

图 3-6 总产量、平均产量、边际产量

总产量、平均产量和边际产量之间的关系,用图 3-6 表示更为直观。

在图 3-6 中,横轴为劳动投入 L,纵轴为总产量、平均产量、边际产量;对应三种产量的曲线为 TP、AP 和 MP。从图中可以看到如下特点。

其一,TP、AP、MP 三条曲线都是先增后减,第一阶段,AP 递增;第二阶段,MP 递减;第三阶段,MP 为负值。

其二,AP 与 MP 的交点(a 点)为 AP 的最大值。两条曲线相交前,$AP < MP$;相交后,$AP > MP$。

其三,当 $MP = 0$ 时(b 点),总产量取得极大值。

劳动的边际生产力递减规律以及由它决定的总产量、平均产量和边际产量之间的关系,是研究企业短期劳动力需求决定原理的出发点。

(四)企业短期劳动力需求的决定

根据图 3-6 所示的总产量、平均产量、边际产量和劳动投入的关系,可以清楚地看到企业在资本等生产要素固定不变时,劳动投入对产出的影响。在区域 I,平均产量 AP 一直在增加,并且边际产量 MP 大于平均产量 AP。这种状况说明,相对于不变的资本而言,劳动投入不足时,固定不变的资本等生产要素还不能得到最充分的利用。所以,劳动投入至少要增加到 a 点,才能使平均产量最大。在区域 II,劳动投入的变动区间为 $a \sim b$,在这一区域,平均产量下降,边际产量递减。但劳动投入增加仍可使总产量增加,只不过增加的比率是下降的。到 b 点时,边际产量为零,总产量最大。在区域 III,劳动投入量大于 b,边际产量为负,总产量也在绝对减少。仅从产出与劳动投入而言,在 b 点之后再增加劳动投入显然是没有任何积极意义的。

由此可见,企业在资本等生产要素固定不变时,劳动投入的增加量在区域 II,即 $a \sim b$ 区间。应在这一区间的哪一点上呢?显然,这就必须首先确定企业的生产目标。生产目标不外乎有三种,即人均产量最大、总产量最大、利润最大。

企业若以人均产量最大为目标,劳动投入量 a 点最佳;若以总产量最大为目标,劳动投入量 b 点最佳;若以利润最大为目标,就不能简单地说了,它要取决于产品价格与生产费用。因此,企业短期劳动力需求的决定就必须结合成本和价格来分析。企业劳动力需求的决定,对从增加劳动力所支出的成本和其所能增加的收入进行比较后才能作出。

前文提到,由增加一单位劳动要素投入所增加的产量定义为劳动的边际产量,也称边际产品。边际产品按照现行价格出售,则企业得到的收入增量就是劳动的边际产品价值。因为是完全竞争的市场,产品价格不变,劳动的边际产品价值等于劳动的边际产品收益。设劳动的边际产品收益为 MRP,劳动的边际产品价值为 VMP,劳动的边际产品为 MP,产品的价格为 P,则有

$$MRP = VMP = MP \cdot P$$

在完全竞争的市场结构中,资本等生产要素不变,唯一可变的生产要素为劳动投入,由于增加单位劳动而给企业增加的收益为劳动的边际产品价值,它等于劳动的边际产品乘以价格。

值得注意的是价格的含义。这里所说的价格是理论分析的抽象价格概念,而不是市场实际具体的价格。例如,服装厂出售一件衬衣 50 元,消费者购买一双皮鞋 200 元之类。现实具体的价格既包括劳动成本,又包括其他所有成本、费用。理论分析运用的价格概念,由基本假设条件可知,一切转移费用都不包括在内,即不包括凯恩斯所说的使用者成本(user cost)在内。

由假设条件可知,在完全竞争的劳动力市场,工资率不变,企业面临的是一条工资率等于 W 与横轴平行的劳动力供给曲线。企业在工资率为 W 的水平上,可以雇用到想雇用的任何数量的工人;如用低于 W 的工资率,则雇不到任何工人。当然,企业也无需用高于 W 的工资率去雇用工人。

短期内,企业唯一可变的生产要素是劳动投入,故可变的成本也就是工资。增加单位劳动投入所增加的成本称为边际成本,设为 MC。显然,$MC=W$。

从经济学原理可知,企业要实现利润最大化,必须使其边际收益等于边际成本,即

$$MRP = MC$$

因为 $MRP=VMP$,$MC=W$,所以,在完全竞争条件下,短期的企业劳动力需求决定原则是

$$MRP = VMP = MP \cdot P = MC = W$$

即

$$MRP = VMP = W$$

如用文字叙述,即企业为实现利润最大化的目标,其劳动力需求的决定必须遵循劳动的边际产品收益等于工资率的原则。如果不是这样,则不能实现利润最大化的目标。

为了更为直观地观察这一原则,结合图 3-7 进行更为深入的分析。

在图 3-7 中,横轴为劳动投入 L,纵轴为工资率 W、边际产品 MP、边际产品价值 VMP、边际收益 MRP;图中从左上向右下倾斜的曲线即为由边际生产力递减所决定的劳动的边际产品曲线,它相当于图 3-6 中的 $a \sim b$ 区间的 MP 曲

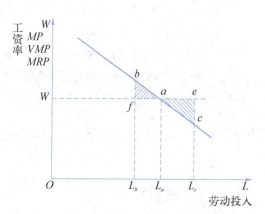

图 3-7 短期劳动力需求的决定

线。如果设产品价格为1元，则可以进一步把它看作VMP曲线和MRP曲线。

工资率为W，利润最大化的劳动力需求量为L_a，它遵循了前面表述的原则。如果企业的劳动力需求没有达到L_a，假设到L_b就停止雇用了，将出现什么情况呢？此时，边际劳动投入L_b生产的边际产品价值为bL_b，大于工资率W，其差额为线段bf所表示的价值部分。它说明在工资率W的条件下，资本和劳动力还没有得到最充分的利用，增加劳动要素投入仍可使利润得到增加。如果将劳动要素投入从L_b增加到L_a，企业支付的工资成本为$W \cdot L_a L_b$，即矩形$L_b L_a af$的面积所代表的价值部分，而企业获得的收益则为曲边梯形$L_b L_a ab$这块面积所表示的价值部分，收益减去成本的差为曲边三角形abf的面积，即如果企业将劳动投入到L_b就停止增加雇用，它必然没有获得最大利润。这部分利润如图中的曲边三角形abf的面积所示。反之，如果企业的劳动投入超过了L_a，增加到L_c，同理，也没有得到最大利润，必然受到损失。损失的利润为图中的曲边三角形aec的面积所代表的价值部分。总之，企业为了实现最大利润的目标，必须遵循$MRP=VMP=W$的原则。

由以上的分析可以清晰地看到，劳动力需求曲线向右下倾斜的根本原因，就在于劳动的边际生产力递减。因此，企业劳动力需求曲线与劳动的边际产品价值曲线向右下倾斜的部分重叠。

四、拓展训练

农场主的经济学

随着土地的集约经营，你有可能成为一个农场主。为此，让我们来关注北方农场的经验。北方农场的投入主要是土地和劳动两种要素，主要生产小麦。根据历年的经验，北方农场的产量和要素投入的关系大致可以表示为

$$Q = LK$$

式中，Q表示小麦的产量（吨）；L表示劳动投入量；K表示土地的投入量（亩）。

最初，农场租用25亩土地，在第一年雇用了4个人，在实际耕种的过程中，农场主发现人手非常紧张，以至于有很多土地上的麦苗长得不齐，并且除草也不是很好，所以，第二年他决定增加人手，雇用了9个人。不过，一年下来农场主仍觉得还没有做到精耕细作，决定继续增加人手，第三年雇用人数增加到16个人。

思考及讨论：
1. 计算第二年和第三年该农场主劳动的平均产量和边际产量。
2. 根据上题得到的数据，说明平均产量和边际产量发生变化的原因。

任务四 长期劳动力需求

一、任务要求

理解长期内雇主对劳动力需求的决策规律。

二、实训

【实训名称】案例分析。

【实训目的】讨论企业中机器对人的替代。

【实训步骤】

1. 全班 4~5 人一组,分为若干小组。
2. 提供案例:富士康为什么一定要引入机器人?

> 富士康是中国 OEM 的巨头,也是世界 OEM 的巨头。如果它引入机器人代替部分工人的工作,影响的可不仅只是富士康自己。虽然争议颇多,富士康也早就在半秘密地进行机器人的研发、生产和小规模应用。
>
> **为了满足苹果等代工客户的需要**
>
> 如果代工厂不能自己设计出一套设备,去实现苹果等客户的要求,苹果就会指定它认可的、匹配的品牌机器人,甚至整个生产系统进入富士康的车间。
>
> iPhone 的设计足以消灭一些工人的岗位。例如 iPhone 5 手机后盖的制造,要通过精细到头发丝那样的激光工艺,把微小的零件焊接到后盖上——这可以让技术工人操纵激光焊接机来完成,或者干脆让机器人操作激光焊接机。
>
> "富士康很大,生产能力很强,但并非无所不能。"莱恩精机副总经理崔丽君说,"苹果的标准,往往决定了富士康要引入特定品牌的机器人。比如某些微细螺丝的规格,被要求精确到百分之一毫米。"
>
> 看起来,我们已经找到了一个富士康必须自行研发机器人的理由:为了满足苹果等代工客户的需要,富士康需要引入工业机器人,投资成本每年将以千万元计。
>
> **条件成熟**
>
> 富士康普工现在的工资水平是多少?笔者没有统计确切数据,但富士康数次提升底薪导致整个行业都被迫上涨人力成本是事实,这是促使富士康引入机器人的一大诱因。
>
> 由于新一代工人自我意识的提升,他们已经不愿意从事机械的一个动作重复一千遍的工作,导致招工普遍困难。据小编在富士康工作的朋友透露:富士康有个规定,哪位员工引荐了一个工人并且该工人做满了 3 个月以上,该员工就可以获得数百元的奖励。普工的短缺也迫使富士康把目光投向那些更"听话""无怨无悔"的机器人。
>
> 还有一个直接的因素。iPhone 5 和 iPad mini 出来之后,需要新建一条生产线,这些能给机器人带来更多参与生产的机会。iPhone 的设计使那些拥有精度、柔顺性乃至人工智能的机器人找到了电子制造自动化发展的空间。例如,iPhone 5 里面已出现了只有 1.5 毫米大小的螺母,肉眼和人手无法处理向其打进螺丝的工作。
>
> 这些因素,是富士康推进机器人研发、应用进程的催化剂。
>
> **富士康目前向生产线推进机器人到什么地步了?**
>
> 2007 年 1 月 15 日,富士康的 AR(Automation Robotics,自动化机器人)事业处在深圳正式成立,专职研发工业机器人。在运作的第一年,这个隶属于鸿超准事业群的单位,就制造出 A-05、A-16 和 S-05 三种机器人系列的雏形。

2009年,三个系列的FOXBOT已经迅速发展出A、B、C、P、S、F6个系列、接近15种具体的工业机器人。

2010年,绿色的FOXBOT开始在山西省晋城市批量制造,正式成为富士康的一员。

在深圳观澜的富士康iPhone 5生产线上,FOXBOT运作在成列的数控机床之间。

在昆山的富士康工厂,FOXBOT对iPad后盖做打磨工作,但喷漆和点胶等工位仍需其他品牌工业机器人的帮助。

在郑州曾经被质疑工作环境恶劣的富士康金属加工厂,FOXBOT正被加紧推进到生产线上。

在越南北江,富士康工厂也在内部宣布,即将引入FOXBOT。

……

对就业情况的影响

人们很自然地能想到,机器人替代工人,意味着被替代的那些工人会因此失业。

但这种转变是逐点、逐段发生的。大部分正在富士康工作的工人对机器人的态度并不那么消极,在深圳和昆山,工人们说"目前工作还很好找",而在太原、郑州和成都等富士康的新工业区,工人们还在接受严苛的生产训练——就像各种调查曾描述的那样。没有迹象表明他们将被取代。

暂时来看,机器人的应用不会对就业形势造成大的影响。

质　疑

虽然制造业对机器人表示了极大的热情,但机器人大范围普及时代的来临可能还需要一些时日。

1. 技术限制

技术限制表现在两方面,一方面是部分人工操作无法替代。"机器人在一些基本任务上表现得十分出色,但是在更加精细的配装工作方面,人类则更具优势。"ABB的高级首席科学家George Zhang认为,富士康将会逐步使用机器人代替人类工人完成配装工作,"但是至少也要等到iPhone 6之后才会出现"。

"工人们依靠的不单是手和眼,还有手指的触觉。触觉能准确地判断胶纸是否贴牢,或者帮助工人们做出轻捏USB胶塞,然后按到机壳上的动作。这一类工作,如果用机械手那种固定强硬的力度来做,会造成大量工件的损伤。"昆山富士康生产车间某科长说。

另一方面,机器人研发的核心技术手段不达标:机器人里面的关键传动零部件仍然被日本垄断。

2. 成本

在机器人制造领域,有一种未经证实的说法:"在富士康,工业机器人代替一个普工的成本标准是11.6万元。"这大约是3个普工一年的工资总额。

类似的价格评估方式,已经在珠三角和长三角流行起来了。相关人士为富士康算了一笔账:iPhone 5的生产线要完全自主地自动化,至少还需要数百亿元的投资规模。看起来郭台铭的机器人之路离目标还有很长的距离。

资料来源:高工机器人网。

3. 以书面形式提交分析结果。
4. 教师总结。

【实训要求】

能够抓住事件的关键点,正确理解案例,联系学习的理论,紧密联系案例事实加以论证;小组代表发言时应对小组活动的情况做真实概括,总结性强。

三、知识链接

(一) 等产量线

企业的生产经营活动是将劳动力和资本各按其市场价格组织起来,并使它们与一定的技术相结合,生产出产品、将产品按市场价格出售并收回成本和取得盈利的活动。劳动力需求作为企业生产经营活动的一部分,表现为劳动力的雇用和劳动要素的投入。

在上一节企业短期劳动力需求的分析中,资本等生产要素被假定固定不变。唯一可变的生产要素是劳动投入,产量的变动取决于劳动投入,故企业短期的生产活动表现为一元生产函数。长期的含义是所有生产要素都是可变的,故产量的变动不仅取决于劳动投入,而且也取决于资本投入和其他要素投入。为了分析企业长期劳动力需求的决定,并使其分析尽量简化明了,我们假设只用资本(固定资本)和劳动力生产某种产品。设产量为 Q,劳动投入为 L,资本投入为 K,那么,产量的变动依劳动力和资本的变动而变动,故有

$$Q = f(K, L)$$

在企业某种定量产品的生产过程中,由于技术条件和生产方法的不同,劳动投入和资本可以有不同的组合。其组合如图 3-8 所示。

在图 3-8 中,横轴为劳动投入 L,纵轴为资本投入 K。图中的 a 点表示生产产量为 Q_1 的生产要素组合:用较多的资本投入 K_a 和较少的劳动投入 L_a 进行产量为 Q_1 的生产。图中的 b 点是用较少的资本投入 K_b 和较多的劳动投入 L_b 进行同量生产的要素组合。在 a 与 b 之间,代表一些中间技术的生产要素的组合。将这些可能的组合点连接起来,可得到产量 $Q=Q_1$ 的曲线,该曲线称为等产量线。它表明不同的生产技术和方法、资本和劳动投入的不同组合,其产量相等。

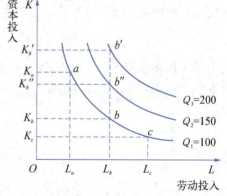

图 3-8 等产量线

把等产量线画成一条连线,意思是劳动要素的投入可以一点一点地替代资本。但在企业的实际生产中,这种方法并不存在,它只能有几种标准的技术,而不会出现劳动投入连续地替代资本。所以,这只是生产方法的一种抽象表示。

当产量不同,劳动投入和资本的组合不同时,若产量 $Q=Q_2$,把一切可能的组合画出,可以得到产量为 Q_2 的等产量线。若 $Q_2>Q_1$,则 Q_2 在 Q_1 的右上方。从中容易得知,越在右上方的等产量线的产出水平越高,在 KOL 的整个面上,充满着等产量线,每一条等产量线对应着不同的产出水平。整个面称为等产量面,也叫作企业生产要素的组合系统。

在同一条等产量线上，两个可变的投入（劳动投入和资本投入）可以相互替代而产量不变，劳动投入和资本投入相互替代的比率称为边际技术替代率，以 MRTS 表示。边际技术替代率是在保持相同的产出水平时，减少一种生产要素投入的数量与增加的另一种生产要素投入的数量之比。所以，有

$$MRTS = \left|-\frac{dK}{dL}\right|$$

边际技术替代率就是等产量线的斜率，它是一个负值，但为了分析方便起见，一般用其绝对值。

边际技术替代率与边际产品有密切关系，所以，它可以由两个可变投入要素各自变动所引起的边际产量之间的比例来表示。设 MP_L 为劳动的边际产量，MP_K 为资本的边际产品，dL 和 dK 表示劳动投入和资本投入的微量变动，在产出水平不变的情况下，由劳动投入增量与其引起的产出增量 MP_L 的乘积，必然和资本投入负增量与其所引起的产出负增量 MP_K 的乘积相等，即

$$MP_L \cdot \Delta L = |MP_K \cdot (-\Delta K)|$$

整理得

$$\left|-\frac{dK}{dL}\right| = \frac{MP_L}{MP_K}, \quad 即 MRTS = \frac{MP_L}{MP_K}$$

因此，劳动和资本的边际技术替代率也等于两个可变投入要素的边际产量之比。

（二）等成本线（等费用线）

企业实现一定产出的生产成本是各种要素投入的价格之和。设资本 K 的价格为 R，劳动投入 L 的价格（工资率）为 W。总成本为 C，有

$$C = R \cdot K + W \cdot L$$

式中，$R \cdot K$ 表示资本投入成本；$W \cdot L$ 表示劳动投入成本。如果已知 C、R 和 W，容易求出资本投入与劳动投入各自的数量：

$$K = \frac{C}{R} - \frac{W}{R \cdot L}$$

$$L = \frac{C}{W} - \frac{R}{W \cdot K}$$

根据上述成本公式，可在图 3-9 中画出等成本线。

在图 3-9 中，横轴为劳动投入 L，纵轴为资本投入 K。在 C、R 和 W 给定时，可以求出两个可变投入各自的最大投入量，即横轴与纵轴的 b 和 a 两点，连接 a，b 两点的直线即为等成本线。设 $L=0$。则由 $\frac{C}{R}$ 可以确定纵轴的 a 点，资本投入

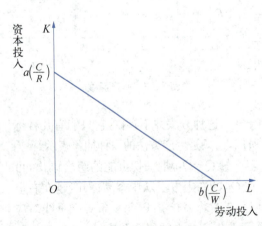

图 3-9 等成本线

的最大量为 Oa；设 $K=0$，由 $\dfrac{C}{W}$ 确定横轴的 b 点，劳动投入的最大量为 Ob。等成本线上的任意一点所表示的劳动和资本投入组合的成本都相同。在 ab 直线内的任何一点，所投入的 L 和 K 都不能把可能投入的货币充分使用；ab 直线外的任何一点，所拥有的投入金额不足以购买 L 和 K 的两个投入量。换言之，等成本线就是用来表示企业在要素价格给定的条件下，用一定的货币金额可能购买到的两种投入的最大数量界限，它实际上反映了企业实现一定产出水平的成本约束。

当总成本和要素价格已定时，增加劳动投入 L 就要减少资本投入 K；反之，亦然。所以，存在下述等式：

$$|R \cdot (-\Delta K)| = W \cdot \Delta L$$

式中，ΔL 为劳动投入增量；K 为资本投入负增量。整理，得

$$\left|-\dfrac{\Delta K}{\Delta L}\right| = \dfrac{W}{R}$$

即等成本线的斜率等于劳动和资本的相对价格比。

等成本线的斜率也可由几何确定：等成本线的斜率由 $\dfrac{Oa}{Ob}$ 确定，因为 $Oa=\dfrac{C}{R}$，$Ob=\dfrac{C}{W}$，所以，直线 ab 的斜率的绝对值为

$$\left|\dfrac{Oa}{Ob}\right| = \dfrac{\dfrac{C}{R}}{\dfrac{C}{W}} = \dfrac{W}{R}$$

显然，等成本线的斜率取决于要素的价格。

正如等产量线有无数条一样，等成本线也有无数条。每一条等成本线对应于不同的总成本。等成本线距离原点的位置和形状，取决于总成本 C 的数量和劳动与资本的相对价格比 $\dfrac{W}{R}$。

（三）最佳生产方法决定劳动力需求

最佳生产方法就是产出一定时成本最小的方法，也可以说是成本一定时产出最大的方法。因此，判断生产方法是否最优，其标准并不是技术先进与否，而是针对投入与产出的关系而言。企业长期劳动力需求的决定受到企业追求利润最大化目标的制约，因此，最佳生产方法的选择决定了企业劳动力需求水平的选择。

等产量线反映了各种产出水平劳动和资本投入的多种组合，等成本线则规定了企业可能达到某一产出水平的成本约束，因此，劳动力需求的决定需要将等产量线与等成本线结合起来分析。

现从两个角度进行分析：其一为产出一定时如何实现成本最小，其二为成本一定时如何实现产出最大。

第一种情况，产出一定时如何实现成本最小。结合图 3-10 来分析。

图 3-10 中的等产量线 Q_1 给定。在已知 R 和 W 的条件下，C_1、C_2 和 C_3 是对应三种总成本的等成本线，且 $C_1<C_2<C_3$，给定产出水平 Q_1，如何实现成本最小？很明显，C_2 为成本

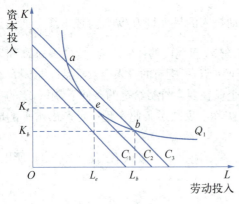

图 3-10 最佳生产方法

最小。C_2 与 Q_1 相切于 e 点,它既能满足 Q_1 的产出水平的需要,又可使成本最小。在要素价格给定的情况下,组合是最佳生产方法,它决定了企业的劳动力需求量为 K_eL_e。

观察其他两条等成本线。C_1 不能与 Q_1 曲线相交。虽然其总成本比 C_2 小,但使用 C_1 的成本无法支付产出水平 Q_1 所需要的劳动和资本的投入量。等成本线 C_3 与等产量线 Q_1 相交于 a、b 两点,说明 a 与 b 的劳动和资本的投入组合可以实现 Q_1 的产出,如 K_bL_b 的组合。但 a 与 b 都在等成本线 C_3 上,且 $C_3 > C_2$,也没有实现成本最小。由此可见,在产出水平给定的条件下,与给定的等产量线相切的那条等成本线为最低总成本,其切点所示的要素投入组合为最佳生产方法,e 点是生产的均衡点,它决定了企业的均衡劳动力需求为 L_e。

e 点是等成本线 C_2 与等产量线 Q_1 的切点,也是直线 C_2 和曲线 Q_1 上的点,所以,等成本线 C_2 的斜率与等产量线过该点切线的斜率相等,即劳动和资本的相对价格比等于劳动和资本的边际技术替代率,所以,有

$$\frac{W}{R} = MRTS = \frac{MP_L}{MP_K}, \quad \frac{W}{R} = \frac{MP_L}{MP_K}$$

或者

$$\frac{1}{W}MP_L = \frac{1}{R} \cdot MP_K$$

上述等式的经济含义就是企业实现利润最大化必须满足的条件:劳动和资本投入的边际产品之比等于劳动和资本的相对价格比,同时也是企业长期劳动力需求决定必须遵循的原则。

第二种情况:总成本一定时如何实现产出最大。现结合图 3-11 分析。

图 3-11 中,R 和 W 已知,总成本 C_1 给定。Q_1、Q_2 和 Q_3 对应三种产量水平的等产量线,且 $Q_1 < Q_2 < Q_3$,如何实现产出最大?很明显,Q_2 的产出水平最高。Q_3 的产出水平虽然大于 Q_2,但在给定成本约束下,无法支付 Q_3 产出水平所需要的劳动和资本的投入量;等产量线 Q_1 与等成本线 C_1 相交于 a、b 两点,给定的总成本足够满足 Q_1 产出水平所需的投入,如 K_bL_b,但产出水平比 Q_2 小,也不是最佳的。唯一可选择的是与 C_1 相切的等产量线 Q_2 的产出水平,其切点(均衡点)为 e。在 e 点上能使给定的总成本 C_1 达到最高的产出水平。与第一种情况一样,均满足

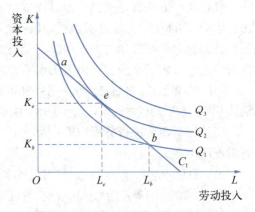

图 3-11 最佳生产方法

$$\frac{W}{R} = \frac{MP_L}{MP_K}$$

因此,企业劳动需求的最佳量为 L_e。

工资率 W 是劳动投入的价格,按照 W 支付就可获得劳动要素一定时间、一定数量的使用权。假设工资率 W 为一个标准工作日 50 元,舍弃其他条件,就是支付 50 元可获得 1 个劳动力 1 个工作日的使用权,所以,1/50 可以被理解为支付 1 元工资获得 1/50 工作日劳动力的使用,即 1 元工资成本可使用的劳动量可以表示为 $1/W$。MP_L 为劳动的边际产品,它与 $1/W$ 的乘积的含义是 1 元成本所使用的劳动量投入生产过程中对产量的影响。

同理,$1/R$ 与 MP_L 乘积的含义是 1 元成本所使用的资本量投入生产过程中对产量的影响。W 和 R 一般说来是不等的,它们的单位也是不相同的,但 1 元钱无论是用在劳动投入还是用在资本投入上都是 1 元钱。因此,等式 $1/W \cdot MP_L = 1/R \cdot MP_K$ 的含义就是:实现成本一定时,产出最大或产出一定时成本最小的条件必须保持同量成本的边际产品相等。换言之,决定企业长期劳动需求的原则等价于企业生产的均衡条件,即劳动的边际产品与工资率之比等于资本的边际产量和资本价格之比。

四、拓展训练

> **观看影片《在云端》**
>
> 《在云端》改编自美国作家沃尔特·肯的同名小说。瑞恩·布林厄姆(乔治·克鲁尼饰)供职于美国内布拉斯加州奥马哈市一家专为其他公司提供裁员服务的公司,一年有 300 多天辗转于全国各地解雇他人,几乎以机场为家。在一次例行裁员旅行中,瑞恩遇到了商务美女亚历克斯(维拉·法梅加饰),二人一见钟情。与此同时,瑞恩公司的大学生新人娜塔莉(安娜·肯德里克饰)得到了公司总裁的青睐,竭力推广通过网络视频会议远程裁员的改革。瑞恩反对变革,却不得不带娜塔莉四处实习熟悉业务……

思考及讨论:
1. 用自己的语言详细地描述一下瑞恩的职业内容。
2. 请说明产生瑞恩这种职业的原因?
3. 若你是公司经理,你会雇用瑞恩吗?为什么?

任务五 综合实训

一、实训

(一)实训一

【实训名称】回顾本项目学习的收获。
【实训目的】通过系统回顾,对本模块内容进行总结复习。
【实训内容】认真填写下列表格。

回顾本项目学习的收获					
编制部门：				编制人：	编制日期：
项目编号	003		学号、姓名	项目名称	劳动力需求
课程名称	劳动经济基础		训练地点	训练时间	
	1. 回顾课堂知识，加深印象 2. 培养学生善于思考和反思的习惯 3. 工作任务驱动，使学生带着工作任务去学习				
本项目我学到的知识或者技能					
本项目我印象最深的两件事情					
我想继续学习的知识和技能					

(续表)

考核标准	1. 课堂知识回顾完整,能用自己的语言复述课堂内容 2. 记录内容和课堂讲授相关度较高 3. 学生进行了认真思考	
教师评价		评分

【实训要求】
(1) 仔细回想本章所学内容,若有不清楚的地方,请查看以前有关的知识链接。
(2) 本部分内容以自己填写为主,不要过于注意语言的规范性,只要能说清楚即可。

(二) 实训二
【实训名称】案例分析。
【实训目的】理解劳动力需求与劳动力供给的关系。
【实训步骤】
1. 提供案例:"蚁族"。

> "蚁族"并不是一种昆虫族群,而是"80后"甚至"90后"一个鲜为人知的庞大群体——大学毕业生低收入聚居群体,指的是毕业后无法找到工作或工作收入很低而聚居在城乡接合部的大学生。之所以将该群体称为"蚁族",是因为这个群体和蚂蚁有许多相类似的特点:高智、弱小、群居。"蚁族"是对大学毕业生低收入聚居群体的典型概括,是继三大弱势群体(农民、农民工、下岗职工)之后的第四大弱势群体:他们受过高等教育,主要从事保险推销、电子器材销售、广告营销、餐饮服务等临时性工作,有的甚至处于失业或半失业状态;平均月收入低于2 000元,绝大多数没有"三险"和劳动合同;平均年龄集中在22~29岁,九成属于"80后"一代;主要聚居于城乡接合部或近郊农村,形成独特的"聚居村"。他们是犹如蚂蚁般的"弱小强者",他们是鲜为人知的庞大群体。

2. 继续查阅"蚁族"的相关资料,分析为什么会形成"蚁族"? 在什么情况下"蚁族"才会消失?
3. 以书面形式提交分析结果。
【实训要求】
能够抓住事件的关键点,正确理解案例,联系学习的理论,紧密联系案例事实加以论证;小组代表发言时应对小组活动情况做真实概括,总结性强。

二、自测题

(一) 选择题

1. 引起劳动力需求量变动的根本原因是(　　)。
   A. 工资率　　　　B. 生产技术　　　　C. 货币资本规模　　　D. 企业的性质

2. 如果某种劳动力的需求弹性系数大于1,则该劳动力需求弹性为(　　)。
   A. 无弹性　　　　B. 单位弹性　　　　C. 有弹性　　　　　　D. 完全有弹性

3. 在完全竞争市场下,企业短期利润最大化的条件表述错误的是(　　)。
   A. $MR_L = MCL$　　B. $MRP = MCL$　　C. $MP_L = W/P$　　D. $MRP = W/P$

4. 下列关于由劳动要素增加所引起的 TP、AP、MP 及其相互关系的说法中,错误的是(　　)。

   A. TP、AP、MP 三条曲线都是先增后减

   B. 当 AP 与 MP 相交时,TP 达到最大值

   C. 当 MP 达到最大值时,TP 曲线出现拐点

   D. AP 与 MP 相交后,AP 大于 MP

5. 在替代效应下,工资率上升将引起劳动需求(　　)变化。
   A. 同向　　　　　B. 不变　　　　　　C. 反向　　　　　　　D. 不确定

6. 等成本线的斜率等于(　　)
   A. 劳动和资本的边际产品之比　　　　B. 劳动和资本的数量之比
   C. 劳动和资本的相对价格比　　　　　D. 工资率

7. 长期劳动力需求曲线比短期劳动力需求曲线的弹性和形状(　　)
   A. 大,陡峭　　　B. 大,平缓　　　　C. 小,陡峭　　　　　D. 小,平缓

8. 下列关于边际技术替代率的说法中,不正确的有(　　)
   A. 边际技术替代率是劳动投入和资本投入相互替代的比率
   B. 边际技术替代率数值为正
   C. 边际技术替代率是等产量线的斜率
   D. 边际技术替代率等于可变投入要素的边际产品之比

9. 边际劳动产量最终都要下降,这是因为(　　)
   A. 新增加的劳动力本身技术较差　　　B. 新增加的工人工资较高
   C. 资本变得相对稀缺　　　　　　　　D. 资本变得相对过剩

10. 生产劳动密集型产品的企业,其劳动力需求弹性(　　)
    A. 为零　　　　　B. 大　　　　　　　C. 小　　　　　　　　D. 为单位弹性

11. 下列会使企业减少对劳动力需求的政策是(　　)
    A. 扩张性的货币政策　　　　　B. 扩张性的财政政策
    C. 鼓励就业的政策　　　　　　D. 紧缩性的货币政策

12. 奢侈品行业与生活必需品行业的劳动力需求工资弹性间的关系为(　　)
    A. 前者大　　　　B. 后者大　　　　　C. 一样大　　　　　　D. 不确定

13. 下列关于劳动力需求的表述中,正确的是(　　)。
    A. 工资率上升所产生的替代效应导致需求增加

B. 工资率上升所产生的规模效应导致需求增加

C. 工资率上升所产生的两种效应方向相同

D. 工资率上升所产生的两种效应方向相反

14. 在其他条件一定时,商品市场价格提高,劳动力需求将( )。
  A. 增多　　　　B. 减少　　　　C. 不变　　　　D. 无法确定

15. 长期劳动力需求行为不同于短期劳动力需求行为的原因在于( )。
  A. 企业可以调整其资本数量　　　　B. 企业可以调整其劳动力数量
  C. 企业不可以调整其资本数量　　　D. 企业不可以调整其劳动力数量

16. 两种劳动力间为总互补关系时,其交叉工资弹性为( )。
  A. 正　　　　　B. 负　　　　　C. 零　　　　　D. 任意值

17. 与横轴平行的劳动力需求曲线的劳动力需求弹性为( )。
  A. 无弹性　　　B. 无限弹性　　C. 富有弹性　　D. 缺乏弹性

18. 其他生产要素供给价格弹性越大,该种劳动力的自身工资弹性( )。
  A. 越大　　　　B. 越小　　　　C. 不变　　　　D. 不确定

19. 简单劳动的劳动力需求弹性( )。
  A. 为零　　　　B. 大　　　　　C. 小　　　　　D. 为单位弹性

20. 假定成年劳动力和青少年在生产过程中是可以互相替代的,产出一定时,青少年工资率下降,( )
  A. 必定降低成年人的就业量
  B. 必定增加成年人的就业量
  C. 当替代效应大于规模效应时,减少成年人的就业量
  D. 当替代效应小于规模效应时,减少成年人的就业量

21. 下列关于劳动力需求的表述中,正确的是( )。
  A. 工资率上升的替代效应导致需求降低
  B. 工资率上升的规模效应导致需求增加
  C. 工资率上升对劳动力需求所造成的两种效应为同向
  D. 工资率上升对劳动力需求所造成的两种效应为反向
  E. 工资率上升对劳动力需求行为的长期影响大于短期

22. 下列关于劳动力需求弹性的说法中,正确的是( )。
  A. 其他要素替代劳动力的可能性越大,需求弹性就越大
  B. 产品的需求弹性越大,劳动力的需求弹性就越小
  C. 劳动成本占总成本的比例越大,劳动需求的弹性就越小
  D. 资本的供给弹性越大,劳动需求的弹性就越小
  E. 资本的供给弹性越小,劳动力的需求弹性就越小

(二) 名词解释

1. 劳动力需求
2. 边际报酬递减规律
3. 劳动力自身需求工资弹性
4. 劳动力需求交叉工资弹性

(三) 简答题
1. 劳动力需求受哪些因素影响?
2. 劳动力需求量的变动与劳动力需求变动有何不同?
3. 劳动力需求弹性有哪些类型?
4. 影响劳动力需求弹性的因素有哪些?

(四) 论述题
作图说明企业短期劳动力需求是如何决定的。

项目四

劳动力市场

教学目标

知识目标

① 掌握劳动经济学的研究对象；
② 理解劳动力的特点；
③ 了解劳动力市场的场所、机构、供求关系、资源配置机制；
④ 掌握劳动力市场静态均衡的含义。

能力目标

① 能运用劳动力市场原理解释劳动力市场上一些经济现象；
② 能运用劳动力供给规律解释劳动力市场均衡及其变动。

案例导入

是什么导致了贫富悬殊？

梁晓声的《中国社会各阶层分析》一书非常畅销，也引起了不少争议。他在书中痛斥了"新富"的种种行为。他绘声绘色地讲到，有一家生产出口花被的私人企业，每条花被的出口价为150元人民币，而小老板付给工人的工资每月仅为150元。小老板所在的农村有大量的剩余劳动力，农民的收入也远远低于每月150元的水平，因此，会有大量农村少女来此找份工作，而做花被是一种极为简单的工作，是任何普通人都能从事的劳动。当农村存在大量的剩余劳动力时，想从事这种简单劳动的人是很多的，这就是说，劳动力的供给是很大的。在这种情况下，企业主为了获取丰厚的利润，尽量压低工人的工资以降低成本，以低工资雇佣劳动是企业主利润的主要来源。这样就造成了工人工资低下,生活贫困,社会两极分化,贫富悬殊,容易造成社会动荡。

思考:你同意作者的观点吗?请你用自己的语言描述是什么造成了贫富悬殊?你认为应该怎样才能减少贫富悬殊?

任务一　劳动力市场的静态均衡

一、任务要求

用自己的语言准确表述什么是劳动力市场以及劳动力市场均衡的含义。

二、实训

【实训名称】案例分析。
【实训目的】根据具体案例,加强对劳动力市场本质的理解。
【实训步骤】
1. 全班 4～5 人一组,分成若干小组。
2. 提出案例:市场价格引导人们从事促进整体福利的经济活动。

> 每个人都力图利用好的资本,使其产出能实现最大的价值。一般来说,他并不企图增进公共福利,也不知道他实际上所增进的公共福利是多少,他所追求的仅仅是他个人的利益和所得。但在他这样做的时候,有一只看不见的手在引导着他去帮助实现另一种目标,这种目标并非他本意所要追求的东西。通过追逐个人利益,增加社会财富,增进社会利益,其效果比他真的想促成社会效益时所能得到的那一种要更好。
>
> ——亚当·斯密

在市场经济中,价格就是"看不见的手",是用来指引经济活动的工具。价格既反映了一种物品的社会价值,也反映了生产该物品的社会成本。由于家庭和企业在决定购买什么或出卖什么时关注价格,所以,他们就不知不觉地考虑到他们行动的社会收益与成本。正如亚当·斯密所说,在以私有财产为基础的经济中令人惊讶的事情是:私利可以促进一个社团或是国家的总体繁荣。一个人只是"想要获得自己的收入",但在市场价格这只"看不见的手"的指引下实现了整个社会福利最大化的结果。

这一秩序之所以会产生,是因为市场价格可以在私有财产及自由交换的条件下协调每一个追逐私利的人的行为。特定的商品或服务的价格可以为买方或卖方提供他们所需要知道的信息,以使自己的行为和别人的行为与偏好保持一致。市场价格反映了无数的消费者、生产者和原料供应商的选择。它可以反映出消费者的偏好、产品的成本等与时间、位置和环境相关的信息。这些信息完全超出了任何个人或中央计划机构的理解范围。比如,你的社区里的超市总是储备刚好足量的牛奶、面包、蔬菜和其他食品,这些商品的数量几乎总是足够的但又不至于多到会出现变质和浪费;你当地的市场上由世界各地生产的冰箱、汽车和CD机的供给量,恰好就是消费者的需求量;等等。这都是因为市场价格这只"看不见的手"指引着追逐私利的个人相互合作并使他们的决策协调一致。

考察一下超市里的土豆的价格。土豆的价格反映着消费者愿意为购买下一个土豆所付的钱,同时也反映了供应商供应土豆所必须承担的成本。作为一名消费者,如果你愿意接受这一价格,你对土豆的估价至少不低于其他可能购买土豆的消费者的估价,也至少不低于生产者的成本。

试想现在某市的人们比平时需要更多的土豆。如果土豆不涨价,将不会有足够的土豆来分配。当人们(首先是消费者,其次是零售商,最后是分销商)表示他们需要更多的土豆时,土豆的价格会上涨,上涨的价格使生产商增加,供应商变得有利可图。在高价的驱使下,供应商们会在土豆的储存和运输过程中更加地小心以避免变质和损坏。更多消费者对土豆兴趣的增加会使菜农们扩大种植土豆的面积。当农民扩大生产时,他们的这一行为会增加用于生产土豆的资源的价值,如土豆幼苗、农药和工人等。这将会促使资源从其他活动中流动到土豆种植业。因为用于生产土豆的投入品价格的上涨,将会有更多的原料供应商愿意提供这些原料。一段时间以后,这一系列的调整会扩大未来土豆的供应量。只要消费者通过价格传递出他们认为将资源用于生产更多的土豆比用于其他的商品和服务更有价值的信息,土豆的生产就会增加。

哈耶克称市场机制为"奇迹",因为仅仅是市场的价格这个指示器就自发地传递着如此多的信息,促使买卖双方做出各得其所的决定。产品的市场价格反映了世界各地的人所做的无数个决定,而这些人在做决定时并不知道其他人在做什么。对每一件商品或服务来说,生产就像一个巨大的计算机网络,它产生出一个指示器,这个指示器能够为所有参与者提供他们所需要的信息并提供参与者对信息作出反应的激励机制。市场价格指引生产者和资源供应商生产消费者认为最有价值的产品(当然是相对于成本而言)。不需要有谁强迫农民种植土豆,或者告诉建筑公司盖房子,或说服家具生产商生产椅子。当这些商品和其他相关商品的价格表明,消费者认为这些商品的价值与其成本相当或超过其成本时,追逐个人利益的生产者们会提供这些商品。同样,价格这一"看不见的手"会激励生产者寻找并利用成本最低的生产方式,促使他们寻找最佳的资源配置组合和最合算的生产方式。在现代经济中,由市场价格这一"看不见的手"所引导的自利行为所达到的合作程度令人叹为观止。

当你下次再享受一顿美餐的时候,可以试着想想使这一切成为可能的所有人。从农民到货车司机到杂货商,他们中不可能有谁是因为关心你是否能以尽可能低的成本享用一顿美食而做这些事。但是市场价格促使他们的利益与你的利益趋于一致。生产最好的牛肉或鸡肉会得到较高的价格,如果货车司机和杂货商的商品能够及时、新鲜地送到顾客手上,他们就会赚得更多,对诸如此类的活动,他们总是使用最低成本的方式来完成。可以这么说,有无数的人为我们每一个自己消费的但无法自给自足的各种商品做着贡献,而他们之中的大部分人我们永远不会碰到。正是市场价格这一"看不见的手"的指引,使人们自动地合作而获益,使市场秩序静悄悄地得以运转,也促使每个人选择对社会最有利的用途。

3. 思考及讨论:
(1) 市场价格如何引导人们从事促进整体福利的经济活动?
(2) 举例说明市场价格引导人们从事促进整体福利的经济活动。
(3) 用一句话说明什么是劳动力市场?
(4) 在劳动力市场上市场价格如何引导人们从事促进整体福利的经济活动?
(5) 通过该案例,你还能得到什么启发?
4. 每组派代表在全班做总结发言。
5. 教师总结。

【实训要求】

能够抓住事件的关键点,正确理解案例,联系学习的理论,紧密联系案例事实加以论证;小组代表发言时应对小组活动情况做真实概括,总结性强。

三、知识链接

劳动经济学是研究市场经济制度中的劳动力市场现象及劳动力市场运行规律的科学。

(一) 劳动力市场

在现代社会,劳动资源与其他资源的配置一样,都是通过市场实现的。这里不准备对劳动力市场的一般概念在文字层面的表述上进行周密详尽的考察,那也许是哲学家的事情,我们只是把劳动力市场理解为通过劳动力的供给与劳动力需求的运动,实现劳动资源配置的机制和形式(以后的章节将会对此进行比较详细的讨论)。

劳动力市场是生产要素市场的重要组成部分,我们可用如图4-1所示的模型揭示劳动力市场的基本功能。

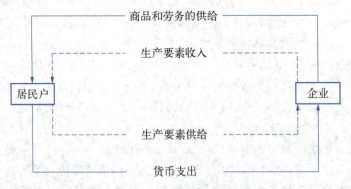

图4-1 收入循环模型

从图4-1中可以看出,该经济系统由居民户(家庭户)和企业组成。虚线连接的循环是生产要素市场,实线连接的循环是产品(服务)市场。在生产要素市场,居民户是生产要素的供给者,如向企业供给劳动力;企业是生产要素的需求者,如需求劳动力。企业由于生产要素的使用需向居民户支付要素报酬(如工资)。在商品市场中,居民户是商品和服务的需求者,企业则是供给者,居民户向企业支付货币,交换商品和服务。在商品市场与生产要素市场上,供需主体双方互相换位;在同一市场,则是供给与需求的相互对立和适应。供给与需求的选择反映为按照一定的价格实现商品的交换。

在劳动力市场上,居民户是劳动力的供给方,企业是劳动力的需求方,通过双方的无数次选择,按照一定的工资率(从供给的角度看,是要素服务收入;从需求的角度看,是要素使用的成本)将劳动力配置于生产某种产品和服务的职业岗位上。劳动力市场上劳动力供求的运动,同时决定一个经济社会的就业规模和获得的工资量。从生产要素投入的视角观察,劳动力市场供求运动调节着劳动资源的配置;从收入的视角观察,劳动力市场的供求运动决定着工资。就业量与工资的决定是劳动力市场的基本功能。

从上述分析可见,劳动力市场的功能与其他市场是相似的,即通过商品的供给与需求决定价格的形成机制,实现、调节资源的配置;解决生产什么、如何生产和为谁生产这一经济社会的基本课题。例如,在产品市场中,哪一种产品的价格高就生产哪一种,用什么方法生产费用低就用什么方法生产,谁在产品生产中作出的贡献大,谁得到的产品(收入)就多。

劳动力市场如果完全依此运行,劳动经济学就将不会存在。不可否认,劳动力市场具有其他市场相类似的功能。如果不考虑劳动力的特殊性,劳动力市场的运行也与其他市场相类似。不过,劳动力市场配置的劳动力资源、所交换的商品——劳动力与其他市场配置的资源、交换的商品,具有显著不同的特殊性,这种特殊性所导致的劳动力市场与其他市场的重大区别是劳动经济学产生的基础。

劳动力具有如下特点:

其一,劳动力与劳动力所有者不可分割。劳动力与劳动力所有者绝不是同一的概念。所谓劳动力,是指人的劳动能力,是活的人体中的一种功能,是每当人生产某种使用价值时就运用的体力和智力的总和。劳动力作为人体中的一种功能,不能与其所有者分割而独立存在。作为劳动力市场交换客体的劳动力,只是劳动力的使用权,故劳动力的交换只是劳动力使用权的让渡和租让,而不是所有权的交换。比较其他市场,作为商品交换的客体,所交换的商品与其所有者在交换结束后通常是分割的,而劳动力作为交换的客体,无论是在交换过程中还是交换结束后都是不可分割的。寄寓劳动力的只能是人,所以,在劳动力的使用权让渡出去之后,劳动力的所有者(劳动者)依然对劳动力使用的所有方面有着全面的、系统的联系,如工作条件、环境、安全、职业发展前景等。劳动力的使用状况反过来又对劳动者产生全面的影响。

其二,劳动力的生产与再生产是社会劳动的结果,劳动力具有生理性的特征。这一特征具体表现在:① 劳动力的生产是以消费社会劳动为条件的。它是一种消费的生产。食物、衣着、住所、教育、培训、体育锻炼等是劳动力形成的基本条件。这些条件无不是社会劳动、社会生产的结果。② 劳动力形成周期较长,在现代社会至少需要 16 年。③ 劳动力不能贮存。今天的劳动力不加以利用,随着生命的新陈代谢就将永远地失去。④ 劳动力不间断地作为商品交换,其承担者(劳动者)的生命必须得到维持,必须保证每天最起码的维持生命的收入或物质生活条件。⑤ 劳动力具有生命周期和生理间歇周期。劳动力是有生命的物质实体,劳动力从形成到衰老呈现出有规律的周期变动。职业特点不同,对劳动力自身结构有着不同的要求,其生命周期也不同,例如,体操运动员的生命周期相对较短,商店店员的生命周期则较长。由于现代科学技术的发展,在不考虑职业劳动的特殊性的条件下,劳动力的形成周期有延长的趋势;另外,由于人口预期寿命的延长,劳动力的生命周期出现比较复杂的变动状况。但是总体观察,劳动力从形成到衰老的生命周期大体在40~60年。劳动力的生理间歇周期是指在一个自然时间单位(如一昼夜)内,必须保证劳动力一定的休息时间等,呈现劳动—休息的周期循环。

其三,劳动力在劳动过程中起着能动性的作用。任何生产都是与人的劳动息息相关的,离开了人的劳动,无法形成生产力,无法形成生产过程。其他资源的开发与利用程度也都受到劳动资源开发、利用程度的制约,而一切经济活动的最终目标是劳动者和整个社会福利水平的提高。

由于劳动力具有上述特征,劳动力市场与其他市场具有重大区别。其区别主要表现在下述方面:

首先,劳动者及其家庭个体的动机和行为对劳动力市场的运行有重大影响。劳动力的种种社会和生理特征,如劳动力的无限适应性、劳动力供给者在教育与职业培训之前就关心未来劳动力利用情况的事实等种种复杂情况,使劳动力市场的运行不仅受到劳动者个人及其家庭个体的偏好、选择和决策的影响,而且还受到劳动力的消费领域(生产领域)劳动力利用状况的双重影响。可以与其他市场比较:某种商品或某种生产要素市场(如资本市场、机器或生产线的供给者),在交换过程中最关心的是商品价值的实现,在交换结束之后既不知道也不关心(在经济学原理的领域内)其产品的利用情况,如在何种条件下利用、何种强度利用等。劳动力市场则完全不同:劳动力的交换并不转移其所有权,劳动力的所有者不仅关心其劳动力价值的实现,也同样关心他的劳动力是在何种条件下、以何种强度被使用等。这一事实说明劳动力市场的运行比其他市场具有更为复杂的特征。

其次,劳动力市场的供求关系以及就业和工资决定的机制受到一定的制度结构的制约。其具体表现为:① 工会组织与雇主组织(特别是前者)对劳动力市场的运行有重大影响。劳动力自身的一系列特征决定着劳动者在市场的竞争地位相对弱小,在物质利益规律的作用下必然产生劳动力供给者的组织,即工会组织。工会的出现及其对劳动关系的全面作用造成劳动力市场有别于其他市场的种种特点。② 社会经济政策及体制安排。任何经济社会都要解决资源稀缺性问题,但解决资源稀缺的体制安排和选择有重大差异。一种是计划经济体制,另一种是市场经济体制。前者排斥市场机制,后者则使市场机制在配置资源方面发挥其基础性作用。在市场经济体制中,政府不仅要促进经济长期稳定发展,保持社会安定,而且还要干预市场运行,使之保持某种均衡。为此,政府制定一系列经济政策以实现其目标,其中的许多政策及体制安排(如劳动关系法、实体劳动法等)都对劳动力市场产生重大影响。

劳动经济学的主要任务就是要认识劳动力市场的种种复杂现象,理解并揭示劳动力供给、劳动力需求以及工资和就业决定机制对劳动力资源配置的作用原理。总之,劳动经济学是研究劳动力市场现象及其运行规律的科学。

(二) 均衡的含义

均衡这一概念源于力学。运动的物体受到方向各异的外力作用,当作用力的合力等于零时,受力的物体所处的相对静止的状态即为均衡。

经济学中运用的均衡概念,一般含有两重含义:其一是指某种经济现象所处的状态;其二是指分析方法。

均衡状态是指经济中各种对立的、变动着的力量处于一种力量相当、相对稳定、不再变动的状态。市场均衡是经济学中最初的均衡的概念,经济学对均衡的第一个扩充,就是将这个概念应用于各种经济形态,将市场均衡一般化,因此,现在所说的均衡是指一般意义上的经济均衡。

均衡状态与均衡分析方法有密切的联系。均衡分析方法是揭示经济变量之间的关系,说明实现均衡的条件以及如何调整实现均衡的方法。

均衡分析分为局部均衡分析和一般均衡分析。

局部均衡分析假定其他情况不变,只研究单个市场均衡的实现与变动。如果用局部均衡分析方法的代表人物A.马歇尔的话来说,即"要研究的力量是如此之多,以致最好一次研究几种力量,做出若干局部的解答……单独研究某一特殊商品的供求和价格的关系。用'其他情况不变'这句话,把其他一切力量当作不起作用的,我们并非认为这些力量是无用的"[①]。

一般均衡分析考察所有市场的均衡的建立与变动,在所有市场的供给、需求和价格的相互关系中研究一个市场的均衡问题。一般均衡分析方法的代表人物是瑞士洛桑学派的L.瓦尔拉。

均衡分析又分为静态均衡分析和动态均衡分析。静态均衡分析不考虑时间因素,变量的调整是瞬时完成的,其调整时间设为零。动态均衡分析与此相反,经济变量调整需要时间,着重考察经济变量在不同时间的变动情况。它主要分析经济现象的变化过程。

(三)劳动力市场静态均衡的形成

劳动力市场静态均衡的形成也就是均衡工资和均衡就业量的决定,它是通过劳动力供给与劳动力需求双方在竞争中自发地形成的。同时,这种均衡的形成没有其他外力的干扰。

从前述的分析可知,市场劳动力供给S和劳动力需求D都是工资率W的函数。假设其他条件不变,即

$$S = f(W)$$
$$D = g(W)$$

将供给曲线与需求曲线描述在同一图形上,即可观察得到静态均衡的形成。现结合图4-2说明。

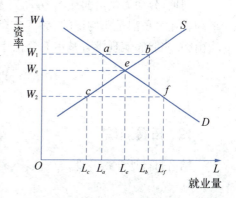

图4-2 静态均衡的形成

在图4-2中,横轴为就业量L,纵轴为工资率W(除特殊说明外,以后各图均为此含义)。D为劳动力需求曲线,S为劳动力供给曲线,对应于每一种工资水平,有与其相应的劳动力供给量与需求量。

当工资率$W=W_1$时,由供给曲线S可得劳动力供给量为L_b,由需求曲线D决定的劳动力需求量为L_a,显然,L_b大于L_a,其差额为L_b-L_a。由于供大于求,在竞争的作用下,工资率下降。随着供给的下降和需求的增加,供求之间的差额逐渐缩小。当供求相等时,即劳动力供给曲线与需求曲线相交时,工资率$W=W_e$,就业量$L=L_e$。此时的工资率W_e和就业量L_e为均衡工资率和均衡就业量。

---

① A.马歇尔.经济学原理(上)[M].北京:商务印书馆,1964:19.

再从另外一种情况看。当工资率 $W=W_2$ 时,供给量为 L_c,需求量为 L_f。需求大于供给,其差额为 L_f-L_c。由于求大于供,在竞争的作用下,工资率 W_2 上升。只要供求不等,供给就会增加,需求就会减少。当供求相等时,供求曲线相交于 e 点,就形成了均衡工资率 W_e 和均衡就业量 L_e。

劳动力供给等于劳动力需求,工资率 $W=W_e$,就业量 $L=L_e$,劳动力市场实现了均衡。当工资率 $W=W_e$ 时,而且只有当工资率 $W=W_e$ 时,以 W_e 作为供给价格的劳动力供给的决策主体能够实现就业;以 W_e 作为需求价格的企业能够雇用到所需的劳动力。由于供给是均衡的,在资源限制的条件下,供给的决策主体获得的效用最大;由于需求是均衡的,它满足了劳动的边际产品价值等于工资($\Sigma VMP=W$),所以,供求双方都没有改变这种状态的动力和要求,也就形成了一种相对静止、相对稳定的状态。因此,均衡的形成是均衡工资率和均衡就业量决定的。

从另一角度进行分析,也可以得到同样的结论。例如,当工资率 $W=W_1$ 时,$W_1\neq W_e$,如图 4-2 中的 a 点,企业根据劳动力需求确定的原则($\Sigma VMP=W$),可以雇用到 L_a 的劳动,企业此时处于均衡。但是,从劳动力供给这一方面来看却并非如此。因为以 W_1 作为供给价格的劳动力供给量为 L_b,减去已经受雇用的 L_a 这部分劳动,剩余的部分为 L_b-L_a,存在着改变这种状态($W=W_1,L=L_a$)的动力和要求,所以,这种状态是不稳定的,供求的力量并不相等,形不成均势。在这种条件下,必然会存在着工资率 W 向 W_e、供求向 L_e 的运动,最终形成均衡。

再如,当工资率 $W=W_2$ 时,$W_2\neq W_e$,如图 4-2 中的 c 点,以 W_2 作为供给价格的决策主体 L_c 可以实现就业,并同时满足了其效用最大化的要求,此时 L_c 这部分劳动力实现了自身的均衡。但是,从劳动力需求这一方来看也并不如此,其均衡的需求量为 L_f,市场的条件使其不能实现 L_f 的劳动力需求,在追求利润最大化的要求下,它存在着改变这种状态的动力和要求,c 这种状态($W=W_2,L=L_c$)仍然是不稳定的,存在着改变这种状态的变化趋势,即工资率 W 向 W_e、就业量 L 向 L_e 运动,最终形成均衡。

同理,劳动力供给曲线 S、劳动力需求曲线 D 除 e 点外的任何其他点形成的某种工资水平和就业水平都是非均衡的,都存在着与前例类似的调整。唯有 e 点,$W=W_e,L=L_e$,才是均衡的,才能够实现没有基本的变化趋势的均衡状态,即

$$S=f(W), \quad D=g(W)$$
$$S=D, \quad W=W_e$$

四、拓展训练

结合自己所学的专业,分析以下案例。

> 在完全的自由贸易体系下,自然每个国家都会把它的资本和劳动力用于最能为自己的社会带来福利的地方。这种对个人利益的追求是与整个社会经济密切相连的。
>
> ——大卫·李嘉图

交易促进经济发展

交易的基础是互利。人们同意一桩交易是因为他们期望增加收入。交易的动机可以归结为：如果你做了对我有利的事，我也会做对你有利的事。

有一个农民在自家地里挖出一尊绝美的大理石雕像。一位艺术品收藏家高价买下了这尊雕像。卖主捧着大把的钱感叹：这钱会带来多少荣华富贵。收藏家端详着雕像想：多么巧夺天工的艺术品。他们俩都感到满足，交易对他们是双赢的。

在这个故事中，艺术品对那个农民来说没什么用途，他需要的是钱，这些多得的钱可以让他暂时不用去辛苦地耕地，还可以让他糊一时之口，而对那位艺术品收藏家来说，钱和大理石雕像相比算不了什么。他们各自通过对交易物品不同的评价完成了交易，最终结果是他们的现状都得到了改善，他们从交易中获得了各自所真正需要的。

几千年前，港口贸易把中国的指南针、纸张转卖给欧美，再把船只买回来。在丝绸之路上，人们利用骆驼将中国的丝绸、茶叶拿到波斯去换香料。结果是大家的生活都得到了改善，各国经济都得到了发展。

交易能产生效益，因为它允许交易双方得到更多他们想要的。从交易中获益的来源主要有三个。

第一，交易把东西从认为其价值较小的人那里转移到认为其价值更大的人手里。即便没有新的东西生产，交易也能使人们从商品中获得价值增加。当二手货通过分类广告或互联网在跳蚤市场交易时，交换并未增加可用的商品数量（如生产新产品那样），但这些交易使产品移向那些认为其价值更大的人手中。交易的产品增加了购买者的财富。

由于人们的偏好、知识和目标有很大的不同，对一个人毫无价值的东西对另一个人而言可能是珍宝。一本电子行业高科技的书可能对艺术品收藏家来说一文不值，但对工程师而言却很有价值。类似地，艺术品收藏者珍爱的油画或许工程师对其并不怎么在意。通过自然交换，工程师拥有电子技术书而收藏家获得油画，他们从这些东西中获得的收益就会增加。

第二，交易允许每个人更加专注于那些擅长的事情，因而更高水平的产品和消费成为可能。当人们专心致力于其能以低成本来生产的产品和服务时，他们可以通过交易，用得到的收入交换自己不能制造的产品。比起其他方法来，专业化使人们能生产出更多的产品和服务，而且这些商品比全部由他们自己来制造更加多样，也更令人满意。如果有人乐意为你提供比你自己生产成本低的产品，交易就有意义了。然后，你就用自己的时间和资源制造更多对你来说成本低的产品。

即使大多数医生可能擅长记录病历和安排约定，他们却一般更愿意雇用他人来提供这些服务。他们花在记录病历上的时间也是能用来看病的时间。因为他花在看病上的时间更有价值，如果他们花大把的时间来记录病历而不是看病，那他们的收入就会减少。医生专注于看病，就会更有效地利用他的时间。

第三，自愿交易使企业通过采用大规模生产的方法来降低单位成本成为可能。交易能使企业在更广阔的市场范围内销售产品，因而他们能计划生产大量的产品，并采用能发挥规模经济优势的制造流程。这样的流程通常能显著地降低单位成本，并使单位工人产量大增。若没有交易，这些益处就得不到。市场力量使生产持续地重新安排，让其流向低成本的生产者,远离高成本的生产者。这样的结果就是,开放的市场趋向于以最大化商品和服务价值的方式分配商品和资源。

交易使我们得以消费大量的我们自己根本无法制造的东西,人们可以拥有和消费这些东西,很大程度上是因为基于合作、专业化和交易组织起来的经济方式。在现代社会中,交易的重要性是如何强调都不为过的。

思考及讨论:交易如何促进经济发展?体现在哪些方面?

任务二 劳动力供求变动对均衡的影响

一、任务要求

积极参与小组讨论,理解劳动力影响供求变化的因素,能解释一些劳动力市场上均衡的变动。

二、实训

【实训名称】分析供求规律。

【实训目的】了解供求规律的内容,学会运用供求规律分析具体的社会劳动现象。

【实训步骤】

1. 全班4~5人一组,分为若干小组。
2. 提供案例:歌星的高收入合理吗?

歌星的高收入合理吗?

某歌星一场演唱会的出场费可能是几十万元人民币,是普通人几年或几十年的收入,老百姓难免有不平衡之感,歌星的收入来源主要是门票收入。我们分析演唱会门票的价格,如果想听演唱会的人增加了,而歌手的供给不变,则门票的价格就会上升,由于演唱会举办方与歌手都能从高价格的门票中得到更多的收益,他们还将增加演唱会的场次;同理可以推出,如果没有那么多歌迷,需求减少,门票的价格必然下降,他们会减少演唱会的场次。如果歌手增加,门票的价格也会下降,演唱会的场次增加;同理可以推出,歌手减少,门票的价格也会上升,演唱会的场次会减少。这就是经济学分析的供求规律。

思考及讨论:

(1) 什么是供求规律?

(2) 为什么歌星的高收入是合理的?

3. 以小组为单位,以书面形式提交讨论成果。

4. 教师总结。

【实训要求】

紧密结合案例分析供求规律,试进一步分析其他一些高收入人群高收入的合理性。

三、知识链接

(一)劳动力供给变动对均衡的影响

在劳动力市场上,劳动力供给与劳动力需求共同决定工资和就业的均衡水平。劳动力供给或劳动力需求以及两者的变动都能使原有的均衡遭到破坏,但都能在新的条件下重新实现均衡。以图4-3为例,说明劳动力供给的变动对均衡的影响。

在图4-3中,劳动力需求 D 和劳动力供给 S_1 共同决定均衡工资为 W_e 和均衡就业量为 L_e。现假设由于某种原因出现了两条新的劳动力供给曲线 S_2 和 S_3。S_2 表明劳动力供给的决策主体愿意以同样的供给价格供给更多的劳动力,或者按较低的供给价格供给同量的劳动力,S_2 曲线在 S_1 曲线的右方。形成这种变动的原因有很多种,如低工资地区劳动力的流入、不同职业市场劳动力的流动等。S_3 曲线在 S_1 的左上方,其变动与 S_2 恰好相反。

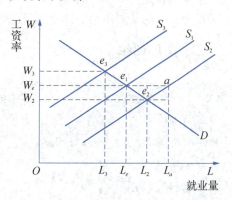

图4-3 供给变动对均衡的影响

首先,观察 S_1 向 S_2 的变动。由于出现一条新的劳动力供给曲线 S_2,均衡工资 W_e 不再是均衡的了。在 $W=W_e$ 时,劳动力供给大于劳动力需求,在需求与供给的作用下,特别是对就业机会的竞争,导致工资率 W 从 W_e 下降,在 D 和 S_2 相等(相交)的 e_2 点,供求重新处于均衡: a 点沿曲线 S_2 向左下、e_1 点沿需求曲线向右下运动,供求的运动趋向于均衡点 e_2,形成新的均衡:工资率 $W=W_2$,就业量 $L=L_2$。显然,均衡工资由 W_e 下降到 W_2,均衡就业量从 L_e 增加到 L_2。

其次,观察 S_1 向 S_3 的变动。其结果与前例相反,在 e_3 点实现均衡:均衡工资率提高,由 W_e 提高到 W_3,均衡就业量从 L_e 减少到 L_3。

显然,劳动力需求曲线不变,劳动力供给曲线右移,均衡工资率下降,均衡就业量增加;劳动力供给曲线左移,均衡工资率提高,均衡就业量减少。

(二)劳动力需求变动对均衡的影响

资本供给的变动、产品需求的变动以及其他非工资因素的影响都可以造成劳动力需求的变动,它表现为劳动力需求曲线的移位。现以图4-4为例,说明劳动力需求变动对均衡的影响。

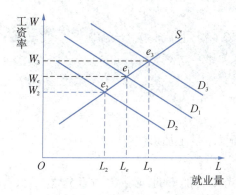

图4-4 需求变动对均衡的影响

在图4-4中,劳动力供给曲线 S 与劳动力需求曲线 D_1 形成的均衡工资率为 W_e,均衡就业量为 L_e。劳动力需求曲线右移,从 D_1 右移到 D_3。它表明企业在每一种工资率下较以前愿意雇用更多的劳动力。在原均衡工资率 W_e 的水平上,需求大于供给。在供给和需求的共同作用下,最终在供给曲线 S 和需求曲

线 D_3 的交点 e_3 实现均衡。均衡工资率由 W_e 提高到 W_3，均衡就业量从 L_e 扩大到 L_3。

劳动力需求曲线从 D_1 移向 D_2，表明在每一种工资率下，企业较以前愿意雇用更少的劳动力。原有的均衡由于需求曲线的移位造成失衡，供给大于需求。在供求的共同作用下，均衡点移向 e_2，均衡工资率由 W_e 下降到 W_2，均衡就业量从 L_e 减少到 L_2。

显然，劳动力需求曲线右移，均衡工资率提高，均衡就业量增加；劳动力需求曲线左移，均衡工资率下降，均衡就业量减少。从上述讨论中也可以看到，决定劳动力需求变化的长期力量并不是工资水平，而是社会的总需求。

劳动力供给与劳动力需求同时变动，也可以使原有的市场均衡受到破坏。在劳动力供给与劳动力需求的共同作用下，仍可实现新的均衡。重新恢复均衡的过程是以上分析的组合。

四、拓展训练

由加班工资引发的纠纷

何女士是某公司的员工，自从2000年进入公司以后，工作一直勤勤恳恳，服从公司的各项安排，对公司的加班规定也毫无怨言。公司按照基本工资、加班工资和计件工资计算劳动报酬，加班工资的计算标准为超过工作时间累计满8小时支付30元，星期六加班也按此标准。2006年年底，何女士因琐事与公司发生纠纷，公司通知何女士办理终止劳动合同手续。

由于双方对何女士加班工资的给付标准及数额发生纠纷，何女士拒绝办理终止劳动合同手续，并于2007年1月向当地劳动争议仲裁委员会提起仲裁。仲裁后，何女士不服仲裁裁决并向法院提起诉讼。何女士在诉状中称，自其进入公司以来，工作日的每天工作时间都是10小时，每星期工作时间远远超过法律规定的40小时，但2004年之前公司从未发过加班工资。后来，即使公司在接受劳动部门检查后发放了加班工资，但发放标准仍低于国家规定。

我国《劳动法》规定，工资应当以货币形式按时、足额支付给劳动者本人；且有下列情形之一的，用人单位应当按照下列标准支付高于劳动者正常工作时间的工资报酬：① 平日安排劳动者延长工作时间的，应当支付不低于工资的百分之一百五十的工资报酬；② 休息日安排劳动者延长工作时间且不能安排补休的，应当支付不低于工资的百分之二百的工资报酬；③ 法定休假日安排劳动者延长工作时间，应当支付不低于工资的百分之三百的工资报酬。

2007年3月17日，当地人民法院审结此案，认定该公司支付何女士的加班工资违反了相关规定标准，一审判决被告支付原告何女士加班工资、超时工资及补偿金共计24 000余元。

从分配理论角度思考此案件，讨论如下问题：
1. 此公司为何以低于法定加班支付工资标准不断要求员工加班？
2. 何女士一直对公司加班毫无怨言，为什么？
3. 为什么我国《劳动法》规定休息日、休假日安排劳动者加班的，必须支付百分之二百、百分之三百的工资？

任务三　综 合 实 训

一、实训

（一）实训一
【实训名称】回顾本项目学习的收获。
【实训目的】通过系统回顾，对本模块内容进行总结复习。
【实训内容】认真填写下列表格。

回顾本项目学习的收获					
编制部门：				编制人：	编制日期：
项目编号	004		学号、姓名	项目名称	劳动力市场
课程名称	劳动经济基础		训练地点	训练时间	
	1. 回顾课堂知识，加深印象 2. 培养学生善于思考和反思的习惯 3. 工作任务驱动，使学生带着工作任务去学习				
本项目我学到的知识或者技能					
本项目我印象最深的两件事情					

（续表）

我想继续学习的知识和技能	
考核标准	1. 课堂知识回顾完整，能用自己的语言复述课堂内容 2. 记录内容和课堂讲授相关度较高 3. 学生进行了认真思考
教师评价	评分

【实训要求】
1. 仔细回想本章所学内容，若有不清楚的地方，请查看以前有关的知识链接。
2. 本部分内容以自己填写为主，不要过于注意语言的规范性，只要能说清楚即可。

（二）实训二

【实训名称】案例分析。

【实训目的】学习运用供求规律分析社会经济现象。

【实训步骤】

1. 提供案例：不同歌手门票差别之谜。

不同歌手门票差别之谜

门票价格也就是歌手劳务的价格，在经济学中，劳务是一种无形的物品，其定价规律与有形的物品是一样的。

我们在现实中一定要注意到，美声唱法歌手演唱会的门票便宜，但通俗歌手演唱会的门票较为昂贵。

用演唱这种劳务中所包含的劳动量恐怕无法解释这种差别。提供某种劳务的劳动量包括为此而付出的培训时间与提供劳务所耗费的活劳动。美声唱法是一种复杂劳动，需要长期专业训练，演唱也颇费力。与此相比，通俗歌手的劳动要简单一点。这就是说，同样一场演唱会，美声唱法包含的劳动量要大于通俗唱法。看来劳动量的差别并不能解释门票价格如此巨大的差别。

2. 如何解释这种现象？
3. 能否列举生活中的其他例子？
4. 以书面形式提交分析结果。

【实训要求】

能够抓住事件的关键点，正确理解案例，联系学习的理论，紧密联系案例事实加以论证；小组代表发言时应对小组活动情况做真实概括，总结性强。

二、自测题

(一) 单项选择题(下列各题只有一个符合题意的正确答案，将你选定答案编号的英文大写字母填入括号内)

1. 造成劳动力市场均衡工资率上升的因素有(　　)。
   A. 劳动力供给曲线左移，需求曲线不动　　B. 劳动力需求曲线左移，供给曲线不动
   C. 劳动力供给增加，需求减少　　　　　　D. 劳动力供给增加，需求也增加
2. 劳动力市场均衡时，工资率与边际产品价值相比，(　　)。
   A. 前者大于后者　B. 前者等于后者　C. 前者远大于后者　D. 前者小于后者
3. 在单一的竞争性劳动力市场中，在任何高于均衡水平的工资率下，(　　)。
   A. 会存在劳动力供给不足　　　　　　B. 会减少企业的劳动力需求数量
   C. 工资率会上升　　　　　　　　　　D. 会减少愿意供给的劳动力数量
4. 劳动力市场均衡是(　　)的。
   A. 静态　　　　B. 一成不变　　　　C. 动态　　　　D. 有时变有时不变
5. 当劳动力需求曲线不变而劳动力供给曲线左移时，(　　)。
   A. 均衡工资率与均衡就业量都上升　　B. 均衡工资率下降，均衡就业量上升
   C. 均衡工资率与均衡就业量都下降　　D. 均衡工资率上升，均衡就业量下降
6. 当劳动力需求曲线右移而劳动力供给曲线不变时，(　　)。
   A. 均衡工资率与均衡就业量都上升　　B. 均衡工资率下降，均衡就业量上升
   C. 均衡工资率与均衡就业量都下降　　D. 均衡工资率上升，均衡就业量下降
7. 当人口和劳动力的规模增大时，可以肯定的是：(　　)。
   A. 均衡工资率上升与均衡就业量下降　B. 均衡工资率下降与均衡就业量上升
   C. 均衡就业量上升　　　　　　　　　D. 均衡工资率下降
8. 人口和劳动力的增加，在消费水平提高的情况下，(　　)。
   A. 会导致劳动力需求曲线左移，劳动力供给曲线右移
   B. 会导致劳动力需求曲线右移，劳动力供给曲线左移
   C. 会导致劳动力需求曲线左移，劳动力供给曲线左移
   D. 会导致劳动力需求曲线右移，劳动力供给曲线右移
9. 当劳动力需求曲线右移幅度大于劳动力供给曲线右移幅度时，(　　)。
   A. 均衡工资率与均衡就业量都上升　　B. 均衡工资率下降，均衡就业量上升
   C. 均衡工资率与均衡就业量都下降　　D. 均衡工资率上升，均衡就业量下降
10. 市场工资率的变动给劳动者带来的是两个作用方向(　　)的影响——收入效应和替代效应。

A. 相反　　　　　B. 相同　　　　　C. 无关　　　　　D. 垂直

（二）多项选择题（下列各题中都有两个或两个以上的正确答案，将你选定答案编号的英文字母填入括号内）

1. 从市场角度看，劳动力市场主要由（　　）要素构成。

A. 劳动力　　　　B. 用人单位　　　　C. 工资　　　　D. 消费者

E. 劳动力市场组织者

2. 劳动力市场的特征包括（　　）。

A. 统一、开放、竞争

B. 劳动者只能被雇佣或租借，劳动者不能被出卖和购买

C. 劳动者对劳动力拥有不可动摇的所有权

D. 劳动力的价格（工资）不只是当时提供劳动的报酬，也包括劳动者人力资本投资应获得的报酬，劳动力受雇或出租的条件不仅是工资的多少，而且还有工作时间长短、工作环境好坏等因素

E. 劳动力市场的活动不仅由劳动力和用工单位双方决定，而且受到政府、工会、雇主和舆论等社会力量的影响

3. 当劳动力供给曲线不变，而劳动力需求曲线右移时，（　　）。

A. 均衡工资率上升　　　　　　　B. 均衡工资率下降

C. 均衡就业量上升　　　　　　　D. 均衡就业量下降

E. 均衡工资率或均衡就业量不变

4. 当劳动力需求曲线不变，而劳动力供给曲线左移时，（　　）。

A. 均衡工资率上升　　　　　　　B. 均衡工资率下降

C. 均衡就业量上升　　　　　　　D. 均衡就业量下降

E. 均衡工资率或均衡就业量不变

5. 在以下几种情况下，必然会使均衡工资率下降的是（　　）。

A. 劳动力供给曲线不变，而劳动力需求曲线向左水平移动

B. 劳动力供给曲线不变，而劳动力需求曲线向右水平移动

C. 劳动力需求曲线不变，而劳动力供给曲线向左水平移动

D. 劳动力需求曲线不变，而劳动力供给曲线向右水平移动

E. 劳动力需求曲线和劳动力供给曲线同时向左水平移动

6. 劳动力市场均衡，（　　）。

A. 是指在某一市场工资率下，劳动力需求正好等于劳动力供给这种状况

B. 是指形成工资率这种劳动力市场状况

C. 是指市场出清工资率被打破的这种劳动力市场状况

D. 是指通过市场在均衡工资率下实现了均衡就业量

E. 可能因市场工资率的变动而被打破

（三）简答题

1. 简述劳动力市场的影响因素。

2. 劳动力市场均衡的意义有哪些？

项目五

人力资本

教学目标

知识目标

1. 掌握人力资本的概念、特点和投资方式以及作为人力资本投资方式的普通教育的特点、劳动力流动的特点和投资报酬率；
2. 掌握教育投资的决策模型；
3. 理解一般培训和特殊培训的直接成本与机会成本。

能力目标

1. 能准确描述和分析收入流曲线。
2. 能准确地描述一般培训的成本-收益结构和特殊培训的成本-收益结构。

案例导入

选专业就像找对象、谈恋爱

北京大学十多年以前启动了以北大老校长蔡元培先生的名字命名的元培实验班，现在叫元培学院，在全校范围内招生，一、二年级不分专业，到三、四年级之后，根据自己的兴趣选择专业。为什么做这个实验班呢？北京大学的基本理念除了加强基础、淡化专业以外，还认识到现在的中学生对大学的专业设置实际上并不了解，只是根据家长或者社会的舆论去选择自己的专业。其实，学生对自己的专业不知道喜欢不喜欢，甚至不知道自己到底喜欢什么。这样就非常麻烦，而我们都知道"鞋子舒服不舒服只有脚知道"。北京大学强调专业对学生来说没有最好,没有最贵,没有挣钱最多,只有最适合。就像找对象、谈恋爱一样,你得有一个了解的过程。通过一、二年级的学习,学生逐步发现自己真正的兴趣点在什么地方。因为对于北京大学这样的学校来说,学生只有找到自己将来为之倾注一生心力的领域,才有可能做出非同一般的成就,否则是不可能的。

资料来源:搜狐教育。

思考及讨论:你是否认同该观点?为什么?你当初是如何选择专业的,具体依据什么?现在如果让你重新选择,你会如何选择?

任务一 了解人力资本的内涵

一、任务要求

通过本任务的学习与练习,能够领会人力资本的内涵,能够学会人力资本投资决策的原则。

二、实训

(一)实训一

【实训名称】案例分析。

【实训目的】通过讨论,加强对人力资本概念本质的理解。

【实训步骤】

1. 全班4~5人一组,分成若干小组。
2. 提出案例:美貌真的是一种资本。

韩国有一家公司曾以韩国20~30岁的448名未婚女为对象,调查整容的原因。被调查者整容的理由包括提高外貌竞争力(57.1%)、增强自信感(22.5%)、显得更加漂亮(16.7%)等。外貌真的能提高个人在社会中的竞争力吗?在最近20多年的经济学研究中,经济学家早就注意到美貌给人们带来的影响,尤其是在收入方面。这一领域最负盛名的研究是海莫默什和比德尔1994年发表在《美国经济评论》上的论文《美貌与劳动力市场》。在这篇论文中,他们运用有关调查数据检验了个人相貌和收入的联系,结论是:在其他条件(如学历和家庭背景等)相同的情况下,美貌者比中等相貌者的收入高出约5%,中等相貌者比貌丑者又高出5%~10%。这说明,美貌的收益很可能是普遍存在的。

不仅在广告推广领域美女的价值无可非议,在平时生活中也是如此。比如找工作,那些漂亮的女士虽然经验、能力并不见得很优秀,但她们总是能够得到招聘主管的青睐,很容易就获得就业机会,而且报酬往往也高出人们的预料。

现在,一些销售总监和广告公司推广总监等几乎全都由美女担纲。是美女的能力突然见长吗？其实是美女好办事。虽然她们不是绝顶聪明，但她们拥有美貌。再加上一定的智慧，她们就可以在市场经济的大潮中无坚不摧，战无不胜。

不管你心里愿不愿意承认，爱美之心人皆有之，无论在什么时候，美貌都是一种特殊的资本。

资料来源：端木自在.受益一生的心计学[M].武汉：华中科技大学出版社，2012.

3. 思考及讨论：
(1) 你同意该案例的说法吗？为什么？
(2) 什么是资本？什么是人力资本？
(3) 请列举生活中其他一些人力资本的例子。
(4) 通过该案例，你还能得到什么启发？
4. 每组派代表在全班做总结发言。
5. 教师总结。

【实训要求】

能够抓住事件的关键点，正确理解案例，联系学习的理论，紧密联系案例事实加以论证；小组代表发言时应对小组的活动情况做真实概括，总结性强。

(二) 实训二

【实训名称】案例分析。

【实训目的】学会分析人力资本的成本与收益，进而学会人力资本投资决策的原则。

【实训步骤】

1. 全班4～5人一组，分成若干小组。
2. 提出案例：关羽最终跳槽，领导曹操有何错误？

在《三国演义》中，罗贯中笔下的曹操在笼络人心时有三大法宝，即金钱、美女和官爵。曹操给关羽许多上等绸缎和金银器皿，送十个美女侍奉关羽，几次加封关羽的官爵，但关羽对这三样都不感兴趣。曹操很有一套，既然三板斧不管用，那曹操就出绝招。

曹操的绝招就是投其所好，在生活的细微处，让关羽感受到领导的关怀和温暖。

有几个细节设计得非常经典。一个是曹操看到关羽身穿的绿色战袍旧了，于是估摸着关羽的身材，拿了一匹罕见的上等锦缎为关羽做了新战袍。本以为关羽会感激涕零，没想到关羽把曹操赏赐的新战袍穿在里面，外面依旧套上那件绿色的旧战袍。曹操以为是关羽过惯了苦日子，太节俭，没想到关羽说，是因为旧战袍是刘备送的。曹操嘴上说关羽你真讲义气，心里却在吐血。第二件事是看到关羽胡子很长，就为关羽定做了一个保护胡须的丝囊。关羽很高兴，要知道留长胡须的人对于自己的胡须都有特别的情感，尤其是关羽那种连每年秋天要断三五根胡须都会心痛不已的人。曹操投其所好，如何不让关羽心花怒放？于是，在汉献帝朝会的时候，关羽非常满意地告诉皇帝和满朝大臣：我这个保护胡须的丝囊，是曹丞相赏赐的！

3. 思考及讨论:
(1) 曹操为什么要采取多种手段留住关羽?
(2) 请分析曹操留用关羽的收益和成本。
(3) 如果你是曹操,你会怎么做?为什么?
(4) 通过该案例,你还能得到什么启发?
4. 每组派代表在全班做总结发言。
5. 教师总结。

【实训要求】

能够抓住事件的关键点,正确理解案例,联系学习的理论,紧密联系案例事实加以论证;小组代表发言时应对小组的活动情况做真实概括,总结性强。

三、知识链接

在前述各章的讨论中,为了简化分析,将劳动力假设为同质的,在劳动力市场上劳动力可以完全替代。但是,劳动力显然是异质的,个体在健康状况、专业技术知识、特定职业技能等方面都存在着显著而确定的差异。这些差异主要来自人力资本投资的差异。本章将分析人力资本的概念、个人与企业对人力资本投资方式的选择和决策等问题。

(一) 人力资本的含义

人力资本是与物质资本相对的一个概念,通常被理解为通过人力投资形成的、寄寓在劳动者身上并能够为其带来持久性收入来源的生产能力。

人力资本虽然具有许多和物质资本一样的共性,但它具有自己鲜明的特点。这些特点对人力资本投资与形成、人力资本效能的发挥等具有十分重要的影响。概括而言,人力资本具有以下特点:

其一,人力资本是寄寓在劳动者身上的一种生产能力,是一种无形资产,人力资本不是指人本身,而是指一个人所具有的知识、技术、能力和健康等因素。如果将人力资本等同于人本身,无疑就将人与物等同起来,混淆了社会发展的手段与目的。

其二,人力资本具有无限的创造性,能够为其所有者带来持久性的收入,就像能够产生货币收入的任何形式的物质资本一样,能够为其所有者提供现实的收益。

其三,人力资本是通过人力资本投资形成并积累的,具有积累性,是投资的产物。虽然人力资本也可以被理解为人的劳动能力,要生产和维持人的劳动能力,也要付出劳动力的生产和再生产费用。但是人力资本理论所研究概括的人力资本并不是自然形态的、简单的劳动能力,也不是一般的、无差异的、同质的人的劳动能力,而是强调并突出劳动能力和其素质结构的异质性,从而更深入地认识劳动力市场均衡的形成;强调体力、智力、健康程度、知识、技能等是人力投资的结果,是人力投资的对象,强调并突出高素质结构的劳动能力的提高对经济增长与社会发展的贡献和意义。

其四,人力资本投资与物质资本投资相似,投资者也要承担投资风险。通过某种特定内容的教育和培训,使人力资本具有某种专门的性质。若这种专业性与劳动力市场的需求失衡,特别是该专业素质结构的劳动力供大于求,人力资本投资就不能获得预期收益。人力资本投资与物质资本投资一样,最高的收益总是属于那些最能够预见经济与社会发展的变化,并能迅速地作出或调整投资决策的投资者。

人力资本表现为劳动者所具有和掌握的普通的科学文化知识、专门的职业技术知识、专门的职业技能、劳动者的健康状况以及劳动者的地理分布等。劳动力流动虽然不能改变人力资本的存量,但劳动力流动仍需付出一定的费用。通过流动调整人力资本存量在国民经济部门间、地区间分布的稀缺程度,调整人力资本与物质资本及其他资源的配置比例,从而可以实现人力资本的保值和增值。由于人力资本是通过投资形成的寄寓在劳动者身体中的生产能力,因此,人力资本在货币形态上表现为形成人力资本的各项费用支出,包括教育与培训支出、健康保健支出、劳动力流动费用等。

人力资本的观念早在经济学创立之时就已产生。亚当·斯密在其经济学奠基之作《国富论》中,就曾对人力资本进行了概括。他把现在被称为人力资本的技能与熟练程度当作固定资本的四个组成部分之一。他说:"学习一种才能,需受教育,需进学校,需做学徒,所费不少。这样费去的资本,好像已经实现并固定在学习者的身上。这些才能,对于他个人自然是财产的一部分;对于他所属的社会,也是财产的一部分。工人增进的熟练程度,可以和便利劳动、节省劳动的机器和工具同样看作社会上的固定资本。学习的时候,固然要花一笔费用,但这种费用可以得到偿还,赚取利润。"

亚当·斯密的上述见解在经济学界普遍受到关注,微观经济学的集大成者马歇尔在其代表作《经济学原理》中,对人力资本的概念做了初步的概括。马歇尔认为,人的知识、才能与其他种类的资本是并列的,是重要的生产手段,是生产力提高的动力。而且随着生产力的发展,对人的才能的要求会越来越高。在20世纪50年代,人力资本的理念重新受到经济学者的重视,并经T.舒尔茨和S.贝克尔等人的系统研究,成为立论严密的理论体系。

经济学界一般认为第一个明确界定"人力资本"概念的是美国经济学家舒尔茨。他在20世纪五六十年代连续发表的《关于农业生产、产出与供给的思考》《教育与经济增长》《人力资本投资》《对人投资的思考》等几篇文章,成为现代人力资本理论的奠基之作。舒尔茨的人力资本理论阐述了人力资本的概念与性质、人力资本的内涵与形成的途径、人力资本在经济与社会发展方面的意义等。其人力资本理论主要表现在以下四个方面:① 人力资本寄寓于人的身体之中,表现为知识、技能、体力价值的总和;② 人力资本是通过人力投资形成的;③ 人力资本投资是经济增长的源泉;④ 人力资本投资是效益最佳的投资。

舒尔茨之后,贝克尔完成了人力资本理论从具体到抽象的理论发展过程,他分别于1962年和1964年发表了《人力资本投资:一种理论分析》和《人力资本:特别关于教育的理论与经验分析》等论文。后者被视为现代人力资本理论最终确立的标志。贝克尔从家庭生产和个人资源(特别是时间)的分配角度,系统地阐述了人力资本与人力资本投资问题,提出孩子的直接成本、间接成本、家庭时间价值、时间配置、家庭中市场活动和非市场活动等概念,为人力资本的性质、人力资本投资行为提供了具有说服力的理论解释。

第二次世界大战结束以后,科学技术迅速发展。过去,生产力的发展主要靠直接经验的积累,而在当代,实现经济增长的基础则是科学。科学已经不仅仅是生产力体系中的直接因素,而变成了生产中的主导因素,科学技术是第一生产力。过去,科学主要体现为生产的物质条件,即不变资本,如机器设备、工具以及劳动对象等方面;在当代,科学不仅体现为技术和工艺,而且体现为人力资本。传统经济理论中的经济增长必须依赖于物质资本和劳动力数量的观点是片面的。实际上,人力资本的积累和增加对经济增长与社会发展的贡献远比物质资本、劳动力数量的增加重要得多。

任何生产都是人的生产。这里讲的人是指具有一定的科学文化知识、专业的职业技术知识、实际的生产业务技能的人,即进行过人力资本投资的人。离开一定的人力资本投资,去谈人在生产中的重要性、决定作用等是毫无意义的。人力资本对经济发展的重要性,从根本上说是由人在生产力中的地位与作用决定的。正因为如此,反映在决定国民收入增长的因素中,人力资本占越来越大的份额。

(二) 人力资本投资方式

人力资本的形成与人力资本存量的增加来源于人力资本投资。劳动力的素质结构(如知识程度和存量、技能状况、生理与心理健康状况等)构成人力资本的实体,凡是有利于形成与增强劳动力素质结构的行为与费用都是人力资本投资。此外,凡是有利于提高人力资本利用率的费用也属于人力资本投资的范畴。

一般来说,人力资本投资分为四种主要的方式。

1. 普通教育

普通教育是人力资本投资的重要方式,在人力资本投资中居于十分重要的地位。无论是政府还是社会团体、劳动者个人及其家庭用于普通教育的费用,不论其投资主体是谁,其费用均属于人力资本投资。从传统的学校教育体系来考察,小学、初中、高中和高等院校构成了在教学内容、教育层次上互相沟通、相互衔接的教育体系。初等和中等普通教育的目标在于人的一般认识能力的发展方面,是以后其他教育的自然基础。高等教育虽属于普通教育的范畴,但已经具有鲜明的专业性,其基本任务与主要作用是探索、鉴别、传授和发展一个民族或一个社会已有的最高科学文化成就与精神财富,解决对自然界、社会生产和社会发展规律的认识。通过普通教育投资,形成并增加人力资本的知识存量,表现为人力资本构成中的普通教育程度,即用学历反映人力资本存量。这也是企业人力资源管理中为什么对企业员工的学历构成高度关注的原因之一。显然,通过劳动者接受学校教育的年限和劳动者的学历构成,可以清楚地判断和比较一个国家或地区某一特定时期的人力资本存量。

2. 职业技术培训

职业技术培训是与普通教育具有同样重要意义的人力资本投资方式。职业技术培训在教学内容、专业设置、教育层次上同样包括初级、中级和高级三个层次的专门专业教育和培训。如果说初等、中等普通教育的目标在于人的一般认识能力的发展方面,初等、中等职业技术培训则是以直接地培养和训练人的职业能力为主要目的。职业技术培训是在相应层次普通教育的基础上,使劳动者获得与发展从事某种具体职业所需要的知识、技能与技巧。高等职业技术培训也是如此。它们的共同目的都是利用已掌握、已认识的规律,如自然界和物质结构的特征、运动形态及其特点等,实现错综复杂的各种具体劳动所预期的成果。职业技术培训的人力资本投资方式特别侧重于人力资本构成中的职业和专业知识与技能的存量。其表现是人力资本构成中的专业技术等级。通过职业技术培训,人力资源的各类专业技术等级结构可以方便地比较和鉴别一个国家或地区某一特定时期人力资本的规模。

职业技术培训作为一种重要的人力资本投资方式,其投资的长期性特点尤为突出。科学技术的发展使一国的经济结构迅速变化,资本与知识更新周期大为缩短,社会再也不能在劳动者就业之前为之准备好其一生所需要的全部知识与技能,前半生用于受教育、后半生用于劳动的模式已经不复存在。已有的技能失效了,只有通过培训以及与此相应的职业变换,才能在经济和社会发展的各种动态条件下,使人力资本与物质资本相适应。科学技术的发展使人的一生固定在某一劳动或职业岗位上的现象已经越来越少了,即使是固定在同一职业岗位上,其劳动的内容、方法和手段也必然发生巨大的变化。企望获得持久性的就业岗位是一件非常困难的事情,只有不断地接受职业技术培训,获得一种持久性的就业能力才是最为现实的选择。现有人口的技能存量始终是生产的先决条件,因而也是财富的主要积累。

3. 健康保健

用于健康保健、增强体质的费用是人力资本投资的第三种方式。寄寓人力资本的载体只能是人。人的心理和生理素质状况(如肌肉力量、五官感觉、灵敏程度、呼吸系统等)是人力资本借以发挥作用的自然基础。健康状况的程度对决定各种方式的人力资本投资及其价值起着极其重要的作用。

4. 劳动力流动

劳动力流动费用并不能直接形成或增加人力资本存量,但通过劳动力流动可以实现人力资本的优化配置和调整人力资本分布的稀缺程度,是实现人力资本价值和增值的必要条件。此外,一定量的人力资本从对个人和社会较少收益的部门、地区和职业流入到对个人和社会较多收益的部门、地区和职业,其流动费用的效益不言自明,它使定量人力资本产生更大的经济价值和收益。

以上四种方式是人力资本投资的主要方式。此外,关于获取劳动力市场的工资和职业信息、企业雇用员工考核评价费用等也可以视为人力资本投资。实际上,人力资本投资方式很多。如果从广义上说,为了形成和增强劳动力的生产性,增加未来的效用,任何直接针对改善或提高劳动者的职业技术能力结构、知识结构、分布结构、利用水平的费用支出,都可以视为人力资本投资。

(三) 人力资本投资核算

人力资本构成中最重要的部分是劳动者的知识存量与技能存量。如上所述,它们主要是通过教育和培训获得的。因此,我们着重讨论这两种人力资本投资行为。

人们在对一项资本物品进行投资选择时,首先要对投资的预期收益与预期投资成本进行比较才能作出决策。投资收益是未来的事情,进行成本-收益分析不能简单地将预期收益与预期成本直接进行比较,而必须将预期值按某一折现率折现,在现值的基础上比较。

我们把人力资本投资现在和未来的成本与其现在和未来的收益折算到当前的净价值,即净现值,然后把折现后的未来收益与成本的净现值进行比较,就是净现值法。如果净现值为正,说明收益的现值大于成本的现值,投资决策在经济上是合理的;如果净现值为负,则成本的现值大于收益的现值,说明投资决策在经济上是不合理的。

根据以上思路,即可对人力资本投资进行核算。

首先,计算投资预期收益的现值。

设某项人力资本投资在 t 年内为投资者带来收益,投资完成后每年投资收益为 B_i,设折现率为 r,t 年内投资收益现值为 PV,根据现值计算公式,人力资本投资收益的现值为

$$PV = \frac{B_1}{(1+r)^1} + \frac{B_2}{(1+r)^2} + \cdots + \frac{B_t}{(1+r)^t}$$

$$= \sum_{i=1}^{t} \frac{B_i}{(1+r)^i} \ (i=1,\cdots,t)$$

其次，计算人力资本投资预期成本的现值。

设人力资本投资为 C，平均分布在 n 年内完成。每年投资成本为 C_j，投资成本现值为 PVC，根据现值计算公式，人力资本投资成本的现值为

$$PVC = \frac{C_1}{(1+r)^1} + \frac{C_2}{(1+r)^2} + \cdots + \frac{C_n}{(1+r)^n}$$

$$= \sum_{j=1}^{n} \frac{C_j}{(1+r)^j} \quad (j = 1, \cdots, n)$$

有了上面的人力资本投资收益和人力资本投资成本的现值，就可以比较它们的净现值，只有人力资本投资带来的收益大于成本，人们才会选择进行投资，即

$$\sum_{i=1}^{t} \frac{B_i}{(1+r)^i} - \sum_{j=1}^{n} \frac{C_j}{(1+r)^j} \geq 0$$

进行人力资本投资核算，还要充分考虑人力资本投资报酬率与时间内生偏好率。

当按某一折现率折现，预期收益的现值等于预期成本的现值时，此折现率即为投资报酬率。

投资者还要比较投资报酬率与时间内生偏好率的关系。所谓时间内生偏好率，是指个人关于货币时间价值的偏好，即个人愿意接受的最低利息率，它大于或等于货币的市场利率。

令投资总收益现值等于投资总成本现值，即 $PV = PVC$，则有

$$\sum_{i=1}^{t} \frac{B_i}{(1+r)^i} = \sum_{j=1}^{n} \frac{C_j}{(1+r)^j}$$

因为 B_i、C_j、t 和 n 为预期值，为投资者预期确定的，是已知值，故可根据上式求出折现率 r，该折现率 r 即为人力资本投资报酬率。再设 S 为个人时间内生偏好率，显然，只有当 $r \geq S$ 时，人力资本投资才会被人所选择。若 $r < S$，人们将不会选择人力资本投资。

四、拓展训练

人们权衡收益成本作出决策

如果想要从我们的资源中得到最多的产品，就应该从事那些收益大于成本的事情，并减少从事那些成本高于价值的事情。比如，一个家庭想要购买一套住宅，他们通过工作更长的时间来挣钱，而且在娱乐和外出就餐上减少开支，从而为买房进行储蓄。想上大学的高中生会比那些不在意是否上大学的学生在学习上花更多时间，在游戏上投入更少时间。对个人、企业以及整个社会而言，这种收益成本的权衡是必不可少的。

在北京某游乐园的票价安排中，在旺季的全天和淡季白天时间段内是160元每位，而淡季夜场只需50元，有时去玩夜场的人比白天去的还多。这种事情你每天都可能碰上。因为游乐场在晚上游客不足，而游乐场的设施、工作人员这些生产要素的成本费是不变的，不会因为淡季而取消。短期不经营也要支付固定成本，因此，只要收益能够弥补

工作人员工资和设施折旧费，就可以维持下去。一些旅游景点在淡季门票打折和团体票打折也是这个道理。

作为企业，必须为自己的投入进行支付，锤子、扳手、厂房、统计员、软件、秘书等都需要企业来支付，这些支付就形成了成本。成本可以区分为固定成本和可变成本。固定成本就是即使企业的产量为零也要支付的开支，不随着产量的变化而变化，如厂房和办公室租金、根据合同支付的设备费、债务的利息、长期工人的工资等。可变成本可以理解为随着产量而变化的成本，包括生产的原料、为生产配置的个人、旅行社的汽油费和过桥费、早餐的费用等。在固定成本已经支付的情况下，只要收益能够大于可变成本的支出，企业就会去经营或者投资。

也可以从有形成本和无形成本的角度来阐述收益成本权衡的问题。

第一，有形成本。如果一个国家的人民能利用手里的资源(如土地、建筑、劳动力等)生产出有价值的商品和服务，那么他们会过得更好。在任何时候，都会有无数的潜在投资项目处在考虑之中。一些投资通过将资源转化为能增加顾客满意度的商品和服务来增加资源的价值，这样会促进经济发展；另一些投资会减少资源价值，阻碍经济发展。如果想要从这些可用资源中得到最大产出，我们必须鼓励那些增值项目，并阻止那些无效率的项目。

企业购买资源(未加工的原材料、半成品、工程设备和文秘服务等)，并用这些资源生产那些要卖给消费者的商品和服务。对消费者来说，一件产品的价值是通过消费者愿意支付的价格来衡量的。如果销售额超过生产这些商品的所有资源的成本，这些公司将盈利。

假设衬衫制造商每月消耗2万元来支付房租、所需的机器设备以及购买劳动力、布料、纽扣等其他生产必需的原材料。如果制造商以每件22元的价格销售1 000件衬衫，每月收入22 000元，利润为2 000元。衬衫生产商是在创造财富——既为自己又为消费者。消费者乐意支付超过生产成本的价格说明他们认为衬衫的价值超过了此产品所需资源的价值。制造商的利润是对其将资源变成更有价值的产品的回报。假如衬衫仅能卖到17元每件，制造商每月则亏损3 000元。亏损是由于制造商的行为减少了资源的价值，对消费者而言，作为最终产品的衬衫比生产它的资源价值更低。在市场经济中，亏损和商业失败会把资源重新引向另外的价值更高的产品生产中去。

也就是说，影响人们作出选择的实际上就是利益原则，即人们会对激励作出反应，人们会比较成本与收益，从而作出决策。所以，当成本或收益变动时，人们的行为会改变。例如，某商品价格上升或下降，人们会相应作出减少购买或者增加购买的决策，该商品的生产者也会根据价格的升降作出相应决策。这是因为价格的升级意味着收益的增减。

第二，无形成本。无形成本不仅包括看得见的经营成本，还有一个更为重要的但看不见的机会成本。在很多情况下，在我们经过深思熟虑得出结果后，所谓的机会早已远去。如果说暂时的经营成本增加，只不过是减少了暂时的短期利润；但如果不懂得把握机会成本的真谛，我们在选择方案时就会彷徨迷茫。

俗话说"磨刀不误砍柴工"。先磨刀的人放弃了在磨刀的时间里可以砍的柴，先去把自己的工具做好，刀的锋利使他砍柴的效率提高，即使他出发得晚，但是高效率能把落后的时间给补回来。所以，先磨刀后砍柴就是更优越的方案。因为磨刀的机会成本就是

"少一点时间砍柴",而磨刀的收益却是提高了工作效率,带来更多的柴,他所得到的收益比他的机会成本要高。这说明,只要机会成本所带来的收益大于不考虑机会成本时的收益,比较两者的收益并选择收益最大的决策,做事情就可以事半功倍。

还应注意机会成本中极其重要的时间价值(成本),因为时间也是你所拥有的稀缺资源。你在做每件事情时都会想:如果利用做这件事情的时间去做另外一件事情,是否会获得更多的收益呢?例如,在企业的投资中,你决定是否要投资手中的这个项目,就要考虑时间成本。你要比较你要投的这笔钱是存在银行里所获的利息和投资项目的收益孰大孰小。如果项目给你带来的收益等于或小于存在银行里的利息,也许收益的绝对值大于你所投项目的资金量,但是你是亏本的,因为如果你把资金存在银行,你不仅不用管理或者监控项目运行以保证其好坏,不用承担项目成败的风险,而且还获得了比投资项目带来的更大收益。

世界上的每个人每时每刻都会面临成本和收益的权衡并最终决定他们的行为。但是,大部分情况下,人们是对现有状况的选择进行增加或者减少,而不是简单地作出"有或者没有"的极端抉择。比如,人们在餐饮和衣着之间作出抉择时,不会为了支付食物的开支而去选择裸体就餐,也不会为了支出衣着的开支而不去吃饭。事实上,我们既要消费衣物也要获取食物,只是增加一方和减少另一方而已。人们的很多选择是在边际处作出的,我们在不同行为方式之间进行的选择,主要是基于新增的成本和新增的收益。

食物和娱乐的选择也是在边际上作出的。当人们的生活还不富裕的时候,他们会将绝大部分收入用于保证有充足的食物,即使可能,他们也只会花很少的时间和金钱在打高尔夫球、冲浪或其他项目上。但当人们变得更加富有时,他们能够轻而易举地获取食物。在生活富足的时候,他们发现在边际上——决定如何花费额外的每一元钱的时候——食物的价值比娱乐小得多。于是,随着生活变得越来越富有,他们会将收入中更小的部分用于食物,而将更多的部分用于娱乐。

边际主义的概念揭示了边际成本和边际收益对人们决策带来的决定性影响。如果我们想从拥有的资源中得出最大产品,必须在边际收益大于或者等于边际成本的情况下采取行动。当人们权衡收益成本并充分考虑边际主义含义时,人们会作出更好的选择。

思考及讨论:
(1) 什么是会计成本?什么是经济成本?
(2) 如何理解机会成本?
(3) 用学过的理论分析你在上课时睡觉的成本。

任务二 个人教育投资决策

一、任务要求

能够理解教育作为一般人力资本投资的特点,并能对一般的社会教育投资现象作出合理的分析。

二、实训

【实训名称】个人教育投资决策。

【实训目的】理解产生不同个人教育投资决策的原因。

【实训步骤】

1. 全班 4~5 人一组,分为若干小组。
2. 提供案例：晋平公炳烛而学。

> 春秋时期,晋国有个乐师叫师旷,他眼睛失明,但博学多智,精于辨音。有一天,晋平公问师旷:"你看,我已经 70 岁了。我还希望再读些书,长些学问,可是又没有信心,总担心已经晚了,先生你看呢?"师旷没有正面回答:"您说太晚了,那为什么不把蜡烛点起来呢?"晋平公不明白师旷在说什么,便说:"哪有做臣子的随便戏弄国君的呢?"师旷说:"大王,您误会了,我是在认真地跟您谈学习的事呢。我听说,少年时好学,就像是太阳刚刚出来时的阳光;壮年时好学,就像是正午时的光芒;老年时好学,就像是点燃蜡烛照明一样。蜡烛虽然不怎么明亮,可是只要获得了这点烛光,总比在黑暗中摸索要好多了吧。"

3. 结合案例讨论分析以下问题：
（1）为什么接受大学教育的大部分都是年轻人,而老年人接受大学教育的很少？
（2）为什么在较为贫困时期,大部分辍学的都是女孩？
4. 以书面形式提交分析结果。
5. 教师总结。

【实训要求】

能够抓住事件的关键点,正确理解案例,联系学习的理论,紧密联系案例事实加以论证；小组代表发言时应对小组的活动情况做真实概括,总结性强。

三、知识链接

（一）学校教育的收益和成本

在现代国家,人们在结束法定的普通义务教育之后,一般进入劳动年龄。此时,可有多种选择,如进入劳动力市场搜寻就业机会,寻找工作,也可以继续接受学校教育,进行更高层次的人力资本投资。人们在就业与上学之间进行选择时,受到极为复杂的因素的影响。其中,最为重要的因素是经济上的考虑,即各种形式的成本与收益的权衡、比较。例如,高等教育的助学贷款事务就是为此出现的。为方便叙述,现以高中毕业生工作与上大学两种选择为例,分析成本与收益。

1. 收益

人们在获得大学学历后并在退休以前,不会确知如果接受大学教育后每年的收入水平如何,如果不上大学每年的收入又是如何。因此,大学毕业后的年收入比不上大学的年收入超出的增加值是建立在对未来期望的基础之上,它是一个预期值,故它具有某种不确定性。个人在进行教育投资决策时,只能以已经发生的事实作为期望进行决策。

大学教育的人力资本投资收益虽然以高工资为其表现形式,但在工资预期收益以外,非货币收益也是影响决策的重要因素。例如,大学学位(学历)给个人带来的声誉、建立在大学学历基础之上某些职业的社会评价和声望、高等教育对个人消费行为及其他社会行为的有益影响、大学学习生活本身(如学习、生活环境)、推迟参加工作的时间等方面给个人带来的非货币效用。这些非货币效用取决于个人的主观评价。无论这些效用是大是小,是正效用还是负效用,使之增加到货币预期上面,都能使预期收益发生变化。

2. 成本

大学教育的人力资本投资费用包括直接成本与间接成本两大部分。直接成本是由接受大学教育直接发生的费用,包括学杂费、书本费等学习费用,也可以理解为"购买"大学教育服务支付的价格。间接成本也称机会成本,是指因上大学而放弃的可能的工资收入。直接成本与机会成本之和为大学教育投资的总成本,它分布在整个大学学习期间,同样是个预期值。

此外,在大学教育投资的货币成本之外存在非货币成本,其中,学习期间的心理成本是最主要的部分。为获得学历或学位而付出的努力,对一些人来说是一种相当大的负效用,紧张、压力等不一而足;对另外一些人来说,学习的紧张、压力则可能是一种享受,获得新知识的愉悦所能带来的满足则是一种极大的效用。显然,大学教育的非货币成本仍取决于个人的主观评价,带有某种不确定性。

当然,除了大学教育的私人成本之外,国家及其他社会团体等支付的教育经费及种种资助也构成了教育的成本,这是社会成本。在本例的讨论中将这一部分略去不计。

(二) 教育投资决策

大学教育投资的预期收益以高收入形式表现,并在投资于大学教育后取得。权衡收益的高低是通过计算未来收入增加值的现值进行的。假设大学教育的学制为 4 年,此人可以工作到 60 岁,并且假设大学学历每年都可使投资人获得收益。设 Y_a 为高中生在年龄 a 时的年收入,Y_{ua} 为大学生在年龄 a 时的年收入,PVB 为大学生比高中生多获得的收益的现值,根据现值计算公式,有

$$PVB = \sum_{a=22}^{60} \frac{Y_{ua} - Y_a}{(1+r)^{a-18}}$$

式中,r 为折现率。

大学教育的投资成本总和(包括直接成本与机会成本)为 C_a,PVC 为成本现值。根据现值计算公式,有

$$PVC = \sum_{a=18}^{21} \frac{C_a}{(1+r)^{a-18}}$$

当 a 等于 18 岁时,大学教育投资成本无需折现。

因为 Y_a,Y_{ua},C_a 为已知,令收益现值与成本现值相等,折现率 r 即可求出。它也是大学教育投资的报酬率。

$$PVC = PVB$$

$$\sum_{a=18}^{21} \frac{C_a}{(1+r)^{a-18}} = \sum_{a=12}^{60} \frac{Y_{ua} - Y_a}{(1+r)^{a-18}}$$

再设 S 为个人的时间内生偏好率,当 $r \geqslant s$ 时,从纯成本-收益分析的角度判断,个人选择大学教育投资;若 $r < s$,个人不选择大学教育投资决策。例如,若计算得出 r 为10%,凡是时间内生偏好率 S 小于10%的人,就必定选择上大学;时间内生偏好率 S 大于10%的人,则不选择大学教育投资决策。如将教育投资决策比喻为金融消费决策,则可以看到,当银行储蓄年利率或某种债券年利率为10%时,有的人对这种利率可能很满意,从而决定储蓄或购买债券,以期获得未来满意的利息收入;有的人对同样的利率可能不屑一顾,而宁愿现期消费。其所以如此,在于个人时间内生偏好率的差异。由此可以推理,当利率水平提高时,放弃目前消费而参与储蓄或购买债券的人将会增多起来。

教育投资决策模型可用收入流曲线表示,如图 5-1 所示。

在图 5-1 中,横轴为年龄,纵轴为年工资收入,原点以下 $abhc$ 部分Ⅰ为大学教育的直接成本,ady 为高中生的收入流曲线,$adyf$ 相当于高中毕业生整个职业生涯的收入总和,$adeb$ 相当于大学教育的机会成本,即因大学教育而放弃可能的收入部分Ⅱ,by_uf 为大学毕业生整个职业生涯的收入总和,ey_uy 部分Ⅲ就是大学教育投资收益增加值部分。当按某一折现率 R 折现,在现值的基础上(Ⅰ+Ⅱ)价值部分等于Ⅲ时,R 即为投资报酬率。若 S 给定,只有当Ⅲ$\geqslant$(Ⅰ+Ⅱ)时,大学教育投资从成本-收益的角度判断,人们才会选择大学教育投资。

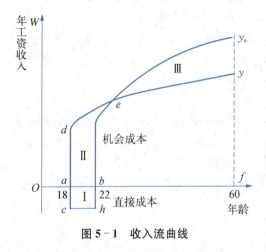

图 5-1 收入流曲线

从以上投资决策模型的分析可见:

第一,在其他条件不变时,大学教育的直接成本Ⅰ下降将会刺激大学教育投资;由此可以推论:任何形式的人力资本投资,当其他条件不变时,只要直接成本下降,都会刺激人力资本投资。

第二,在其他条件不变时,若大学生年收入比高中生年收入超出的部分Ⅲ扩大,将会刺激大学教育投资;由此可以推论:任何形式的人力资本投资,当其他条件不变时,只要经过人力资本投资所获得的收益比未经此种投资所得的收益高,将会刺激人力资本投资。它也充分说明为什么年轻人会获得比较多的教育与培训机会,为什么劳动力流动更多地体现在年轻人口群体,其重要原因在于获得更高收益的时间相对比较长久,从而增加了图中Ⅲ的面积。

第三,时间内生偏好率 S 给定,教育投资报酬率 R 增大,将会刺激大学教育投资决策。例如,若 R 等于10%,而银行存款利率或债券利率小于10%时,必将刺激大学教育投资。

上述内容只分析了大学教育投资,但它所蕴含的原理可用于任何其他形式的人力资本投资决策,分析方法是相似的。

四、拓展训练

上大学你后悔了吗?

据报道,有三成大学生后悔读大学。早在2006年的一次调查中,有34.7%的人选择了后悔上大学的答案。后悔来自两个主要因素:一方面,教育投入大,回报低;另一方面,大学没学到什么东西,造成就业难,收入状况进一步恶化。

为什么大学生的人力资本会贬值?

人力资本是凝结在劳动者人体内的知识、技能和健康状况的总和,是人们在正规教育、在职培训、医疗保健、就业适应和劳动力迁移等方面的投资所形成的资本,能够物化于商品或服务,增加商品或服务的效用,并以此分享收益的价值。

大学生就业存在各种障碍,人力资本难以得到回报。一个完善的人力资源市场制度至少应包括流动机制、社会保障机制、权益保障机制、信息机制、企事业单位用人机制等内容。

对大学生来说,企事业单位用人机制起关键性作用。

人力资源市场配置错位,人力资源失去应有的调配价值,以致我国提供适合大学生就业的岗位越来越少。难免让人感觉读不读大学反正是一个样。不读大学会改变人力资本的存量和质量以及后续的人力资本的形成与积累。考虑到人力资本是经济社会发展进步最为重要的内在动力,它的变化会通过相关制度机制引起经济社会的宏观变化。也可能会前所未有地出现个人人力资本运营管理问题,并加大转变经济发展方式的难度。

目前,我国正处于工业化中期阶段,经济增长仍然过多地依赖物质资本,人力资本投资水平较低且投资效率不高,导致全社会人力资本存量较低,还没有达到库兹涅茨式倒U形曲线的顶点,因而人力资本积累及其作用发挥是造成现阶段我国居民收入差距拉大的一个重要因素。

随着整个社会人力资本存量的增加,受人力资本供求状况、人力资本所有者之间竞争状况和人力资本价值变化的影响,人力资本贬值,人力资本拥有者与未拥有者之间、不同层次人力资本拥有者之间的收入差距扩大。

因此,目前最重要的是加强对人力资源市场工资机制的调整,由市场统一调配人力资源的价格和供求机制,这样,相信读大学的人会越来越多。

资料来源:罗传银.上大学你后悔了吗?[N].深圳商报,2011-9-27.

思考及讨论:

1. 你认为中国目前的人力资本投资回报率是高还是低?为什么?请举出1~2个实例加以说明。

2. 如果你认为目前人力资本投资回报率低,为什么还有很多人决定上大学?

任务三　企业培训投资决策

一、任务要求

理解特殊人力资本投资的特点,学习如何进行人力资本投资决策。

二、实训

【实训名称】案例分析。
【实训目的】理解特殊人力资本投资的决策原则。
【实训步骤】
1. 全班4~5人一组,分为若干小组。
2. 提供案例:员工出国培训后辞职。

> 国内某公司与英国某大学签订了一项培训协议,每年选派2~3名管理人员到该学校攻读管理硕士学位。学业完成后,员工必须回公司服务5年,服务期满方可调离。2002年5月,销售部助理小张经过公司几轮挑选,终于与其他两位同事一起获得了推荐。但小张早有预谋,在此之前已获取了英国另一所学院管理硕士的录取通知书。虽然该校的学费较高,但其声誉好,教学质量高,还能帮助学生申请到数额可观的助学贷款。经过公司人事部的同意,小张用公司提供的奖学金交了学费,又申请了3万美元的助学贷款,以解决和妻子在英国的生活费。按照目前小张的收入水平,需要8年时间才能还清贷款,如果他在一家外资公司工作,不到4年便可还清贷款。行期将近,公司人事部多次催促与其签订培训合同书,一直到离开公司的前一天小张才在协议书上签了字。2003年9月末,小张学成回国,并马上回公司报到。不过,10月初,他便向公司人事部递交了辞呈,并按合同还清了公司为其支付的英语培训考试费、赴英签证费、学费等一切费用。不久,他便在一家美国大公司得到一个年收入20万元以上的职位。

3. 根据本案例,请回答下列问题:
(1) 公司在选派员工出国培训的工作中主要存在哪些问题?
(2) 该公司采取哪些措施才能确立更有效的培训体系并防止此类事件发生?
(3) 如果要为该公司起草一份员工培训协议书,应当包含哪些条款?
4. 以小组为单位,以书面形式提交讨论成果。
【实训要求】
能够抓住事件的关键点,正确理解案例,联系学习的理论,紧密联系案例事实加以论证;小组代表发言时应对小组的活动情况做真实概括,总结性强。

三、知识链接

(一) 企业培训投资决策的一般模型

职业技术培训是人力资本投资的另一个重要方面。其标志是企业雇员的熟练程度、技术等级等人力资本的技能存量及对企业劳动生产率提高的正向作用。企业的职业技术培训投资自然存在着成本-收益的比较问题。

企业职业技术培训投资的成本随培训的性质和种类的不同而变化。培训投资成本分为直接成本与机会成本。直接成本包括雇员接受培训期间的工资、培训物质条件的费用等;机会成本包括接受培训的人员在培训期间对产量的影响、其他培训参与人员的时间消耗等。

职业技术培训投资收益主要表现为经过培训投资而提高的劳动生产率。

设企业雇员在培训前的边际产品价值为 VMP_A,培训后的边际产品价值为 VMP_B,$VMP_B - VMP_A$ 的差额部分就是培训投资的收益。培训投资的收益不是一次性的,而是雇员在企业服务期间都存在。培训投资收益是结束培训后才产生的,进行成本-收益分析仍要把培训收益与成本折现,在现值的基础上比较、选择。假设企业用一年的时间完成培训,总培训成本为 C,企业期望雇员留在企业内服务的年限为 n,r 为企业最佳投资选择收益率,则如下公式成立:

$$\sum_{i=1}^{n}\left[\frac{VMP_{Bi} - VMP_{Ai}}{(1+r)^i}\right] > C \quad (i = 1, 2, \cdots, n)$$

即培训投资收益的现值大于培训成本,企业将会选择对雇员进行培训投资。

可以看出,企业培训投资决策与个人教育投资决策模型是相似的。其差异是个人教育投资决策要将教育投资报酬率与个人时间内生偏好率进行比较,而企业培训投资收益是直接用企业最佳投资选择收益率将预期值折现。企业可支配的货币资金既可以用来购置物质资本设备,也可以用于人力资本投资。显然,只有当人力资本投资的收益率大于或等于物质资本的边际利润率时,企业才会进行人力资本投资。这里的企业最佳投资选择收益率 r 是经两者比较之后确定的。

只有当上式成立时,企业才会进行培训投资。但是这里没有涉及培训成本由谁承担、培训预期收益由谁享有的问题。在个人教育投资决策模型中,教育投资成本与收益由个人承担和享有,而企业培训投资决策模型中将这个问题忽略了。如果企业承担了培训成本,因为受培训的雇员培训后辞职,企业不能获得期望的收益从而补偿投资成本,企业又将如何决策呢?

(二) 一般培训与特殊培训

根据企业培训投资所产生的人力资本(如雇员的业务技术知识、技能)是否具有较普遍的适用性,企业培训分为一般培训与特殊培训。在每一种工作中,雇员的业务技术知识和技能都关系着工作的效率,或者能把某项工作做得更好或者做得更快。区别他们之间细微的差异几乎是不可能的。但是可以将使之获得业务技术知识和技能的培训分为上述两类。一般培训是指雇员通过培训获得的业务技术知识和技能对雇员培训的企业以外的企业具有同样的适用性,不论这种业务技术知识和技能的性质究竟是什么,它们都属于一般培训或普通培训。例如,在实践中各类上岗资格证书培训、执业资格培训等通常属于一般培训。特殊培训与一般培训相反,通过培训,雇员获得的业务技术知识和技能只对培训的企业具有适用性,或者提供培训的企业的生产率比其他企业提高得更多,这类培训就是特殊培训。这类培训的价值只对提供培训的企业有益,汽车驾驶员资格培训、高压电工资格培训等显然属于此类。

一般培训与特殊培训的区别主要是概念上的区分,因为多数培训两方面都是兼而有之,只是培训内容有所侧重而已。区别两类培训的根本原因是其成本和收益在两种培训下有所不同。

1. 一般培训的成本和收益

企业在劳动力需求水平的决定中,坚持劳动的边际产品价值(VMP)等于工资率(W)的原则。假设在一般培训之前,一个雇员的劳动的边际产品价值为 VMP_A,其工资率为 W_a。经过一定时期的培训,该雇员的劳动的边际产品价值提高到 VMP_B。与此相对应,有一个较高的工资率 W_b。因为是一般培训,培训的价值不仅对提供培训的企业有益,而且对其他企业也有价值。如果在培训期间,企业支付的工资率为 W_a,培训后企业按照提高的 VMP_B 支付 W_b 的工资率,培训成本由谁承担呢?

如果培训后,企业支付的工资率低于 W_b,即低于员工的 VMP_B,以此来补偿培训成本。任何一个潜在的雇主都愿意用相当于该员工的 VMP_B 的工资率 W_b 雇用该人。这样做并没有违背 $VMP=W$ 的雇用原则。之所以可以如此,是因为这些企业没有承担培训成本。如何防止工人为了高工资率(W_b)选择在完成培训后离开提供培训的企业而到愿意付给 W_b 的雇主那里去工作呢?

如果提供培训的企业用高于 VMP_B 决定的 W_b 的工资率使受培训的员工留在本企业,它将在竞争中失败,培训员工的企业付给员工高于其 VMP_B 的工资率是没有道理的。

基于上述原因,企业在通常情况下,不愿意提供具有较广适用性的一般培训。这可以看作各类职业技术学校产生的原因之一。职业技术学校是人力资本投资的重要途径。在该类学校学习期间,学生承担培训成本的全部或大部分。这类培训成本的表现是外在的付费形式。

如果由企业提供一般培训,根据上述分析,接受培训的员工要承担培训成本。其培训成本的支付形式并不是由员工直接付费,而是使他们接受一个比本来能获得的工资更低的起点工资。这类培训成本的支付形式是内在的,可以结合图 5-2 加以说明。

在图 5-2 中,纵轴为工资率 W,横轴为雇用时间 T,其中,t 是员工接受一般培训的时间,$T-t$ 是培训投资收益回报时间。未接受培训员工的 VMP 及由它决定的工资率设为 W_a。

如果在雇用期间,T 时间内员工始终未接受培训,其工资水平如图中的 $W_a \sim W_a'$ 变动。如果员工接受培训,培训时间为 t,在此期间,受训员工的工资率为 W_u,低于 W_a,其差额 $W_a - W_u$ 部分为培训成本,即由个人承担的人力投资。培训结束后的雇用期间($T-t$),受训员工的工资为 W_u',$W_u' - W_a'$ 的差额部分为培训收益。如此,便形成了企业提供一般培训的稳定的成本-收益结构和工资均衡状况。

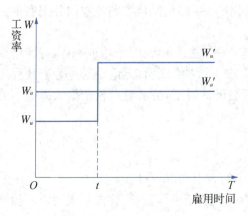

图 5-2 一般培训与工资

2. 特殊培训的成本和收益

特殊培训只对培训企业有价值，对其他企业则没有什么意义。如果员工的工资率是 W_a，在培训期间和其后的雇用时间都可以是 W_a 的工资率。此种情况下，特殊培训的成本和收益都归于企业。这种情况如图 5-2 中的 $W_a W_{a'}$。在受训期间，企业支付的工资率高于受训员工的 VMP，它成为特殊培训的成本；在 $T-t$ 的雇用期间，企业支付的工资率低于受训员工的 VMP，因而补偿了培训成本。

企业特殊培训的这种成本-收益结构，在保证受培训的员工培训结束后仍然在企业服务若干年的条件下是可行的。这是因为它能保证培训投资预期收益的回报时间。但是，在培训结束后或是比较短的雇用时间后，员工到别的企业以 W_a 的工资率就业，这种流动不会使员工受损，企业的培训成本却得不到补偿。因此，这不是对企业有利的成本-收益结构。

解决的途径有两种：其一是劳动关系双方达成默契、订立为保证收回投资的服务期限协议或订立长期劳动合同；其二是调整特殊培训的成本-收益结构。

第一条途径存在着一些困难，订立协议使劳动雇用量的灵活调整受到约束，而且还要受到种种制度性因素的干扰。第二条途径是可行的，即在培训期间，企业和雇员双方承担培训成本，在雇用期间劳动关系双方获得预期培训收益。这种成本-收益结构可结合图 5-3 加以说明。

图 5-3 中的符号同图 5-2。在特殊培训期间 t 内，受训员工的工资率为 W_u，$W_a - W_u$ 的差额部分为员工承担的培训成本；$W_u - W_e$ 的差额部分为培训企业承担的培训成本。在雇用期间

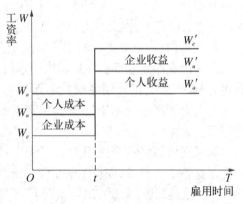

图 5-3 特殊培训与工资

$T-t$ 内，受训员工的工资为 $W_{u'}$，$W_{u'} - W_a$ 为员工的培训预期收益，$W_{e'} - W_{u'}$ 的差额为企业获得的培训预期收益。成本和收益的分割是不确定的，它受到雇员的离职率、企业的解雇率、流动愿望和风险等种种因素的影响。一般而言，与受过一般培训的雇员相比，受过特殊培训的雇员的辞职率要低，这不仅是因为他们承担了部分培训成本，而且还因为特殊培训的价值不被其他企业肯定，在其他企业只能获得相当于 W_a 的工资率，不能享有预期的培训收益。同样，企业也不愿意解雇这类雇员。最佳的成本-收益结构是成本和收益的分割雇主和雇员双方都同意接受的。

特殊培训的成本-收益结构的分割也只是形式上的，说到底，与一般培训一样，特殊培训的成本实际上也是由劳动者自己支付的。这也从另一个方面表明，无论是通过普通教育还是职业技术培训所获得的人力资本存量是劳动者自己的财产，劳动者有权依据人力资本的所有权获得相应的收益。

四、拓展训练

1. 试着调查企业的特殊人力资本投资的实例，写成书面调查报告上交。
2. 你家乡的一家企业的领导正在为如何处理好企业培训而苦恼，你能从人力资本投资的角度给他一些建议吗？

任务四 综 合 实 训

一、实训

（一）实训一

【实训名称】回顾本项目学习的收获。

【实训目的】通过系统回顾，对本模块内容进行总结复习。

【实训内容】认真填写下列表格。

回顾本项目学习的收获					
编制部门：			编制人：	编制日期：	
项目编号	005	学号、姓名		项目名称	人力资本
课程名称	劳动经济基础	训练地点		训练时间	
	1. 回顾课堂知识，加深印象 2. 培养学生善于思考和反思的习惯 3. 工作任务驱动，使学生带着工作任务去学习				
本项目我学到的知识或者技能					
本项目我印象最深的两件事情					

(续表)

我想继续学习的知识和技能	
考核标准	1. 课堂知识回顾完整，能用自己的语言复述课堂内容 2. 记录内容和课堂讲授相关度较高 3. 学生进行了认真思考
教师评价	评分

【实训要求】

（1）仔细回想本章所学内容，若有不清楚的地方，请查看以前有关的知识链接。

（2）本部分内容以自己填写为主，不要过于注意语言的规范性，只要能说清楚即可。

（二）实训二

【实训名称】案例分析。

【实训目的】学习吸引人才的策略。

【实训步骤】

1. 提供案例：五百两黄金买死马的启迪。

> 据《战国策·燕策一》记载：燕国国君燕昭王（公元前311—公元前279年）一心想招揽人才，于是便筑起了黄金台重金招揽人才。可是，很多人认为燕昭王仅仅是叶公好龙，不是真的求贤若渴。因此，燕昭王始终寻觅不到治国安邦的英才，整天闷闷不乐。
>
> 后来，有个叫郭隗的智者给燕昭王讲述了一个故事，大意是：有一国君愿意出一千两黄金去购买一匹千里马，然而时间过去了三年，始终没有买到，又过去了三年，好不容易发现了一匹千里马，当国君派手下带着大量黄金去购买这匹千里马的时候，马已经死了。可被派出去买马的人却用五百两黄金买来一匹死了的千里马。国君生气地说："我要的是活马，你怎么花这么多钱弄一匹死马来呢？"
>
> 国君的大臣说："你舍得花五百两黄金买死马，更何况活马呢？我们这一举动必然会引来天下人为你提供活马。"果然，没过几天，就有人送来了三匹千里马。
>
> 郭隗又说："你要招揽人才，首先要从招纳我郭隗开始，像我郭隗这种才疏学浅的人都能被国君采用，那些比我本事更强的人，必然会闻风千里迢迢赶来。"

燕昭王采纳了郭隗的建议，拜郭隗为师，为他建造了宫殿，后来，没过多久就引发了"士争凑燕"的局面。投奔而来的有魏国的军事家乐毅、齐国的阴阳家邹衍和赵国的游说家剧辛等。落后的燕国一下子便人才济济了，从一个内乱外祸、满目疮痍的弱国逐渐成为一个富裕兴旺的强国。接着，燕昭王又兴兵报仇，将齐国打得只剩下两个小城。

2. 从这则故事中你体会到了什么？
3. 以书面形式提交分析结果。

【实训要求】
能够抓住事件的关键点，正确理解案例，联系学习的理论，紧密联系案例事实加以论证。

二、自测题

不定项选择题

1. 下列关于人力资本及人力资本投资概念的陈述中，正确的是（   ）。
   A. 人力资本概念将人的劳动能力储备视为一种资本
   B. 获得能力要花费费用，所以，能力可被看作在每个人身上固定的、已经实现了的资本
   C. 人力资本投资的重点在于它的利益导向性
   D. 人力资本投资研究的是通过增加人的资源而影响未来的货币和物质收入的各种活动
   E. 人力资本投资可以被定义为任何就其本身来说是用来提高人的生产能力从而提高人在劳动力市场上的收益能力的初始性投资

2. 现代人力资本投资理论的奠基人为（   ）。
   A. 亚当·斯密　　　　　　　　B. 西奥多·舒尔茨
   C. 加利·贝克尔　　　　　　　D. 麦克里兰

3. 下列属于人力资本投资活动的是（   ）。
   A. 各级正规教育和在职培训活动　　B. 加强学龄前儿童营养
   C. 工作流动　　　　　　　　　　　D. 购买电脑
   E. 加强体育锻炼，增进健康

4. 下列属于通过使既定的知识和技能储备在劳动力市场上变得更富有生产力的人力资本投资活动是（   ）。
   A. 在职培训活动　　　　　　　B. 加强体育锻炼，增进健康
   C. 工作流动　　　　　　　　　D. 购买电脑

5. 下列属于通过增加人力资本数量和质量从而在劳动力市场上变得更富有生产力的人力资本投资活动是（   ）。
   A. 参加职业培训　　　　　　　B. 加强体育锻炼，增进健康
   C. 工作流动　　　　　　　　　D. 购买电脑
   E. 劳动者向经济增长快的地区迁移

6. 下列关于人力资本投资及决策的说法中，正确的是（   ）。
   A. 劳动者所具有生产资本储备既能从教育和培训中获得，也能够在实际工作过程中

获得

B. 通过寻找新的工作和迁移行为获得较高的工资收入,是一种人力资本投资活动

C. 人力资本投资同物质资本投资相似,投入多,收益高

D. 与人力资本投资相联系的成本支出和收益取得分别发生在不同的时间里,不能把成本和收益都按当前的货币价值来衡量

E. 当一个人为教育和培训支付费用时,必然期望能通过这些活动提高其知识和技能水平,并最终增加其未来收入

7. 下列人力资本投资可行的是(　　)。

A. 内部收益率小于银行利率

B. 内部收益率大于银行利率

C. 人力资本投资未来收益的累计现值等于当前人力资本的投资成本

D. 当前人力资本的投资成本大于人力资本投资未来收益的累计现值

8. 上大学的货币成本包括(　　)。

A. 学费
B. 书杂费、学习用品费
C. 住宿费、伙食费
D. 考试压力
E. 因上大学而不得不放弃的就业收入

9. 上大学的直接成本包括(　　)。

A. 学费
B. 书杂费、学习用品费
C. 住宿费、伙食费
D. 考试压力
E. 因上大学而不得不放弃的就业收入

10. 上大学的间接成本包括(　　)。

A. 学费、书杂费、学习用品费
B. 考试心理压力
C. 住宿费、伙食费
D. 因上大学而不得不放弃的就业收入

11. 上大学的成本分为(　　)。

A. 直接成本
B. 间接成本
C. 货币成本
D. 时间成本
E. 心理成本

12. 上大学的收益指(　　)。

A. 完成大学的教育者在未来的终身工作中所获得的总收入

B. 完成大学的教育者在未来的终身工作中所获得的总收入扣除其上大学的直接成本

C. 完成大学的教育者在未来的终身工作中所获得的总收入扣除其上大学的货币成本

D. 大学毕业生与当初素质相当却没有上大学者之间在终身收入上的差别

13. 上大学的收益包括(　　)。

A. 大学毕业生在未来终身工作的总收入

B. 大学毕业生在未来终身工作的总收入比未完成大学教育者多的部分

C. 社会地位、声誉的提高

D. 对各种娱乐活动欣赏能力的提高

E. 较好的工作单位

14. 下列关于人力资本投资的说法中,不正确的是(　　)。

A. 在其他条件相同的情况下,投资后的收入增量流越长(收益时间越长),则一项人力

资本投资的净现值越可能为正

B. 在其他条件相同的情况下,人力资本投资的成本越小,就会有越多的人愿意投资于人力资本

C. 经济衰退来临,上大学的人就会减少

D. 在其他条件相同的情况下,大学毕业生与高中毕业生之间的收入差距越大,愿意投资于大学教育的人就越多

15. 下列与收益流长度有关的人力资本投资决策是(　　)。

A. 年轻人在上大学,而且年轻人更有可能去进行工作流动和地理上的迁移

B. 政府若能保证提供学生贷款,愿意上大学的人就会增加

C. 年长者更不情愿进行人力资本投资

D. 当前许多市场经济国家中女性的人力资本投资动机较弱

16. 下列与人力资本投资机会成本相关的人力资本投资决策是(　　)。

A. 女性的劳动参与易中断的事实使企业较不乐意对她们施行在职培训

B. 社会上经济繁荣来临,愿意上大学的人会减少

C. 年长者更不情愿进行人力资本投资

D. 当前许多市场经济国家中女性的人力资本投资动机较弱

E. 政府若能保证提供学生贷款,愿意上大学的人就会增加

17. 下列与收益流高度(收入增量规模)有关的人力资本投资决策是(　　)。

A. 政府若能保证提供学生贷款,愿意上大学的人就会增加

B. 年长者更不情愿进行人力资本投资

C. 大学毕业生的收入高于当初素质相当却没有上大学者,收入的差距越大,愿意上大学的人就越多

D. 当前许多市场经济国家中女性的人力资本投资动机较弱

18. 下列与人力资本投资直接成本有关的人力资本投资决策是(　　)。

A. 政府若能保证提供学生贷款,愿意上大学的人就会增加

B. 年长者更不情愿进行人力资本投资

C. 大学毕业生收入高于当初素质相当却没有上大学者,收入的差距越大,愿意上大学的人就越多

D. 当前许多市场经济国家中女性的人力资本投资动机较弱

E. 学费、书杂费提高,愿意上大学的人就会减少

19. 下列关于在职培训的说法中,不正确的是(　　)。

A. 在职培训是除正规教育以外的另一种重要的人力资本投资形式

B. 正规的在职培训指正式的培训课程项目

C. 使没有受过训练的工人在技术工人的指导下工作的学徒计划、"边干边学"、"顶岗"都属于非正式的在职培训

D. 新工人通过工间的聊天与有经验的技术工人进行信息和技能的不断传递以提高技术,也是一种在职培训

E. 大多数在职培训都是非正式的,以至于难以衡量甚至难以觉察

20. 下列关于一般培训和特殊培训的说法中,不正确的是(　　)。

A. 两者的差别主要在于员工通过培训所学得的职业技能对于他们所在的企业是否有用

B. 在职培训往往既包括一般培训因素,也包括特殊培训因素,很难将两者严格区分开来

C. 区分这两种培训有助于解释员工或企业是不是愿意为在职培训付费

D. 这种在职培训分类有助于解释为何有些企业特别热衷于留住他们培训过的员工

21. 在职培训成本主要包括(　　)。

A. 在职培训所需要的一些直接成本开支

B. 受训者参加培训的机会成本

C. 利用机器或有经验的职工从事培训活动的机会成本

D. 受训者受训后跳槽

E. 受训者受训后提高工资

22. 在职培训的直接成本开支包括(　　)。

A. 参加培训的员工不能全力工作给企业带来的损失

B. 支付受训者的工资

C. 支付培训师的讲课费、培训场地和培训设备的费用

D. 有经验的职工担任培训讲师,工作受到影响,效率降低

E. 在师傅带学徒时,师傅的劳动生产率下降

23. 在职培训的收益主要表现在(　　)上。

A. 企业成本下降　　　　　　　　B. 企业收益增加

C. 受训者操作技能提高　　　　　D. 受训者劳动生产率提高

24. 下列关于一般培训的成本与收益分摊方式的说法中,正确的是(　　)。

A. 由员工负担接受一般培训的成本并享有其收益

B. 由企业负担员工接受一般培训的成本并享有其收益

C. 由企业负担员工接受一般培训的成本并与员工分享其收益

D. 由企业和员工分担员工接受一般培训的成本并分享其收益

25. 下列关于特殊培训的成本与收益分摊方式的说法中,正确的是(　　)。

A. 由员工负担接受特殊培训的成本并享有其收益

B. 由企业负担员工接受特殊培训的成本并享有其收益

C. 由企业负担员工接受特殊培训的成本并与员工分享其收益

D. 由企业和员工分担员工接受特殊培训的成本并分享其收益

26. 在特殊培训的情况下,培训投资的成本和收益的具体安排是(　　)。

A. 在培训期间,企业向员工支付一种等于其低生产率的工资率

B. 在培训期间,企业向员工支付一种等于市场工资率的工资率

C. 在培训期间,企业向员工支付一种位于市场工资率和低生产率工资率之间的工资率

D. 在培训后,企业向员工支付一种等于其高生产率的工资率

E. 在培训后,企业向员工支付一种位于市场工资率和高生产率工资率之间的工资率

27. 在一般培训的情况下,培训投资的成本和收益的具体安排是(　　)。

A. 在培训期间,企业向员工支付一种等于其低生产率的工资率

B. 在培训期间,企业向员工支付一种等于市场工资率的工资率

C. 在培训期间,企业向员工支付一种位于市场工资率和低生产率工资率之间的工资率

D. 在培训后,企业向员工支付一种等于其高生产率的工资率

E. 在培训后,企业向员工支付一种位于市场工资率和高生产率工资率之间的工资率

28. 在企业对员工进行培训的情况下,培训投资的成本和收益的具体安排是(   )。

A. 在培训期间,企业向员工支付一种等于其低生产率的工资率

B. 在培训期间,企业向员工支付一种等于市场工资率的工资率

C. 在培训期间,企业向员工支付一种位于市场工资率和低生产率工资率之间的工资率

D. 在培训后,企业向员工支付一种等于其高生产率的工资率

E. 在培训后,企业向员工支付一种位于市场工资率和高生产率工资率之间的工资率

29. 下列与收益流长度有关的人力资本投资决策是(   )。

A. 年轻人更愿意上大学和更有可能进行工作流动和地理上的迁移

B. 政府若能保证提供学生贷款,愿意上大学的人就会增加

C. 随着年龄的增大,员工进行在职培训投资的意愿会越来越低

D. 企业更愿意向大学毕业生提供在职培训

E. 企业会尽力降低受过特殊培训的员工的流动率或辞职率

30. 下列关于在职培训对企业及员工行为的影响的说法中,不正确的是(   )。

A. 企业更愿意向大学毕业生提供在职培训

B. 接受过企业在职培训的员工有动力在企业中工作相对较长的时间

C. 特殊培训是使企业将劳动力从可变投入要素变成固定生产要素的重要原因之一

D. 在经济衰退时期,企业一般不愿意解雇受过特殊培训的工人

E. 随着年龄的增大,员工进行在职培训投资的意愿会越来越高

项目六

劳动力流动

教学目标

知识目标

1. 理解政府支出与劳动力需求的关系；
2. 理解政府购买和政府转移支付对劳动力市场运行的不同作用；
3. 掌握就业与收入的宏观调节政策的内容及其作用原理；
4. 熟练掌握劳动力市场的制度结构要素的构成及其作用机制。

能力目标

1. 能进行劳动力市场的制度结构体系设计；
2. 画出政府对劳动力市场的干预图形；
3. 能正确解释政府对劳动力市场的干预条件。

案例导入

缺乏弹性的劳动力市场和较高的总体税负制约财政收入增长

欧元区国家尤其是南欧国家的劳动力市场缺乏弹性，劳动生产率提升乏力。研究发现，针对劳动收入的高额税负、较高的养老金给付和失业保险水平、工会组织的强大等因素，欧洲劳动生产率自20世纪90年代中期以来显著下降。与欧洲其他国家相比，南欧国家的工会组织非常强大，而受到工会保护的通常是较高年龄段的、有良好失业保险和养老金保障的人群。高昂的社会成本支出降低了企业雇用新工人的意愿和能力，导致年轻劳动力就业难度加大或不能享有同等水平的社会福利。同时，为降低失业给个人和家庭带来的困难，欧元区国家提高了失业保险给付水平,并延长了失业保险给付期限。这些因素相互作用,导致欧元区国家尤其是南欧国家劳动力市场僵化,阻碍了劳动生产率的提高。

思考及讨论:为什么南欧国家的劳动力市场缺乏弹性?

任务一 国家财政与劳动力市场

一、任务要求

用自己的语言描述政府行为对劳动力市场的影响。

二、实训

(一)实训一

【实训名称】画图说明政府行为对劳动力市场的影响。

【实训目的】真正理解政府行为对就业的影响,并能够用自己的语言准确表述。

【实训步骤】

1. 全班4~5人一组,分成若干小组。
2. 以小组为单位,每人用一句话说明政府影响就业的行为。
3. 以小组为单位,每人说出1~2种生活中观察到的劳动力市场现象。
4. 每组派代表在全班做总结发言。

【实训要求】

1. 说明政府行为有哪些,要求语句及内容完整,表述清楚。
2. 经过讨论,明确所列举的例子能够说明政府行为影响了劳动力市场。
3. 小组代表发言时应对小组的活动情况做真实概括,总结性强。

(二)实训二

【实训名称】谁决定了劳动力市场工资水平?

【实训目的】根据劳动力市场供求关系以及基本原理,加强对政府行为对劳动力市场影响的理解。

【实训步骤】

1. 提出案例:我的工资谁决定?

> 工作了几年的我们了解到,现在的职场每个人的薪水都跟自己所从事的行业、岗位有着密不可分的联系。我们了解到从事IT行业的普通职员每个月的薪水甚至比一个传统行业的副经理的薪水高。在很多人眼中这是很普遍、正常的事情,但是我们试想一下,一个传统行业的副经理为企业作出的贡献未必赶不上一个从事IT行业的普通职员。"按劳分配"的时代早已不存在了,到底是什么因素决定了我们的薪资水平呢?

1. 行业利润率

工资也是企业的成本，只有公司挣得多了，员工的工资才会多。我们了解到金融和互联网被列为收入较高的行业，那是因为这两个行业都有很大的利润空间，所以，对于成本的支出也相对较高。而像制造业、加工业，机器、设备、原材料等本身就花费了大量的成本，利润可想而知了。

2. 地域性的决定

薪资的多少有时候不能仅仅依靠数量来衡量，你工作和生活的地理位置也决定了你薪资的"高"或"低"。在一线城市就算你挣五千元甚至一万元可能也只能维持温饱，但是在很多二三线城市，三千元的工资就可以让你过得很小资。

3. 公司的竞争能力和水平

很多时候，公司会用高水平的薪酬来吸引和挽留优秀的人才，这当然跟企业的规模和实力是成正比的。有实力、赢利高的企业才能给予员工高薪水。

4. 岗位的贡献度与稀缺性

岗位的不同决定了其对企业的贡献程度不同，比如打电话的工作，同样是打几百个电话，作为客服却只能拿两三千元的固定工资，而电话销售人员每月却至少能拿到一两万元。公司客服属于公司的成本支出，而电话销售则不同，他们能给企业带来更大的利润。所以，想要拿高薪，就要去公司的核心部门，去赚钱的部门。

另外，行业也分热门和冷门，即便是冷门行业，如果市场稀缺也会十分紧俏，薪酬自然会水涨船高，比如月嫂、互联网开发等。

5. 你的竞争力

想要升职加薪，个人能力十分关键。如果你的工作替代性很高，找谁都能做，你的工作能力也就略显一般了，当然，你的选择机会也会很少，收入也不会很高。如果你有很好的经验、学历以及教育背景，外语能力又很强，这证明你有为企业带来更大发展的能力并具有一定的竞争力。或者你很牛，每天都会有很多猎头过来挖墙脚，而你所在的企业离开你就转不了，你的老板就可能会考虑给你升职加薪了。

6. 国家规定

《中华人民共和国劳动法》第三条规定："劳动者享有平等就业和选择职业的权利、取得劳动报酬的权利、休息休假的权利、获得劳动安全卫生保护的权利、接受职业技能培训的权利、享受社会保险和福利的权利、提请劳动争议处理的权利以及法律规定的其他劳动权利。"

2. 教师总结。

【实训要求】

能够抓住工资水平决定的关键因素进行分析，汇报准确、形象、生动。

三、知识链接

(一) 政府支出与劳动力市场

在市场经济体制中，市场的主体主要是企业和家庭（劳动者），但是政府并不独立于市场之外，它也直接参与经济活动，并在经济生活中发挥着重要作用。这种重要作用集中体现在宏观经济政策、各类制度的制定以及实施方面，也表现为实现政府职能的财政活动之中。

国家财政由政府收入和支出两个方面构成。

政府支出包括一国政府支出的总和，主要分为政府购买和转移支付两类。政府购买的具体项目有国防用品、公共管理服务、公共工程项目以及政府雇员和事业组织中劳动者的薪金报酬等。政府购买是一种实质性的支出，存在商品和劳务的实际交易，因而直接形成社会总需求，是国民收入的组织部分。转移支付是政府收入再分配的主要手段，是政府在社会保险福利、社会优抚、社会救济以及某些补贴等方面的支出。此类支出虽然没有相应的商品和劳务交换，不增加国民收入，只是政府将收入在不同社会成员之间的分配，但是这种收入的再分配影响着不同收益群体的经济选择和决策，与政府购买一样，都对劳动力市场的运行有着重大的影响。

1. 公共部门就业和工资的决定

（1）公共部门就业。

在劳动力市场上，非企业公共部门与企业部门一样，按照一定的工资率雇用特定的人员，提供义务教育、基础研究、道路交通、信息服务、民事警察等公共物品来满足社会公共产品或服务的需要。公共部门就业意味着其劳动者将不能从事企业部门的产品和劳务的生产。企业部门的劳动力需求水平由社会对厂商产品和服务的需求派生而来，在比较成本与收益的基础上，由企业独立作出劳动力需求水平的决策。这部分内容前面有关章节已有分析。公共部门的就业决策与企业部门有着本质上的差异。这种差异主要表现在以下方面：

第一，公共部门生产和服务规模的决策者是各国政府，凭借国家权力为实现国家职能活动所决定，所以，它的决策目标与企业部门的决策目标不同。企业的经营决策目标是利润的最大化，而政府的决策目标通常为服务最大化。

第二，公共物品的生产规模受到财政收入水平的硬约束，无论政府公共物品的支出模式是需求导向型还是预算约束型，最终都要受到财政收入的硬约束。

第三，公共部门的绝大部分产品或服务不能用价值指标进行评价与度量。例如，为实现社会整合、社会稳定、社会公平、社会发展等公共服务，其价值难以计量；再如，准备的气象信息服务或安全环境的社会价值等都不能准确地计量。

第四，公共部门的产品和服务不存在可以比较准确计量的市场需求曲线。社会上每一个公共物品的可能消费者消费的商品是同一个商品总量，而公共物品非竞争性的特点更使消费者不能清晰地判断公共物品的需求价格。此外，公共物品消费者的非货币支付动机等原因也会使社会不能准确地确定公共物品的最优数量，例如，夜晚的路灯照明服务，它的需求价格是多少，需求价格与需求量的关系是怎样等问题很难判断。

由于上述特点的存在，政府只能在权衡财政收入和公共物品的社会效用的条件下决定公共物品的生产规模。通常的做法是成本-效益分析。政府作为决策者，它首先通过一定的组织形式论证某一项公共物品可能带来的社会效用，诸如利用价值指标、社会发展指标或其他技术指标对公共物品的生产项目进行评估，类似于企业的决策过程，评价公共物品的可能收益及其社会价值；其次，评估该项目所需花费的成本；最后，将两者进行比较，根据比较的结果作出决策。一般来说，只有公共物品的社会价值大于或等于其成本时，该项公共物品才值得生产。

在现代社会,以下原因造成公共部门就业量的增长相对较快:① 经济和社会的发展增加了公共部门服务的需求。日益增长的公共物品需求,如公共管理、公共信息服务、义务教育、基础研究、环境保护、安全秩序等需求,形成了公共部门迅速发展的条件。② 社会生产规模的扩大和以交换为基本外在特征的市场经济的充分发展极大地提高了公共物品的社会价值。例如,气象信息服务等已经成为人们生产、生活不可或缺的公共物品。③ 国民收入的增加、政府收入的增长和个人收入的增长奠定了公共部门迅速发展的基础,中国以及其他现代国家公共部门就业的迅速增长无不证明了这一点。

(2) 公共部门的工资水平。

公共部门需求的增长与就业量的增加,使其工资水平也不断地提高。一般来说,公共部门的工资水平实行"比较工资"的原则,即公共部门劳动者的工资水平参照相当于企业部门劳动者的工资水平进行制定,因为确定企业部门劳动者工资水平的主要力量是市场,而公共部门的工资水平在很大程度上由立法或由行政力量决定。由于公共物品的生产和服务种类繁多,该部门劳动者的工资水平的运动也各具特点。从事公共管理、义务教育、基础研究等类别的劳动者的工资具有相对稳定的增长性,伴随着国民收入的增长而增长;从事类似于企业部门有形产品生产的公共部门的工资则更接近企业部门的工资,如市政工程部门等。企业部门以其经济效益和劳动生产率的增长为基础,通过集体协商形成工资水平的实际增加。特别是国有大中型企业工资增长的指导示范性效应,经过产业内、产业间的联系,辐射到其他类型的企业,形成企业工资的增长。比照企业部门工资增长,公共部门通过调整制度工资标准或其他形式增加工资。也就是说,公共部门劳动者的工资运动与企业部门劳动者的工资运动存在着相互联系的链。但事实上,公共部门的工资水平在总体上要比企业部门高。

形成公共部门劳动者工资水平的上述特点的原因主要是以下几个方面:① 公共部门劳动者附加福利在工资性收入中的比重比企业部门劳动者高,因此,在比较两类部门的工资水平时,不能仅仅考虑制度工资,还要考虑其他形式的工资性收入;② 公共部门劳动者的流动率通常低于各类企业部门,工龄的增长与职务的提升带来工资的增加;③ 公共部门的劳动特点和职业结构特点使工资结构中人力资本补偿性工资差别占较大比重;④ 公共部门的产品和服务对经济周期性波动的敏感性不如企业部门强,很多公共物品类似于生活必需品,其收入弹性相对较小;⑤ 公共物品的生产更多地分布于具有自然垄断性质的领域。

2. 政府转移支付和补贴对劳动力市场的影响

(1) 政府转移支付和补贴对劳动力需求的影响。

转移支付与补贴是政府的一种货币性支出,该种支出并无实际的商品和劳务的交换发生,因而并不增加一定时期的国民收入。转移支付与补贴的数量变动不影响国民收入总量的变动,与经济社会的就业总量无关。但是,转移支付与补贴却对社会产品的总需求结构产生重大影响,从而影响劳动力市场的劳动力需求结构,而这种需求又会导致对生产和提供这些产品的劳务的派生劳动力的需求。对企业和非营利机构的补贴(如对学校和科研机构的补贴)同样会增加提供相关产品和劳务的劳动力需求。

(2) 政府转移支付和补贴对劳动力供给的影响。

政府转移支付和补贴对劳动力供给的影响主要体现为改变个人劳动力供给决策的条

件。转移支付和补贴是政府的货币支出，也是一定社会群体的货币收入，此种货币收入增量必定会产生收入效应和替代效应。当其他条件不变时，如劳动时间和工资率不变，收入增加，必定减少劳动力供给。西方发达国家对"福利国家"的某些制度进行大刀阔斧的改革，其原因之一就在于越来越完善的社会保险与福利既对劳动力供给存在负向影响，又加重了纳税人的税负，降低投资的刺激与引诱，引起生产下降。由此可见，政府转移支付的程度（转移支付的规模与结构）必须与经济和社会发展水平相适应。在我国，城乡社会保障的形式与水平存在着较大的差异，城市社会保障的完善程度远高于农村，政府的转移支付对城市的社会保障起了重要作用，带来城乡老年人口的劳动力参与率的较大差异。

转移支付的替代效应是指由于转移支付的存在影响到一些商品或服务的价格，如对教育的补贴支出会使教育的价格下降，人们节省的费用会用于其他用途，由此带来劳动力市场的连锁反应。

此外，政府转移支付的另一种表现形式是对农业的补贴。我国政府实施的农产品价格政策中，存在所谓收购粮食的"保护价"这种补贴形式，是为了保护农业劳动者的生产积极性，对稳定乡村劳动力供给具有重要意义。

(二) 政府税收对劳动力市场的影响

税收是政府收入中的最主要部分（此外还有公债）。政府税收种类较多，按照课税对象的不同，大致可分为财产税、流转税、所得税等。税率水平及其变动可以反映市场主体的税负负担和税收总量的关系，税率水平及其变动对市场主体的经济选择和决策有着非常重大的影响。为简化分析，这里仅讨论所得税对劳动力市场的影响。

1. 个人所得税对劳动力市场的影响

个人所得税对劳动力市场的影响主要表现为对定量标准以上的劳动所得课税直接影响劳动力供给。前面有关章节已有分析，劳动力供给是工资率的函数。通常情况下，市场供给曲线的斜率为正值，对劳动所得课税，无论是比例税还是累进税，都要改变劳动力供给曲线的形状。

通过以上分析可以说明，在其他条件不变的情况下，个人所得税将导致劳动力供给量减少，工资率提高，就业量下降。在个人所得税中，劳动者和雇主各承担部分税负。

2. 社会保障税对劳动力市场的影响

在现代市场经济体制中，国家通常都根据工资总额来征收社会保障税（缴纳社会保险与此相同），用于劳动者暂时或永久丧失劳动能力时对劳动者进行补偿，如支付养老、医疗、失业、工伤保险等。

首先，假设只有雇主是纳税人，且社会保障税按劳动者工资的一定百分比来计征。

此外，政府在调整产业结构、促进资源的优化配置中，利用价格政策鼓励或限制某些产品的发展，其中，限制价格的政策对劳动力市场有重要影响。政府限制某些产品的生产和消费，如烈性酒、卷烟以及某些奢侈品，对该类产品课征高额税负。假设实施的是对生产者征税，则此种税负的存在提高了该种产品的供给价格，使产品的供给曲线左移。

政府的税收制度、税率水平、税收种类的选择与决策可能改变劳动力供给的决策条件，或者改变生产者（厂商）对劳动力需求的决策条件，因而对劳动力市场有着巨大的影响。

四、拓展训练

"财政悬崖"对美国劳动力市场影响几何?

当前,一些市场人士担忧,经济大环境的不确定性有可能压制企业招聘意愿,从而对刚刚起步的美国劳工市场带来负面影响。下周又将迎来每月的美国非农就业数据,但一些市场人士对报告似乎并不悲观。

分析人士预计,下周公布的美国2012年12月份非农就业人数增幅将与最近数月的水平相当。一些分析师表示,美国两党最终将就"财政悬崖"问题达成协议,且近期公布的宏观经济数据显示,美国经济环境正在改善。

同时,可能对12月份非农数据产生影响的包括季节性因素,诸如圣诞节销售等,而此前桑迪飓风的不利影响或已被经济吸收,进而在随后几个月对劳工市场带来反弹性的积极影响。

XTB金融分析师Adam Narczewski表示:"显然,美国劳工市场已经反弹,近期我们看到数据表现良好。实际上,过去数月新增就业数量的稳定增长是美联储并未扩大量化宽松规模至450亿美元以上的原因。"他表示:"我相信,此趋势将会持续,但即将公布的数据将表现平平。围绕'财政悬崖'的不确定性对劳工市场并无影响。我们都知道,民主和共和两党将会达成协议,是媒体在渲染负面的消息。因此,我将聚焦宏观经济数据,而数据显示,美国经济正在改善。预计12月份就业数据将再度温和增长,我预计增幅在14万~17万。"

Forex Crunch分析师Yohay Elam表示:"非农数据很可能将再度良好,在15万左右,类似于上几个月的表现。12月稍早公布的数据继续显示出类似的缓慢但稳定的增长,且初次申请失业金人数的走低也令人振奋。对于'财政悬崖'的担忧可能不会对劳工市场产生巨大的影响。假设讨论结果积极,明年2月以后的数据将非常良好。失业率可能会略微增长至7.8%~7.9%,鉴于劳动力参与率的变化,此类波动也是正常现象。"

All Things Forex外汇策略师和创始人Ilian Yotov表示:"过去数月劳工市场的惊人改善可能会出现一定的缓和,美国12月份的非农就业人数预计增长8万~10万,但失业率可能走高至7.8%。失业率依然高于美联储6.5%的目标,若非农报告提醒市场,美联储的QE措施仍将在位,美元或将因此承压。"

FXstreet.com分析师Alberto Muñoz表示,他并不认为"财政悬崖"可能会对非农数据产生影响,因此预计12月份的数据将因圣诞销售因素而出现改善。同时,美国经济很可能已经吸收了桑迪飓风的影响,并可能利好劳工市场。因此,他预计失业率将为7.6%,非农增幅在15万左右。

分析师Valeria Bednarik表示,正如美联储所说,美国经济的增幅依然缓慢。但过去数月显示出越来越多的改善迹象,预计12月份的非农数据也将强劲增长,仍在15万左右。但失业率仍将维持在7.7%,因此,就业增幅需要在20万左右,才能令失业率走低。

他认为,市场反应将视此前"财政悬崖"协议的谈判情况而定。如果立法者们在年末前达成协议,良好的非农数据可能会提振风险情绪,因此令美元全线下滑,特别是对欧系货币。

资料来源:凤凰网,2012年12月28日。

思考及讨论:
1. 结合自己所学专业,分析学习政府行为对所找工作的意义。
2. 为什么"财政悬崖"对劳动力市场产生影响?
3. 中国政府为了促进就业采取了哪些政府行为?
4. 中国的税收对劳动力市场的影响表现在哪些方面?

任务二 劳动力流动

一、任务要求

总结我国劳动力流动的现象,分析我国劳动力流动的原因。

二、实训

(一) 实训一

【实训名称】分析农村劳动力流动的发展趋势。
【实训目的】了解劳动力流动的原因和基本理论。
【实训步骤】
1. 全班4~5人一组,分为若干小组。
2. 提供案例:农村劳动力流动的若干趋势。

中国正经历着人类历史上最大规模的劳动力流动浪潮。可以预计,未来农村劳动力的流动仍将持续一个相当长的时期,短期内农村劳动力流动的发展趋势如下。

1. 劳动力流动的整体规模逐年增加,但增速放缓

1978—2013年,35年间我国的农村劳动力年均增长速度超过9%。但自1997年起,农村劳动力转移速度呈下降趋势,1997—2003年,年均转移500万人左右,年均增长约4%。

特别是2003年,农村转移劳动力仅增加490万人,同比增长3%,低于近年的平均水平。据国家统计局农调总队的抽样调查数据显示,至2003年年末,我国农村共转移出劳动力约为1.7亿人,转移劳动力的比重为34.9%,仅比上年提高1个百分点。

在未来一段时间内,劳动力流动的整体规模肯定仍呈逐年增加的态势,因为毕竟还有4 500万左右的农业剩余劳动力,但是流动规模增加的速度会继续放缓。原因有三:其一,城市中对劳动力的需求能力开始减弱,资源密集型企业的发展肯定会受到挤压,由

此可以预计城市新增就业岗位会相对减少;其二,中央近年来的惠农政策开始逐步显现效果,农民收入有了一定幅度的增加,农业生产收入的提高使农民投入农业的积极性提高,即农业劳动力投入会有所增长;其三,二十几年严格的计划生育政策也减少了劳动力基数,特别是女性劳动力的数量。受上述种种约束条件的综合影响,农村劳动力流动的增速会继续放缓。

2. 社会网络对迁移的重要性进一步加强

当今仍滞留在农村、有外出务工意愿的农村剩余劳动力,他们目前未付诸行动的最主要原因是缺乏信息,对未来的不确定性存在过多的担忧。而农民工的社会网络可以降低农村劳动力流动的成本和风险,为其内部成员提供收益和"社会资本"。这种社会资本由于累积效应,会促进来自特定输出地的迁移,集中于特定的输入地,并从事特定的职业;反过来,人员的集中又可能促进社会网络的进一步完善,从而增加潜在流动者行动的可能性。

社会网络对迁移重要性的日益凸显,也说明了政府在帮助农民工的工作上力度不够大,虽然在流动的主要输入地有不少劳动力输出大省(市、县)的办事处,但是农民工并没有多少人主动利用此项资源。建立在血缘和地缘基础上的社会网络可以更加有效地降低迁移成本和风险。进一步地,社会网络的自动累积效应促使农民工的社会网络更趋成熟,对将来的农村劳动力流动者带来更大的作用。

3. 省际流动人口所占比重将持续增长

"五普"数据表明,2000年有7 900万人是跨县流动人口,跨省流动者则高达4 200万人。如果与1990年的人口普查数据比较,省际迁移所占流动人口总量的比重从32%增加到54%。其中,有很大部分是流向珠三角和长三角地区。预计未来省际流动规模仍将持续增长,理由有三:其一,产业集群将导致流动人口的空间积聚,因为绝大多数农村劳动力的流动行为都是基于输入地对劳动力的需求这一前提条件;其二,交通和电信的迅猛发展将使流动人口的交通成本和心理成本持续降低,他们流动的空间距离自然会加大;其三,这意味着"离土不离乡,进厂不进城"只不过是一种理想境界,农村剩余劳动力的最终出路仍旧在经济增长速度较快的地区。

4. 进城务工人员的职业呈现多元化趋势

"五普"数据显示,城市中农村转移劳动力就业主要集中于制造业、建筑业、批发零售贸易及餐饮业、社会服务业四个行业,其所占比例高达82.4%。上述四个行业之所以能够成为吸纳农村劳动力最主要的部门,是因为它们都属于劳动密集型行业,并且对劳动力的专业技能和素质要求不高。然而,随着农村青年受教育年限的增长、文化知识和劳动技能的提升和人力资本的积聚,他们的就业面越来越广。另外,随着中国工业化进程的加快,劳动密集型主导的产业也在逐渐向技能密集型转变,职业分工愈加细化,职业类型逐步增加。

5. 女性流动者的主体发生变化

特别值得注意的是20~24岁年龄组的变化,其中,已婚者的比例几乎翻了一倍,从18%上升到34%。约一半的女性是独自迁移,一半有丈夫陪同。2/3的女性移民都是已婚,这意味着女性移民中有1/3是夫妻一起迁移的。

一方面,已婚女性迁移的最大约束是抚养小孩与工作之间难以兼顾的矛盾。女性外出务工的最大障碍——如何妥善安置未成年小孩——已经不再成为难题,老一辈帮忙照看小孩成了缓解这一约束的关键因素。已婚生育的女性流动者中,3/4 女性把孩子交给爷爷奶奶照看,剩下的 1/4 女性把子女带在身边,这又造成了农民工子女的教育问题。

目前,在各大城市谋生的农村女性比通常的打工妹要年长,并且已婚和有小孩,她们或者自雇,或者靠丈夫赚钱养家而她们照顾小孩,她们很少在工厂工作,因为工厂通常只为工人提供同性别的集体宿舍。

资料来源:吴红宇.农村劳动力流动的若干趋势[N].中国人口报.2006-02-20.

3. 思考及讨论:
(1) 每个小组结合学习经历阐述各自对农民工的理解;
(2) 分析调查农民工的生存状况。
4. 以小组为单位,以书面形式提交讨论成果。
【实训要求】
紧密结合案例分析劳动力流动的原因、基本理论及个人体会。

(二) 实训二
【实训名称】试述劳动力流动的经济动因。
【实训目的】了解经济因素在劳动力流动中的作用程度。
【实训步骤】
1. 全班 4～5 人一组,分为若干小组;
2. 每个小组结合学习经历阐述对"逃离'北上广'"的理解;
3. 分析调查"北上广"白领的生存状况;
4. 以小组为单位,以书面形式提交讨论成果。

(三) 实训三
【实训名称】影响劳动力流动的因素是怎样影响劳动力流动的?
【实训目的】了解影响劳动力流动的因素。
【实训步骤】
1. 全班 4～5 人一组,分为若干小组;
2. 每个小组结合学习经历阐述对劳动力流动影响因素的理解;
3. 分析调查影响劳动力流动的因素是如何发挥作用的;
4. 以小组为单位,以书面形式提交讨论成果。

三、知识链接

(一) 劳动力流动定义

劳动力流动是指劳动力为了获得更高的劳动报酬而在地区间、产业间、部门间、就业状态间、企业间乃至工作间的转移。劳动力流动是劳动力商品化的结果,是劳动力追求价值最大化的直接表现。

一般来说,劳动力在地区之间的流动有利于缩小地区之间的工资差别,但并不能最终消除地区之间的工资差别。

劳动力流动这一现象是随着生产社会化的发展而不断扩大的。引起劳动力流动的原因是：① 从微观经济方面看,随着时间的推移,产品的品种和数量、生产的技术和工艺发生变化。② 从宏观经济方面看,伴随经济的增长而出现的经济结构(技术结构、产业结构、地区结构、就业结构等)的变动。③ 从劳动者个人方面看,随着时间的推移,劳动能力发生变化,此外,劳动者个人的职业兴趣和就业意愿也会发生变化。

劳动力流动包括:

(1) 企事业单位间的流动。它是最重要的流动形式,也是劳动力在部门之间、职业之间、区域之间流动的基础,这种流动对劳动力与劳动资料的结合状况有着决定性的影响。

(2) 部门间的流动。它主要取决于社会产品总量及其结构的变化。这种流动具有一定的规律性,首先由农业流向非农业,进而由工业、农业流向服务业,由此引起就业结构的重大变化。

(3) 职业间的流动。它包括水平流动和垂直流动,主要取决于劳动者个人的职业选择意愿。水平流动是在技术水平、收入水平、社会地位大体相同的职业之间的流动。垂直流动是在技术水平、收入水平、社会地位存在明显差别的职业之间的流动,它又分为向上流动和向下流动两种形式。

(4) 区域间的流动。它取决于多种因素,其中,各地区的劳动力资源、物质资源和生活水平的差异是最主要的因素。劳动力的地区流动与人口流动有着密切的联系,并构成人口迁移的主要部分。劳动力在城乡之间的流动是劳动力地区流动的重要方面。以国家为地域单位的劳动力流出或流入通常称为劳务出口或劳务进口。

从性质上看,劳动力流动可以分为合理流动和不合理流动。凡是有利于提高社会经济效益的,就是合理的流动;凡是有损于社会经济效益的,就是不合理的流动。在大多数情况下,劳动力的流动有利于企事业单位合理地使用劳动力,有利于在全社会范围内合理地配置劳动力资源,从而有利于提高社会经济效益。但如果劳动力流动过多、过快或者流动方向不符合社会需要,就会损害社会经济效益(表6-1)。社会主义国家劳动力管理的任务在于:保障劳动力的合理流动,特别是保障高质量劳动力的合理流动,并限制劳动力的不合理流动。

工作流动、地区流动、国际流动是劳动力流动的三大形式。

表6-1 不同年代就业者平均每次工作变动所需的时间(年)

年　代	北　京	无　锡	珠　海
1949年以前	20.5	18.8	29.6
1950—1965年	26.7	22.8	21.3
1966—1979年	16.8	16.5	14.1
1980—1989年	10.4	9.6	9.2
1990—1994年	5.2	6.1	5.7
1995—1998年	4.8	6.6	5.1
平均总计	13.0	11.8	8.7

(二) 劳动力流动的特征

从某种意义上说,劳动力流动是因为生产力的发展导致一些产业与劳动力市场之间的不稳定与不确定性。这种流动很难被外界控制。

第一，从流动行为产生的客观条件看，它既是社会主义市场经济发展、工业化、城市化进程加速的客观要求，又是其必要保证。所以，劳动力从农业向非农产业的流动与农村人口向城市流动是同步的。从流动行为的主观条件看，它是流动者的主观能动行为。它不是广大农民无以为生后的被迫背井离乡，而是他们追求美好生活、改变生存和发展方式的自主选择；这种流动不是流动者为寻得一块立足之地、重新再恢复旧生活方式的流动，而是流动者追求和实现新生活方式的创新行为，所以，这种流动是广大农民主体意识和追求全面发展意识增强的必然结果。

第二，流动是通过市场机制完成的。它是在市场机制的作用下，在职业间、产业间、地区间的有序运动。所以，它还包括迁徙的含义，即由农民变为工人、商人的同时，农村人也变为城镇人或城市人。由于其流动速度受社会经济发展水平、市场经济体制的完善程度、城市化发展水平、农村劳动力素质及户籍制度等因素的制约，这种流动是一个从无序到有序的渐进过程，必须分步完成：首先，农村劳动力由农业向第二、第三产业流动，实现职业的转变；其次，由农村流入城镇和城市，实现身份的转变。

第三，它的流动方向是多元的。既然劳动力的流动是广大农民的主观能动行为，并且是在市场机制下进行的，这种流动就必然是多方向的。即当有城乡差别和从事农业生产与非农业生产的经济收入存在差异时，吸引农业剩余劳动力向第二、第三产业流动；如果城市就业环境恶化，就业困难，而农业生产对优质劳动力需求增加，且农业收入有所增加，吸引农村劳动力"回流"同样是通过市场优化劳动力资源配置的内容。

第四，劳动力流向主要是从乡村流向大、中城市和沿海发达地区，文化程度总体较低，流动劳动力大部分从事简单的体力劳动。由于流动劳动力文化程度偏低，且大多数农民没有接受过专门的职业培训，因此，他们主要在纺织业、建筑业、采掘业和装卸运输等部门从事脏、苦、累、有害、有毒的工种，或者为城市提供环卫、保姆等社会服务性劳动。城市部分劳动者的就业观念偏差也导致城市经济中存在这类"空位"。

第五，流动的区域呈现不断扩大的趋势。我国在改革开放初期实行东南沿海地区经济优先发展战略，从而加快了东南沿海地区的经济发展，并形成了对劳动力的大量需求，于是，吸引大量农村劳动力跨地区流入，缓解了东南沿海地区在经济发展中的劳动力总量和结构性不足，推动了该地区经济的快速发展。但是，由于东南沿海地区产业结构的调整、地方政府的机构改革和全国劳动力的流入，对劳动力的需求已处于饱和状态，而西部大开发战略的实施，无论是中央政府的优惠政策，还是地方政府的重视，都使企业和个人在西部地区创业的成功率较之其他地区高，于是，就使农村劳动力流动区域扩大，既向东南沿海地区流动，也向西部地区流动。随着我国加入WTO后的国际劳务合作的加强，农村劳动力的流动还将呈现国际化趋势。

第六，农村劳动力流动群体结构逐步合理化。受人力资本投资收益影响以及个人的身体状况（包括观念和周围环境）的制约，直至20世纪末，流出的农村劳动力的群体特征仍然是以壮年为主，以男性为主，以受教育年限较高为主，以未婚者为主。这种群体特征的劳动力流动尽管符合人力资本投资的利益最大化原则，但是，它缺乏经济上的合理性，即在经济的发展过程中，除少数特殊行业外，劳动力的流动不应更多地受性别、年龄、婚姻状况限制。21世纪以来，随着农业结构的优化，尤其是以服务性为主的第三产业的发展，农村劳动力流动群体以年龄、性别、婚姻等因素为特征的群体结构将进一步合理化。有调查资料显示：北京、无锡、珠海等地，由于城市中商业、服务业等适合女性就业的第三产业的迅速发展，女性在劳动力的流动人口中已经占了很大比重，并且还有进一步扩大的趋势。

可以预计，随着经济结构调整的日趋完善，第三产业的迅速发展会使在农村劳动力流动人口中女性的比例有可能赶上甚至超过男性。并且，随着农村劳动力流动意识的增强，举家流动的情况将更为普遍。

(三) 劳动力流动动因的基本理论

劳动力流动有计划流动和市场流动两种形式。这里主要说明市场经济条件下的劳动力流动。

1. 配第-克拉克定理

英国古典经济学家威廉·配第认为："工业的收益比农业多得多，而商业的收益又比工业多得多。"这种产业之间的收益差异会推动劳动力由低收入产业向能获得高收入的产业流动，这种差异是劳动力在产业间流动的重要原因。1940年，英国经济学家科林·克拉克计量并比较了不同收入水平下就业人口在三次产业中分布结构的变动趋势后，进一步验证了配第的看法，即不同产业间相对收入的差异会促使劳动力向能够获得更高收入的部门移动，并且认为需求收入弹性和投资报酬的差异是引起收入差异的深层原因：农产品的需求收入弹性较小，当人们的收入提高时，难以随着人们收入的增加而同步增加，并且小于工业产品及服务的收入弹性。所以，随着经济的发展，一方面，国民收入和劳动力分布将从农业转移至工业、服务业；另一方面，农业生产技术的进步比工业要困难，对农业的投资会出现"报酬递减"。而工业的技术进步要比农业迅速得多，工业投资多处于"报酬递增"的情况，所以，工业投资多于农业投资，工业发展快于农业，就业吸纳能力强于农业。

2. 发展经济学的劳动力流动理论

发展经济学主要研究劳动力的乡城流动，经典的刘-费-拉二元经济模型认为，劳动力流动的原因是农业劳动生产率低于工业，劳动生产率的差距表现为工资收入的差距，但是该模型没有进一步探讨引起工业和农业工资收入差距的原因，即没有探讨引起劳动力流动的深层原因。乔根森(1961)认为，劳动力流动的原因不在于生产率的增加，而在于消费结构的必然变化，是消费需求拉动的结果，因为人们对农产品的需求是有生理限度的，而对工业品的需求可以说是无止境的。当农产品生产满足人口需求时，农业的发展就会失去需求拉动，农村劳动力和人口就转向需求旺盛的工业部门。托达罗(1969)发展了发展中国家产业之间的劳动力流动理论，他认为劳动力的流动取决于预期收入的差异。

3. 部门转移理论

利利安(1982)的部门转移理论认为，产品市场上消费需求的变动会引起劳动力需求的波动，会引起劳动力市场上的工资差异，进而促使劳动力在部门之间转移。劳动力会从衰退部门向扩张部门转移，在此过程中会引起失业率的变动。利利安指数可用来反映由劳动力部门流动引起的失业率变化。

(四) 我国劳动力流动的两种形态

我国也会出现消费变动和产业兴衰转化，也必然会引起劳动力流动。改革开放以来，对我国有深刻影响的劳动力流动大致有两次：一是劳动力的乡城流动，二是以城镇下岗失业形式出现的城镇劳动力流动。这两次大规模流动给我国带来了就业压力，由于出现的背景和时间不同,因此表现为不同形态。

1. 劳动力的乡城流动

随着国民收入的提高,农产品需求收入弹性逐渐降低,农业在国民经济中的比例下降,而工业和服务业产品的需求不断上升,这些部门开始创造比农业更多的社会财富,在国民经济中占的比例越来越大。作为重要的生产要素,劳动力也逐步流向创造更多财富的工业和服务业。城镇工业和服务业迅速发展,劳动需求不断增加,不少农村劳动力在城镇中找到工作,由于示范效应,大量农村劳动力便涌入城镇。同时,大量农村劳动力的进入推动了城镇劳动力市场的建设,进而加快了劳动力流动。总体上,产业兴衰转化致使劳动力乡城流动,这种流动冲击着传统户籍、就业等制度,这些制度不得不改革,而这些制度的松动又进一步推动了劳动力流动,因此,我国出现大规模的劳动力乡城流动。需要指出的是,在欧美国家均出现过这种乡城流动,这种农业向工业的流动并非我国的特有现象,只是由于国家制度的不同和人口、经济背景的差异,在各国的表现特点也不同。在我国,需求变动引起农业衰退、工业兴起是劳动力流动的深层原因,这是和其他国家的共同点。但相关制度改革所引起的流动"势能"的释放以及我国人口数量的巨大,导致大规模的劳动力乡城流动则是我国独有的特点。

2. 下岗失业形态的城镇劳动力流动

乡城流动是一种"典型"的劳动力流动,我国出现的城镇职工下岗现象则是一种"非典型"的劳动力流动。这主要是由于我国的城镇下岗失业人员在事实上已经离开了原有工作岗位,但并没有退出劳动力市场。据调查显示,下岗职工的平均年龄为 39 岁,且 35 岁以上的占 72.5%,其中,35~45 岁占 49.3%。可见这些下岗人员多数正处于工作的最佳年龄,他们退出劳动力市场的可能性不大,据估计,累计下岗职工中,有大约2/3 的人得以再就业。下岗职工的再就业意味着这些劳动力从原有工作岗位流向了新的工作岗位,这无疑可以视为一种劳动力流动。它与乡城流动的区别在于,它没有表现为劳动力在地区之间的流动,而主要表现为在城镇中企业、职业、行业之间的流动。下岗人员从原有单位退出后,大多数没有马上在新的岗位就业,而是处于等待、观望之中,再就业的时滞性多少会影响人们对这种劳动力流动的判断,但并不影响把它作为一种劳动力流动形态。

(五) 信息不对称对劳动力流动的影响

1. 劳动力市场歧视

劳动力市场歧视可定义为在劳动市场上对劳动者与生产效率无关的个人特征的评价。由于劳动力市场上双方信息严重不对称,雇主无法获得外来劳动者有效信息或信息搜寻成本较高。这样,当雇主难以根据外来劳动者的有效信息作出具体判断和评价,但又必须与其发生经济往来和作出决策时,便可能自发通过各种歧视性手段来增加外来劳动者的流动成本,从而起到甄别劳动者、降低决策风险的作用。在这里,歧视并不仅像通常所认为的是一种不合理的偏见,更重要的是它是一种在无法获得完全有效信息时的信息甄别机制。假定某城市制定一项针对外来劳动力的歧视性政策,规定外来劳动者必须拥有多项证件,并交纳一定数额的证件工本费及管理费用,否则将禁止在当地工作、租房等。外来劳动力将为此付出不低的货币费用和心理成本,流入劳动力减少;在降低外来劳动力流入人数、增加外来劳动力的流入成本的同时,该歧视性政策完成了对外来劳动者优劣的甄别。这里隐含着如下价值判断:生产能力和道德水平较高的优等外来劳动力,愿意留在城市并付出因歧视性政策增加的较高额外流动成本的可能性比劣等劳动力大。因为劣等外来劳动力期望收入低于优等劳动力,且其收入具有风险性和不确定性,接受额外流动成本难以从相应的收益中获得完全补偿,将不会选择接受歧视性政策。据此,雇主可以在无法获得具体劳动者有效信息的情况下,对劳动者进行甄别并作出相应决策,如雇主不雇用没有规定证件的劳动者,房东不将房子租给没有规定证件的外来人口等。因此,信息不对称将强化企业、政府等相关经济主体对外来劳动力的歧视。必须指出的是,歧视作为甄别机制落实到某个具体劳动者身上时很可能是不公正的和错误的。

2. 劳动力市场萎缩

从劳动力就业的去向来看,第三产业比第一产业、第二产业受信息不对称的影响更大,在第三产业内部,适应低素质劳动者就业的家庭服务业存在着最严重的信息不对称。因为这种服务关系到人们生活的安全与质量,所以,雇主和雇员之间既要互相识别对方的逆向选择,又要互相提防对方的道德风险。而这一领域正是我国今后吸纳劳动力就业,尤其是下岗工人再就业最有潜力的空间。

3. 文凭、证书泛滥

由于劳动力市场上企业和雇员之间的信息不对称,市场要求一种信号来帮助信息缺乏的一方进行识别。对企业来说,应聘者的受教育水平起着筛选和指示的作用。一个有大学文凭的人向企业提供一种能够证明其有能力的信号。正是凭着"文凭"这个信号,企业会按一般水平所作的决策来取舍雇员,并决定其应得的报酬。特别是在雇员的生产率难以计量的那些经济部门,文凭就显得更为重要。可见,人们选择接受教育很可能不是为了获得更多的知识和生产技能,而是为了将自己与低能力者区分开来,使潜在的雇主相信他们能创造较高的生产效率,应拿较高的工资。于是,学历和文凭在劳动力市场上就成为求职者标识自己和雇主选择职员的主要指标,甚至是唯一指标。在这种状况下,一方面,求职者为了谋求一份好工作必然会不断地追求高学历;另一方面,雇主为了求得高能力职员,其目光也自然不断地向高学历看齐,也就形成了今天所谓的"唯文凭主义"和"学历社会",也就导致我国近年来劳动人才市场上文凭、证书泛滥,甚至假文凭、假证书充斥市场的现象。很显然,这一现象直接损害了雇主的利益。

4. 劳动合同管理不规范

目前,我国劳动力市场法规制度还不是非常完善,劳动力市场供过于求,信息不对称使劳动合同管理中求职者受损的现象比比皆是。主要表现在以下三个方面:

第一,试用期陷阱。目前,由于我国的就业市场供过于求,下岗失业人员逐年增加,待业大学生开始出现,不少用人单位利用这种市场背景来骗取廉价的劳动力,提出入职前要经历试用期,试用后才愿意和求职者签订正式劳动合同。结果是试用期内求职者的合法权益得不到保障,试用期一到就和求职者解除劳动关系。由于我国现行的法律尚未就这一问题作出明确规定,一旦发生纠纷,很难处理。

第二,签订不规范的劳动合同。有些人由于求职心切,在与用人单位签订劳动合同时,往往不注意保护自己的合法权利。虽然劳动部门有固定的劳动合同文本,但各用人单位的具体情况会有所不同,一部分用人单位会趁机伤害求职者的利益,如加班不给加班工资,工作时间太长,故意拖欠职工工资及各种保险等。这些都是劳资双方因对信息的掌握或利用不对称而引起的劳动管理问题。

第三，只看学历不看能力。有些用人单位在招收员工时，往往过于注重劳动者的学历。这些都是劳资双方由对信息的掌握或利用不对称造成的。

（六）劳动力流动的国际经验启示

在世界上发达国家和发展中国家劳动力转移的成功经验中，有以下几点是值得借鉴的。

1. 劳动力流动是经济起飞的主要动力

在经济起飞之前的资本积累阶段，资本主义国家通过暴力方式迫使农村剩余劳动力转移；在经济发展的起飞阶段，发达国家以及新兴工业化国家或地区主要靠工业的高速发展来解决农村剩余劳动力的转移；在经济发展的后期阶段，发达国家主要靠第三产业吸纳农村剩余劳动力。主要发达国家用了 40~100 年的时间保持工业快速增长，使人均 GDP 由 200~500 美元增加到 1 000~2 000 美元，从而使农业劳动力占社会总劳动力的比重由 50%~60% 下降到 15%~25% 的水平。可以说，工业化的速度有多快、规模有多大，农业劳动力转移的速度就有多快、规模就有多大。在工业化的中后期，第三产业必然加快发展，第三产业的发展必将吸收更多的劳动力就业。例如，英国建立农工综合体，就是在农村发展非农产业，像食品加工工业等。这些工业使大量农业劳动力转变为非农业劳动力，使农村剩余劳动力进入农业的前导和后续部门，实际上促进了农业劳动力向第三产业流动。目前，发达国家第三产业增加值在国内生产总值中的比重和第三产业就业人数在总就业人数中的比重都在 50% 以上，有的高达 60%~70%，第三产业中有相当多的就业人口来自农村剩余劳动力。

2. 正确的经济发展战略是加速农村剩余劳动力转移的重要保证

经济发展是以发展劳动密集型产业为主还是以发展资本密集型产业为主，是以发展内向型经济为主还是以发展外向型经济为主，这些都对农村剩余劳动力转移速度有重要影响。日本在工业化早期重视节约资本的创新，英国在工业化后期发展农工综合体，都是在发展劳动密集型产业，以适应吸收更多农村剩余劳动力的需要。同样，韩国也在 20 世纪 60—70 年代大力发展出口导向型劳动密集型产业。美国则针对本国劳动力短缺的特点，大力发展资本密集型产业。可见，要加速农村剩余劳动力的转移，必须有切合本国国情的经济发展战略。

3. 劳动力素质的优化是保证农村剩余劳动力顺利转移的一个重要条件

日本从明治时代开始，就非常重视教育事业的发展。日本的教育事业，特别是初等教育和职业教育，由于获得了政府的大量拨款而得到了迅速发展。第二次世界大战结束后，日本政府对教育事业倾注了更大的努力。20 世纪 70 年代中期，日本已基本普及了高中教育。教育事业的发展意味着人力资本投资的加大和劳动力素质的提高，使日本农村劳动力对非农就业机会具有良好的适应性，这也是日本战后农村剩余劳动力得以迅速转移的内在条件。同样，美国、英国等发达国家也非常重视劳动力素质在劳动力转移中的重要作用。

4. 农村剩余劳动力顺利转移需要有与国情相适应的土地政策

农村劳动力和土地是农业生产的基本要素，农村剩余劳动力的转移意味着农业生产要素要重新组合，土地要素也要进行相应的调整。发达国家的实践表明，伴随着农村剩余劳动力转移，土地主要经历以下两种类型的调整：其一，土地集中。例如在美国，不仅农户经营规模逐渐变大，还出现了大农场。其二，土地集中不明显。例如在日本，虽然第二次世界大战结束后农村剩余劳动力转移速度加快，但土地的集中程度却相对低于欧美国家，农业兼业化普遍，秉承着小农经营的传统。这说明，一国或地区在农村剩余劳动力转移过程中要遵循本国国情或地区区情;各国和地区政府要制定符合本地资源禀赋状况的政策。在全社会总劳动力中,从事农林牧渔业的劳动力的比重占10%左右,是一个国家基本上完成农村剩余劳动力转移的标志。完成这个过程,英国大致用了300年,法国用了120年,加拿大、美国、日本用了100年左右。综合我国目前农村剩余劳动力及其增长情况和经济发展对农村劳动力的吸收前景,我国的农村剩余劳动力转移将是一个长期、缓慢的过程。成功的国际经验为进一步选择适合我国实际的城市化道路提供了有益的借鉴。

四、拓展训练

受中国劳资水平影响　美国人收入罕见缩水

由于来自中国和其他低薪国家的竞争,加上金融危机的余波,美国人的工资水平面临前所未有的压力,不仅仅是停滞不前,甚至出现罕见的下降。

美国劳工统计局5日公布的经济普查报告显示,2011年9月至2012年9月,除资讯业外,美国其他所有行业的平均周薪下降了1.1%。2013年第一季度,非农工人每小时工资下降了3.8%,这是劳工统计局1947年追踪数据以来的最大季度跌幅。经济普查历史上,全美薪资水平仅出现过6次下降,其中4次发生在2009年以后。

据报道,制造业的薪资压力已有多年,部分企业的工资甚至赶不上通胀率。近来有迹象显示,薪资疲软现象已蔓延到管理层。国际管理咨询公司Hay集团的研究表明,2001—2011年,企业高管的薪资增幅在中国是247%,南非是241%,巴西是181%,但美国只有38%,扣除通胀率后将更低。

美国并非唯一受到影响的发达经济体。总部设在瑞士的国际劳工组织公布的数据显示,西欧、日本和美国的平均薪资在2008年和2011年出现二次探底。与此同时,中国的工资水平在过去十年间却翻了3倍,还带动了巴西、秘鲁和东欧等发展中国家的薪资上涨。

一些跨国公司认为,中国的薪资涨幅太高,许多国际企业被迫到其他国家设厂,中非地区迅速成为新的前沿。某中国公司最近斥资10亿美元在南非建汽车厂;加拿大庞巴迪宇航公司在摩洛哥投资了2亿美元的生产设施;雀巢公司在尼日利亚开设新厂。

原本在墨西哥和中国建有生产线的制锁企业Master Lock公司2011年开始回流美国。此举曾被视为美国新竞争力的象征,在一年前还迎来了总统奥巴马到厂参观。

工会人士对中国的薪资上涨也感到高兴。Master Lock的宾克(Mike Bink)表示:"中国的薪资上涨将使劳工成本与我们接近,如果加上货运时间,我们的竞争优势更强,对客户更有吸引力。"

国际劳工组织高级经济学家贝尔瑟(Patrick Belser)在最新的《全球工资报告》中警告,"国与国之间为追求价格优势的'竞次'行为,不顾一切地削弱对方的廉价劳动力,其结果只能落得自己国家的经济萎缩。"

思考及讨论:
1. 结合自己所学专业,分析学习政府行为对劳动力流动的影响。
2. 为什么中国工资水平影响美国人的收入?
3. 试用劳动力流动动因的基本理论解释上述现象?

4. 劳动力流动的国际经验有哪些?

任务三 综合实训

一、任务要求

分析政府行为对劳动力市场与劳动力流动的影响。

二、实训

【实训名称】回顾本项目学习的收获。
【实训目的】通过系统回顾,对本模块内容进行总结复习。
【实训内容】认真填写下列表格。

回顾本项目学习的收获						
编制部门:				编制人:		编制日期:
项目编号		006	学号、姓名		项目名称	劳动力流动
课程名称		劳动经济基础	训练地点		训练时间	
	1. 回顾课堂知识,加深印象 2. 培养学生善于思考和反思的习惯 3. 工作任务驱动,使学生带着工作任务去学习					
本项目我学到的知识或者技能						
本项目我印象最深的两件事情						

（续表）

我想继续学习的知识和技能	
考核标准	1. 课堂知识回顾完整，能用自己的语言复述课堂内容 2. 记录内容和课堂讲授相关度较高 3. 学生进行了认真思考
教师评价	评分

【实训要求】

1. 仔细回想本章所学内容，若有不清楚的地方，请查看以前有关的知识链接。
2. 本部分内容以自己填写为主，不要过于注意语言的规范性，只要能说清楚即可。

三、自测题

（一）单项选择题（下列各题只有一个符合题意的正确答案，将你选定答案编号的英文大写字母填入括号内）

1. 在支配劳动力流动的内在机制中，最基本的机制是（   ）。
   A. 工资机制   B. 供求机制   C. 竞争机制   D. 风险机制
2. 劳动力流动的经济合理性是指（   ）。
   A. 劳动力流动的成本和收益的比较
   B. 劳动力流动的收益大于劳动力流动的成本
   C. 劳动力流动的收益等于劳动力流动的成本
   D. 劳动力流动的收益小于劳动力流动的成本
3. 影响劳动力流动的决定性因素是（   ）。
   A. 健康状况   B. 社会文化因素   C. 经济因素   D. 人际关系
4. 相较于年轻的劳动力，年老的劳动力的流动率较低，主要原因是年老的劳动力流动的（   ）。
   A. 直接成本增加   B. 机会成本增加   C. 心理成本增加   D. 风险成本增加

5. 在我国所有劳动力流动问题中,最为突出的、也是我国工业化过程中必须解决的问题是( )。
  A. 城市职工的劳动力流动问题　　　　B. 高级知识分子的"下海"问题
  C. 农村剩余劳动力流动问题　　　　　D. 移民国外或移民发达地区的问题
6. 劳动力理论认为,减少农业剩余劳动力流动的有效途径是( )。
  A. 市场化　　　　　　　　　　　　　B. 工业化
  C. 城市化　　　　　　　　　　　　　D. 提高农业的比较利益

(二) 多项选择题(下列各题中都有两个或两个以上的正确答案,将你选定答案编号的英文字母填入括号内)

1. 劳动力流动( )。
  A. 是社会生产过程中技术基础不断变革的客观要求
  B. 有利于劳动者地位的提高
  C. 能够使人力资源得到充分地利用
  D. 有利于劳动者自由选择职业和单位
  E. 能够促进经济增长
2. 劳动力流动既有社会原因,又有个人原因,个人方面的原因主要包括( )。
  A. 知识　　　　B. 人事制度　　　　C. 经济福利　　　　D. 技巧
  E. 社会关系
3. 影响劳动力流动的社会因素包括( )。
  A. 人事制度　　　B. 户籍制度　　　C. 福利制度　　　D. 社会分工
  E. 经济福利差异
4. 下列对非经济因素对劳动力流动决策的影响的表述中,正确的是( )。
  A. 劳动力的流动率随年龄增加而降低
  B. 技术水平越高的劳动力,流动率越低
  C. 受教育程度越高,劳动力流动的可能性越大
  D. 交通距离越短,劳动力流动的可能性越大
  E. 专业技术人员在特别的需求和较高的待遇下也具有强烈的流动愿望
5. 影响我国农村劳动力流动的主要因素有( )。
  A. 社会经济发展水平
  B. 产业与技术选择
  C. 农业比较利益水平与人口城市化水平
  D. 土地资源利用状况与农村人力资本状况
  E. 户籍管理制度和交通状况

(三) 简答题

1. 劳动力流动的原因有哪些?
2. 试对移民的获益者与受损者作简单分析。
3. 影响劳动力流动的因素有哪些?
4. 试述劳动力流动的主要形式。
5. 试述劳动力流动的意义及代价。

项目七

工资制度设计与收入差距

教学目标

知识目标

① 懂得工资的本质和形式；
② 理解影响工资确定的主要因素；
③ 掌握补偿性工资差别理论；
④ 了解报酬制度和水平设计与员工激励；
⑤ 掌握收入分配差距的产生及其原因。

能力目标

① 能用影响工资确定的主要因素理解工资；
② 掌握补偿性工资差别理论在实际工作中的应用；
③ 能正确把握报酬制度和水平设计与员工激励之间的关系；
④ 正确理解收入分配差距。

案例导入

最低工资制

最低工资制是市场经济国家普遍采用的一种劳动力保护法规，许多国家已经实行并以立法的形式确立了最低工资保障制度，如美国、日本、泰国、法国等。

虽然经济学家经常提出实施最低工资制的弊端和消极影响，提醒人们注意观察实施最低工资后的实际效应，从而引出了把最低工资作为"扶贫"措施是否具有实际效应的问题,但迄今为止在大多数国家中仍然没有取消最低工资制的迹象。

最低工资是劳动者在法定工作时间内提供正常劳动的前提下,用人单位在最低限度内支付的足以维持职工及其供养人口基本生活需要的工资。我国《劳动法》规定:"国家实行最低工资保障制度。用人单位支付劳动者的工资不得低于当地最低工资标准。"

从经济学理论上说,根据传统的劳动经济学供求模型分析,把工资增加到均衡水平之上就会导致低就业。虽然较高的工资有可能提高生产率,减少旷工和跳槽,但如果政府通过最低工资立法而强迫企业提高工资,生产率的提高也可能大部分被工资增长的部分所抵消。

在存在不完全信息的劳动力市场上,最低工资可能会增加就业。由于不完全的流动性,企业面对的是一条向上倾斜的劳动力供给曲线。实施最低工资制意味着增加企业的劳动力成本,这就阻碍了企业增加雇用员工。近年来,劳动经济学中的许多统计研究表明,最低工资对就业所产生的影响即使是积极的,也必然是微乎其微的。

在经济学界当然也有一些不同的见解,例如,美国斯坦福大学的加文·莱特教授从经济史的角度指出,最低工资制在美国南方的经济转变过程中发挥了极其重要的作用。最低工资制促使南方进行了许多变革,使不少就业者从低收入行业转移到支付高工资的新兴行业上来。另外,有人认为提高最低工资的一个优点是,通过扩大低收入者的实际收益以及就业者之间的工资差别,加强了对工作努力程度的促进和激励。此外,有效的最低工资也可能提高生产率,使劳动力需求曲线右移,从而抵消最低工资可能导致的任何失业。

目前,关于最低工资对就业的影响在经济学家中间尚未取得一致性的看法,在过去的二十多年里,有数百项劳动经济学的实证研究成果并未能够从理论上支持最低工资制,但也不足以从理论上完全推翻这一政策措施。在此期间,研究方法的微小变化对研究成果产生重大影响的例子之一是对美国青少年就业效应的时间序列分析(一般而论,青少年是低工资群体,最有可能受最低工资制的影响)。

这些分析在控制了每一年份中影响青少年就业的其他变量的条件下(如可能影响青少年就业的成人失业率),来估计青少年就业如何随着实际最低工资水平而变化。美国经济学家曾使用1949—1994年的资料进行分析,发现最低工资对16~17岁青少年的就业率(该年龄组中的就业人数除以同一年龄组中的人口)没有影响。但是利用相同的程序分析了1954—1993年的资料,其就业效应是负的。

另外一项研究估测了青少年就业率与总就业率之间的关系,研究结果与假设相一致,即在其他因素不变的条件下,最低工资的上升将会减少青少年的就业机会,并且强制性工资增长的幅度越大,就业降低的幅度也就越大。在什么条件下最低工资制具有就业正效应呢?西方发达市场经济国家中的多项研究表明:在就业无弹性(无论工资如何变化,对就业量都不产生影响)的情况下,最低工

> 资的提高将有助于增加低工资工人总体的工资报酬。
>
> 　　最低工资制是战胜还是减少贫穷的有效武器吗？迄今为止的多数研究表明，这取决于有多少人受益于最低工资所带来的实际收益，并且这些人中有多少是真正属于弱势群体的。根据美国20世纪90年代初的一项研究结果，最低工资提高所增加的工资报酬中，只有19%进入贫困家庭。因此，最低工资制经常是一种事与愿违的相当迟钝的"扶贫"工具。
>
> 　　但是，也应当看到，最低工资制的出发点是为了保护处于弱势地位的就业者，他们是缺乏竞争优势的劳动供给方和低端劳动力市场中的主要储备资源。实施最低工资制应当考虑到地区差距和发展阶段的差异，而不能一概而论地大面积推行。同时，并没有充分的理论和事实依据表明最低工资制已经有效地改善了低收入劳动者的生活水准，因此，必须谨慎对待这一效果尚不确定的政策措施，而不能先入为主地相信实施最低工资制就一定能够改善弱势群体的实际生活状况和提高社会的整体福利水平。
>
> 　　思考及讨论：请你各用三句话陈述最低工资的利弊，并说明你的理由。

任务一　工资的历史、本质和形式

一、任务要求

用自己的语言描述工资是什么。

二、实训

【实训名称】画图说明工资的几种形式及其作用。
【实训目的】工资的本质。
【实训步骤】
1. 全班4~5人一组，分成若干小组；
2. 以小组为单位，每人用一句话说明工资到底是什么；
3. 以小组为单位，每人说出1~2种生活中观察到的工资现象；
4. 每组派代表在全班做总结发言。

【实训要求】
1. 说明"工资是什么"，要求语句及内容完整，表述清楚；
2. 要求经过讨论，明确所列举的事件能够说明政府行为影响了劳动力市场；
3. 小组代表发言时应对小组的活动情况做真实概括，总结性强。

三、知识链接

（一）工资的演变历史

我国在秦朝以前没有完备的工资制度。直到汉朝才规定各级官阶的薪俸，但并不是按月发给,而是按年结算,即所谓的年俸。真正按月发俸始于南朝宋代元嘉末年。

在东汉以前,一般俸禄都是发实物(粮食)。到汉殇帝延平中期,才改为半钱半谷,当时称为月钱。到了唐代,则有全部发钱的,但多数还是发实物,称为职田年米。唐代封演的《封氏闻见记·卷九》说:"在五月五日以前赴任,可领全年职田米,否则便不能。"以后历代相传,也以发实物居多。到了明代中叶以后,商品经济有了一定的发展,出现了资本主义萌芽,才使用薪金,当时称为月费,继而改称柴薪银。后来,称工资为薪水便是从柴薪银演变而来的。

1. 实物工资

人类社会的早期以农业生产为主,食品、住宿和其他消费品都可以作为劳动报酬。18 世纪工业革命后,部分工资仍为实物(免受通胀的危害)。

2. 货币工资

随着经济的发展和社会的进步,在发达的市场经济国家,员工的工资开始用货币支付(交易方便)。

3. 工资和薪水

以白领阶层与蓝领阶层分化为背景,开始出现薪水的概念(脑力劳动与体力劳动分化的结果)。

4. 薪酬

以带薪休假和延期支付为特征的附加福利作为现代货币工资的重要补充形式。经济和社会发展——如法律规定的必然表现,也是一种新的管理(避税)和激励(人才吸纳)的手段。

(二) 工资的本质

工资是雇佣劳动的报酬,强调工资与"雇佣"联系的本质特性。

现代意义上的雇佣劳动的货币报酬形式产生于工业革命以后,工业革命导致了分工,产生工厂制度以及劳动者与资本和土地等生产资料分离。雇佣劳动成为工业革命后所产生的一种社会经济现象。工资成为给雇员支付劳动报酬的方式。

在后工业化社会和信息经济社会,工作的本质差别日趋缩小,薪水和工资的区别(表 7-1)失去存在的价值,没有必要严格区分,人们现在大多使用薪酬(compensation)或者报酬(pay, reward)等概念和范畴。

表 7-1 工资和薪水的联系与区别

联系与区别		工资(wage)	薪水(salary)
联系		雇佣劳动的报酬形式	
区别	支付方式	雇主以现金的方式直接支付给雇员的一种报酬形式	雇主通过银行再转支付给雇员的报酬形式
	支付时间	以月或年作单位,固定定期支付给雇员	以日或周对雇员劳动或者服务的一种支付
	支付对象	对以工作品质要求为主的报酬支付	以工作数量要求为主的报酬支付

(三) 工资的形式

1. 广义工资

广义工资是指劳动者因从事劳动而获得的所有报酬收入。它包括固定工资、奖金、津贴以及其他货币的或者是非货币的福利收入。劳动所得、薪酬、劳动成本等都是广义工资概念的不同形式的表达。

从国际比较来看,发达的市场经济国家大都使用广义工资的概念,如 pay,wage,salary,earnings,reward,compensation 等。

2. 狭义工资

狭义工资(basic pay)是指员工因从事雇佣劳动而获得的仅仅限于固定货币报酬收入的部分,即不包括奖金、津贴以及其他福利性收入。

在下述两种情况下,狭义的划分和使用有着存在的价值。

从薪酬管理特别是薪酬设计的角度上讲,可以借助薪酬结构设计解决员工的行为导向。

对传统的计划经济体制而言,工资是国有资产的所有者实施对国有企业的控制所借助的手段之一。

国内对工资的结构有以下四种理解:

$$W_1 = 基本工资等级表部分$$

$$W_2 = W_1 + 奖金 + 津贴$$

$$W_3 = W_2 + 福利(医疗、住房、培训等)$$

$$W_4 = W_3 + 延期支付(养老金、员工持股计划、股票期权)$$

四、拓展训练

平等主义的报酬方案

背景:某教派要求严格的禁欲生活,并实行财产共有制,这意味所有成员平等地享有集体的收入——平均分配产品。1850年后,该教派成员数逐步减少。

一般观点:该教派成员减少是由于他们没有生育,并且其宗教热情也在减退。

经济学家的分析:该教派的集体报酬方案是导致其消亡的重要原因。平等主义的报酬方案产生了不良的动机。具有较高边际生产力的那些成员将得到比他们产出要少的价值,并且通常还少于他们在别的地方所能获得的价值。因此,高产出的成员就有退出的动机。与此相反,具有较低边际生产力的外来者就有加入的动机,最终导致集体的平均产量下降,内部成员日益减少。

思考及讨论:你如何看待集体报酬和现代工资的区别?

任务二 影响工资确定的主要因素

一、任务要求

对父母所在企业的工资调整进行调研,分析影响父母工资变化的因素。

二、实训

【实训名称】调研影响父母所在单位工资确定的主要因素。
【实训目的】掌握影响工资确定的主要因素。
【实训步骤】
1. 全班4~5人一组,分为若干小组;
2. 每个小组结合学习经历阐述各自对工资变化的理解;
3. 分析调查工资和生活水平的关系;
4. 以小组为单位,以书面形式提交讨论成果。

三、知识链接

(一)影响工资确定的内在要素

内在因素是指与工作特性及状况有关的因素。影响工资确定的内在因素包括以下8个方面。

1. 员工的劳动和工作努力程度

个人的努力程度是工资水平调整和变动的基本原因。薪酬设计便是对员工这种劳动及其工作努力程度的报酬的一种制度安排。

实践证明,在同样职位的情况下,工资水平有所不同,来源于工作努力程度以及由此所决定的劳动成果或工作绩效的不同。

我国对收入分配差距现状过大的批评大多源于对工资与劳动或工作不相关的因素,诸如限制劳动力流动、劳动力市场寻租等。拉开体现劳动或工作的工资差距仍是我国工资改革的主要方向。

2. 职务高低与权力大小

国际劳工组织1956年的"日内瓦范本"将劳动定义为四大类要素,将职务和权力归结为劳动责任。权力是由责任而来,责任是由判断或决定问题的能力而产生,对于权责重的人给予较高的工资,实际上是因为权责重的人决定和判断的正误对组织生产的产品或提供服务的品质、市场、信誉与效益有决定性的影响。

在以职位为基础的薪酬制度设计中,国际上使用的海氏(Hay)等几种不同的工作评价方法都包含有"问题产生的后果"这一指标。

3. 技术和训练水平

较高的工资包含有人力资本投资回报的成分,即补偿学习技术所耗费的直接成本以及机会成本构成的人力资本投资。

工作评价中知识要素的选择和国际上20世纪70年代以来流行的技能工资制度都充分体现了技术和训练水平对工资确定的影响。

从管理学的角度而言，体现技能要素的工资制度包含积极性的激励。

4．工作的时间性

工作不稳定的人按单位工作时间核算的工资名义上较高，用以补偿工作的不稳定性，其原因在于：

一是这些人过了合同期有可能失去工作，即可能处于失业的状态，失业期间将无收入；

二是这些人在劳动期间没有社会保障，企业没有为他们支付保险等费用；

三是这些人没有福利享受，如年终分红、法定休假和一定天数的带薪病假等。

5．劳动条件

在工业化的早期，劳动条件比较恶劣，在同样的劳动技能要求的条件下，工作的危险性导致了工资的差别。

在现代社会，工作的危险性对工资的影响仍然存在，具体体现在补偿性的工资理论中。

6．附加福利

附加福利可以被定义为一种正常工资的补充，是另外一种职工乐意接受的报酬或福利，是雇主在劳动力费用之外的一种支付。

附加福利包括不工作时间的支付（节假日）、社会保险费用、企业补充保险或提供的住房、住房补贴等。

7．风俗习惯

例如，受社会观念的影响，女性获得的工资要比男性低，一些技术学徒工在学徒期间的工资很低。

8．年龄和工龄

工龄在工资中起作用的原因有：

第一，补偿员工过去的贡献；

第二，平滑年龄-收入曲线（图7-1）；

第三，减少劳动力流动。

工龄对工资的正向影响作用主要通过两个方面表现出来：一是管理和技术职位的工作能力和工作业绩都与工作经验有关；二是工资中体现工龄的表现方式间接化。

工龄工资政策使频繁地跳槽给员工带来较高的机会成本和一定的经济损失。

随着知识经济的到来，工龄和年龄的作用都在淡化。

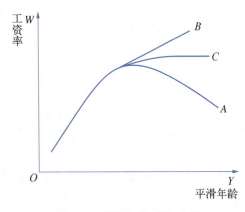

图7-1 平滑年龄-收入曲线

曲线A：按照现实劳动贡献，员工工资会随年龄增大而下降，一般不为员工所接受。

曲线B：工资制度与工作表现脱节，对员工工作激励不利。如日本的年功序列工资制度。

曲线C：随着年龄和工龄增大，人们的工资有所提高，但提高的幅度适当地平滑。

（二）影响工资确定的外在要素

外在要素是指与工作特性及状况无关但又同时构成对工资本身的确定具有重大影响的一些市场经济因素。影响工资确定的外在因素包括以下6个方面。

1. 生活费用或物价水平

保证员工及其家庭获得维持生活费用的工资是制定工资率的基本考虑。决定生活费用的是物价水平，所以，企业职工的最低工资水平必须考虑所在地区的物价状况。

2. 企业的经济效益状况或企业的负担能力

企业负担工资的能力涉及企业的利润和员工的工资分配关系，在我国还包括国家和企业的分配关系。

3. 地区或行业的工资水平

要确保薪酬具有外部竞争力，就需要广泛开展劳动力市场价位调查。了解当地劳动力市场价位有助于更好地吸纳、维系和激励优秀的人才，有助于减少人工成本。

4. 劳动力市场的供求

例如，优秀的职业经理人年薪高达千万，普通员工的工资年薪则不足十万元；新工业区的劳动力工资比旧工业区的工资要高。

5. 劳动力的潜在替代物

潜在替代物可能是机器，也可能是人。例如，用机器来代替劳动力；以愿意接受低工资的妇女或临时工作者代替在职工人。

6. 产品的需求弹性

消费者的消费需求变化对企业的产量产生决定性的影响，这种产量的变化最终影响到企业职工的工资水平。产品的需求弹性越大，产量受需求影响的程度就越大，由此对企业工资水平的影响也就越强烈。产品需求弹性大的企业一般都实行浮动性的工资制度。

四、拓展训练

20世纪初美国教育收益的变化

背景：

在1914年，美国办公室工作人员的职位是需要高中文凭的，他们得到的报酬大大超过体力工作者。那时候，办公室女性员工比女性生产工人多挣107%的工资，而男性办公室文员比男性生产工人多挣70%的工资。

在第一次世界大战期间和20世纪20年代早期，这种收益下降得很快，以至于到了1923年的时候，读高中的收益对女性来说只有41%，而男性只有10%。

分析：

经济的变化相对地增加了这些工人的需求。1910年后的20年时间里，美国办公室雇员占所有雇员的比例上升了47%。由于高中教育对民众开放，一个更重大的变化是高中毕业生的供给，它抵消了需求的变化。

> 从1910年到1930年,由高中毕业生构成的劳动力的比例上升了130%。在20世纪早期和晚期,对更高教育程度工人需求的相对增长是极其相似的,但不同的是教育的收益发生了变化。

思考及讨论:案例中影响工资的因素有哪些?为什么?

任务三 补偿性工资差别理论

一、任务要求

对父母所在企业不同人员间的工资差异进行调研,分析造成工资差异的因素。

二、实训

【实训名称】分析父母所在企业不同人员间的工资差异。
【实训目的】掌握影响工资差异的原因。
【实训步骤】
1. 全班4~5人一组,分为若干小组;
2. 每个小组结合学习经历阐述各自对工资差异的理解;
3. 分析调查工资差异和生产效率的关系;
4. 以小组为单位,以书面形式提交讨论成果。

三、知识链接

(一) 理论溯源

1776年,亚当·斯密在《国富论》中用了相当的篇幅来论述补偿性工资的问题,他认为补偿性工资一方面对某些职业的微薄金钱报酬给予补偿,另一方面又对另一些职业的优厚金钱报酬加以抵消。有以下五种情况:第一,职业本身有愉快的,有不愉快的;第二,职业学习有难有易,学费有多有少;第三,工作有安定的,有不安定的;第四,职业所须担负的责任有重有轻;第五,成功的可能性有大有小。

(二) 理论分析

1. 补偿性工资理论的三个前提
(1) 员工追求效用(而不是收入)最大化;
(2) 员工了解对他们十分重要的工作特征信息;
(3) 员工具有可流动性,可以有一系列可供选择的工作机会。

2. 具体情况
(1) 偏好相同的补偿性工资的影响。

假定所有员工偏好相同,A 和 B 两种工作没有人力资本要求的差别,工作特征上不存在差别,A 和 B 的工资相等。

如图 7-2 所示,供给曲线 S_1 代表偏好相同而且没有工作特征差别的情况;S_2 是表示员工对工作 A 不满意时的供给曲线,高出的部分正是员工接受的补偿工资;S_3 是表示员工对工作 A 满意时的供给曲线,补偿性工作差别则由 B 工作中的工人获得。

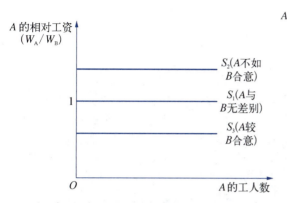

图 7-2 偏好一致时的补偿性工资差别

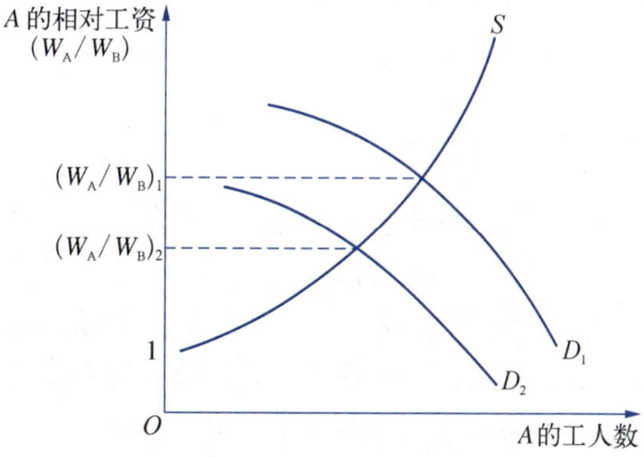

图 7-3 偏好不同时的补偿性工资差别

(2) 偏好不相同的补偿性工资的影响。

假设所有的员工都讨厌 A 工作的某一方面,但讨厌的强度彼此不同。员工对 A 工作的供给曲线将向上倾斜,如图 7-3 所示。曲线开始处相对工资大于 1,其幅度刚好达到满足那些对 A 工作讨厌程度最低的员工。

(3) 偏好不同时不存在补偿性差别的可能。

如图 7-4 所示,劳动力需求曲线为 D_2 时,不存在补偿性差额,这说明有些员工不讨厌工作 A,他们愿意在相对工资水平为 1 的时候工作。

(4) 非货币特征变化的效应。

工作的非货币特征就是工作的社会声誉特征,如工作者的社会地位和名声的高低等,它是一种工作评价要素。劳动条件不仅包括工作的危险性,还包括工作的重复性,即通常所说的枯燥和单调以及工作环境、社会地位等。社会地位、名声等难以通过一些工具和技术测量。对工作效用满足的非货币特征或社会声誉特征现象的分析最早可追溯到亚当·斯密在 18 世纪对补偿性工资理论的讨论。

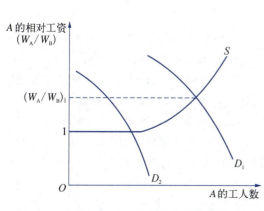
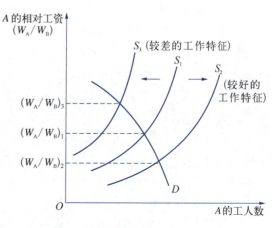

图 7-4 偏好不同时不存在补偿性差别的可能

图 7-5 非货币特征变化的效应

如果一种工作的有关特征发生了变化,例如变得不很危险了,补偿性工资差别也将相应地发生变化。这种分析的基本机制是供给曲线的移动。如图7-5所示,曲线S_2表示不愉快的工作特征有所减少,相应的均衡工资也降到$(W_A/W_B)_2$。当然,如果A的不利特征日益严重,则情况会向相反的方向发展。

四、拓展训练

工资差别产生的原因

首先,工资差别可能是一种补偿性工资差别。假如雇主问你:"你是愿意选择报酬比较高的工作,还是比较低的工作?"如果你是要钱不要命的话,你会马上作出选择;反之,你会询问报酬高的工作是什么工作,有没有危险等。一般来说,擦窗子的工人必须比室内清洁工挣钱多,因为人们不喜欢冒爬摩天大楼的风险;同样,上夜班或到不方便的地点工作,都会得到附加工资或补贴。这就是补偿性工资差别。

凡是牵涉到肮脏、神经紧张、讨厌的责任、承担风险、单调乏味、缺乏自主性、社会等级低、季节性停业等方面的职业,都趋于使就业者感到不快,为了招募这些职业的人员,雇主必须提高报酬。所以,补偿性工资差别之所以会出现,是由于厂商必须为工作的不愉快对工人加以补偿。

不过,环顾四周,可以发现为数众多的报酬较高的职业也是令人愉快的职业。可见,补偿性工资差别只能解释部分工资差别的原因。

于是,经济学家进一步追究到劳动质量的差异。即使在一个假设的完全竞争市场中,均衡工资也必然会呈现出巨大的差别。这是因为人们之间存在巨大的质的差别——可以追溯到天生能力上的差别,再加上在学校和工作中积累起来的技术和技能的差别,由此导致竞争工资的差别。造成这样的差别有许多原因,其中,教育和培训是两种重要的因素,因为花费在教育和培训上的时间和资金所构成的人力资本理应获得相应的投资回报。

造成工资差别的第三个原因可能存在于工资中特殊任务的租金成分。据说一些明星的出场费近乎天文数字。对于一些幸运者来说,声誉已经把收入水平提高到远远高于一般劳动者的水平。这样的薪金中包括很大成分的"纯经济地租",或者称为"声誉租金"。"声誉租金"可以解释为什么有些人的收入高到令人咋舌的程度。

第四个方面的原因可以归为歧视。如:年龄歧视,上了年纪的工人得到的工资较低(因为他转换工作较困难);性别歧视,男女同工不同酬;籍贯歧视,外来工人的工资低于本地工人;职业歧视,社会地位较低的阶层很少有机会得到收入更好的工作。

经济学家认为还存在第五个方面的原因,即不完全的劳动流动性所造成的工资差别。因为不同的职业种类之间缺乏竞争,人们在不同的工作之间进行流动困难很大,从而无法通过更大范围的竞争来消除工资差别。如医生和数学工作者就属于非竞争的两类职业,即使医生短缺从而工资很高、数学工作者过剩而工资很低,数学工作者也无法加入行医行列,因为一个专业人员进入其他市场不仅面临高昂的再学习成本,也将付出昂贵的人力资本专用性方面的机会成本。

经济学家可能认为造成工作差别的最主要原因是信息不完全。因为劳动者不具有关于劳动市场中可供选择的工作机会的完全信息,而要弄清可能选择的工作中哪项工资最高,将支付高昂的搜寻费用。

在上述六类工资差别中,第一类、第二类差别难以消除;第三类、第四类和第五类可以通过税收政策缓解;缩小第六类的工资差别则需要政府提供就业指南,进行信息服务。

思考及讨论:结合自己学过的知识,分析工资差别产生的原因。

任务四 报酬制度和水平设计与员工激励

一、任务要求

对父母所在企业的工资制度进行调研,分析工资设计是否达到了员工激励的目的。

二、实训

【实训名称】报酬制度和水平设计与员工激励的关系。
【实训目的】掌握报酬制度和水平设计与员工激励。
【实训步骤】
1. 全班4～5人一组,分为若干小组;
2. 每个小组结合学习经历阐述各自对报酬制度和水平设计与员工激励的理解;
3. 分析调查工资水平设计和工作效率的关系;
4. 以小组为单位,以书面形式提交讨论成果。

三、知识链接

(一) 工资与生产率的关系

一个员工因为人力资本所导致的能力不同而产生了不同的生产率。组织对员工的激励影响生产率的浮动。报酬制度设计的焦点是员工激励目标及其实现手段的研究。

一个员工在不同时间或不同工作环境下的生产率是可变的,这取决于对其的激励机制。对人的管理的要点在于发挥其主观能动性,这取决于管理的技巧和行之有效的报酬激励制度。

组织为达到对员工的最大激励,必须选择适当的管理战略和报酬决策。

(二) 委托代理关系与报酬制度设计

1. 道德风险的产生原因与解决办法

在市场经济的条件下,雇主和雇员的关系是一种委托和代理的合同关系。由于两者目标有不一致之处,员工就有可能摆脱雇主控制的倾向,产生机会主义的行为,产生所谓的道德风险的问题。

道德风险产生的原因是:
(1) 信息的非对称性。
(2) 雇员的很多行为难以观测,工作的实际努力程度是其私人信息。

(3) 合同的不完全性。在缔结契约的过程中,考虑到完整信息、谈判、执行皆需要交易成本,为节约成本,合同肯定是不完全的,雇主不可能事先通过明确的契约来规定雇员的所有行为。

解决道德风险的关键是建立一整套激励和约束机制,促使雇员采取适当的行为,最大限度地增进雇主的利益。其中,最重要的是实行激励性的报酬制度。

员工激励中存在的问题有:

(1) 加强对员工的监督将导致成本增高,还存在着监督者本人需要被监督的激励问题。

(2) 将员工的报酬与工作业绩相挂钩时,难以解决不可控制的原因导致的工作业绩浮动;难以衡量雇主所提出的工作目标和雇员所努力的结果。

(3) 如果员工感到不公平,将会采取辞职、降低努力水平等一系列行为,以便使自己的努力与报酬对等,即所谓的"按酬付劳"。

(4) 员工对企业的忠诚度以及员工对该组织在社会上的相对地位的感觉等问题。

2. 生产人员的报酬支付方式

(1) 计件工资制。

概念:以完成工作数量或产品件数为计算报酬标准的一种制度。

优点:能使员工感觉公平,易于计算单位产品的人工成本,减少监督人员等。

缺点:产品质量不能保证,团队精神不易形成,对机器设备的过度使用等。

作用:接受激励性的计件工资计划的员工比根据工时支付工资的同类员工所获得的工资要高,激励作用要大。

(2) 计时工资制度。

优点:计时工资数额确定,计算简便;预算容易,员工收入稳定;员工可专心提高产品质量。

缺点:是一种过程管理,监督成本太大,存在着明显的激励不足。

解决办法:强化对工作的考核,实行成就工资制度、激励性工资制度等,辅以多种多样的奖励制度,包括集体激励制度,以解决个人激励不足的问题。

3. 管理人员和技术人员的工资制度

高层管理人员:重点是鼓励他们创新、创造以及对企业的成长和发育承担必要的风险,因此,针对不同管理者的行为,决定其所应得的奖酬。

中层管理人员:重点在和企业内其他人员的合作关系与协调方面,将他们的个人成绩和其部门的成绩结合,既保留了基本的工资结构,又保留了一部分富有弹性的奖酬。

基层管理人员:以衡量为主。衡量标准包括部门总产量、品质率、生产如期完成的情况、生产按部门预算完成情况等,报酬(特别是奖励)可按其成绩衡量标准分别给予支付。

近年,高层管理人员激励问题成为报酬领域一个热门话题,主要原因为:

(1) CEO 薪酬大幅度地增长;

(2) CEO 的高工资增长伴随着企业倒闭和公司规模的缩小以及员工解雇;

(3) 在整个 20 世纪 90 年代,企业高层管理人员的直接报酬部分在企业薪酬总额中所占比例已渐降低,而股票期权等延期性报酬支付方式在不断上升;

(4) 20 世纪 90 年代后期以来,我国对企业高层管理人员采用的股票期权和 MBO(管理者对企业产权的收购)等激励制度。

(三) 效率工资理论

效率工资理论要探究工资率水平跟生产效率之间的关系,这是主流宏观理论为了解释工资刚性而提出的理论。效率工资理论是一种有关失业的劳动理论,其核心概念是员工的生产力与其所获得的报酬(主要是指薪资报酬但也能轻易地推广到非金钱报酬)呈正向关系,是为了解释非自愿性失业现象所发展出来的相关模型的通称。

定性地讲,效率工资指的是企业支付给员工比市场保留工资高得多的工资,促使员工努力工作的一种激励与薪酬制度。定量地讲,厂商在利润最大化水平上确定员工的工资,当工资对效率的弹性为 1 时,称它为效率工资。此时,工资增加 1%,劳动效率也提高 1%,在这个水平上,产品的劳动成本最低,即效率工资是单位效率上总劳动成本最小处的工资水平,它保证了总劳动成本最低。

事实证明,效率工资已经成为企业吸引人才的利器,它可以相对提高员工努力工作、对企业忠诚的个人效用,提高员工偷懒的成本,具有激励和约束双重功效,采用效率工资制度,有助于解决企业的监控困难。

效率工资理论认为,工人工作的效率与工人的工资有很大的相关性。效率工资理论还认为,高工资使工人效率更高。目前,主要存在四种效率工资理论的解释:

第一种适用于穷国的效率工资理论认为,工资影响营养。多给工人点工资,工人才吃得起营养更丰富的食物,而健康的工人生产效率更高。

第二种适用于发达国家的效率工资理论认为,高工资减少了劳动的流动性。工人由于许多原因离职——接受其他企业更好的职位、改变职业或者迁移到其他地方。企业向工人支付的工资越高,留在企业的激励越大。企业通过支付高工资减少了离职的频率,从而减少了雇用和培训新工人的时间和费用。

第三种效率工资理论认为,劳动力的平均素质取决于它向雇员所支付的工资。如果企业降低工资,最好的雇员就会到其他企业工作,留在企业里的是那些没有其他机会的低素质员工。

第四种效率工资理论认为,高工资提高了工人的努力程度。这种理论认为,企业不可能完全监督其雇员的努力程度,而且雇员必定自我决定是否努力工作。雇员既可以选择努力工作,也可以选择偷懒,并有被抓解雇的风险。这里引起了工人的道德风险。企业可以通过高工资减少工人的道德风险,提高工人的努力程度,进而提高工人的效率。

虽然这四种理论在细节上不同,但它们都有一个共同的理论:由于企业向内部工人支付高工资就能更有效地运行,因此,企业发现使工资高于供求均衡的水平是有利的。

工资提升会产生刺激效应和惩罚机制:高工资意味着被解雇的代价增大,刺激员工提高工作效率。

逆向选择效应和筛选机制:高生产率的工人退出低工资企业,向高工资的企业求职。

流动效应和效率机制:提高工资,降低了辞职率,避免准固定成本(如培训和雇佣成本)的增加,最终降低总劳动成本。

社会伦理效应和认可机制:使员工相信他们受到公正的优待,增加对企业的忠诚度并努力。

效率工资的适应性:只有在员工与企业保持长期的雇佣关系的情况下才会有效。

四、拓展训练

效率工资对我国企业的借鉴意义

效率工资解释了工资的粘性和失业率的存在,它对我国企业的实践活动有着广泛的指导意义。

首先,我国多数企业机构庞大,从而导致监督成本不可低估。只要存在监督成本,职工就有可能采取偷懒行为,为使职工不偷懒,企业必须支付高于市场出清工资水平的工资,结果是企业对劳动力的需求下降,市场上出现非自愿的失业。

其次,效率工资模型解释了我国劳动力市场工资刚性的原因,即企业在面临市场波动时,为什么不会作出迅速的工资调整。因为工资的下降会影响到所有职工的努力水平,进而影响企业的产出水平。进一步说,在降低工资的情况下进行劳动力的替换,对企业而言并非最优的选择,因为企业不仅要承担在解雇和重新雇佣中产生的成本,而且要承担因内部人和新来者之间的非合作倾向及职工士气下降而造成的企业生产水平的下降。

再次,效率工资理论解释了我国企业中的"混同均衡"问题。在传统的国有企业中,高素质人拿走的比带来的要少,而低素质人拿去的比带来的多,由此维持企业的收支平衡,即经济学上的"混同均衡"。即使到现在,国有企业招人时仍然只问价格,能力再高,如果要价也高,国有企业也没法用。而外企工资制度的一个基本特征是"优质优价",也就是首先考虑你能为该企业创造多少价值,然后再考虑付你多少工资。在成本效益的原则下,工资再高也在所不惜。外企与本土企业竞争,其实只在劳动力市场上做文章,即用高工资将高素质人吸引走,同时将低素质人留给国企,原有的"混同均衡"就被新的"分离均衡"所代替。因此,中国企业必须在人力资源管理上下大功夫进行制度创新,为企业员工创造一个良好的激励机制。

最后,效率工资理论指出,需适当地拉开企业内上岗者和下岗者之间的工资差别;在再就业的过程中,应改变政府或企业包办的做法,转而更强调个人选择和努力。这样,下岗对于职工而言的效用期望降低,便会促使职工努力工作。如果再就业更大程度地依赖职工自身,即便再就业比率短期内会有所下降,在长期内,则利于提高劳动力再配置过程的效率,形成高效率就业、经济增长、社会吸纳就业能力增强的良性循环。

此外,效率工资还解释了近些年来我国出现的高薪聘请企业管理人员、高薪征求优秀人才以及高薪设立教授岗位等现象。

案例提供:

1914年,福特汽车公司开始向其工人支付每天5美元的工资。由于当时流行的工资是每天2~3美元,因此,福特的工资远远高于均衡水平。求职者在福特汽车工厂外排起了长队,希望获得福特汽车公司的工作机会。

福特的动机是什么呢?亨利·福特后来写道:"我们想支付这些工资,以便公司有一个持久的基础。我们为未来而建设,低工资的企业总是无保障的。为每天8小时支付5美元是我们所做出的最好的减少成本的事之一。"

从传统经济理论的角度看,福特的解释有点怪。他提出的高工资意味着低成本,而不是高成本。也许他是用高工资提高工人的生产率。

有证据表明,支付如此高的工资有利于公司。根据当时的一份调查报告:"福特的高工资摆脱了惰性和生活中的阻力。工人绝对听话,而且可以很有把握地说,从1913年的最后一天以来,福特工厂的劳动成本每天都在下降。"旷工减少了75%,这表明工人的努力程度大大提高了。高工资改善了工人的纪律,使他们更忠实地关心制度,并提高了他们的个人效率。

思考及讨论:结合自己所学专业,分析效率工资产生的影响。

任务五 收入不平等测量及变化的趋势

一、任务要求

对父母所在企业的收入进行调研,分析企业的收入分配差距状况。

二、实训

【实训名称】分析父母所在企业的收入分配差距状况。
【实训目的】掌握收入不平等测量及变化的趋势。
【实训步骤】
1. 全班4~5人一组,分为若干小组;
2. 每个小组结合学习经历阐述各自对收入不平等测量及变化趋势的理解;
3. 分析调查收入不平等测量及变化趋势的合理性;
4. 以小组为单位,以书面形式提交讨论成果。

三、知识链接

(一)国际收入分配差距的变动

1. 倒U假说

在现代经济学文献中,关于经济发展过程中收入分配差距变动的长期趋势的研究,在很大程度上实际就是关于倒U假说能否成立的争论。1955年,哈佛大学教授西蒙·库兹涅茨(Simon Kuznets)发表了《经济增长和收入不平等》一文。在该文中,他提出了不平等与发展之间存在倒U关系,即随着经济的发展和人均国内生产总值的增长,收入分配的不平等程度起初上升,继而下降。库兹涅茨提出倒U假说是依据当时可得到的有限的统计资料。经济增长早期阶段收入分配不平等迅速加剧并恶化的趋势,在库兹涅茨看来是一个无需证明的事实,他引证了美国、英国、德国等国不同收入阶层收入差距变动的有关数据,这些数据大致支持了这一假说。库兹涅茨还将印度等发展中国家和英国、美国等国的收入分配差距进行了比较,发现发展中国家收入分配不平等程度更严重。基于一系列经济发展史的实证材料分析,库兹涅茨得出结论:以人均国内生产总值来衡量的经济发展水平是一个国家决定收入分配不平等程度的主要因素。据此,他认为,随着经济的发展和人均国内生产总值的增长,收入分配的不平等程度起初上升,继而下降。库兹涅茨关于经济增长水平和收入分配状况变化的倒U假说,引起许多发展经济学家的关注,他们或者试图肯定它,或者试图否定它。

2. 库兹涅茨关于经济增长和收入分配差距之间的倒U假说的失效

在关于倒U假说的实证分析中,由于时间序列资料的缺乏,大量的研究是利用横截面资料进行分析的,即利用当代同一时期发展水平(不同发展阶段)的国别资料进行分析。这类研究实际上是假设处于不同发展水平的国家相当于一国处在不同的发展阶段。这方面的代表人物有阿德尔曼、莫里斯、鲍克特、钱纳里、塞尔昆、阿鲁瓦利亚等。一般来说,他们对横截面的大量经验性研究广泛地支持了倒U假说。

对倒U假说的纵向时序论证是以特定国家发展过程中若干时点上的收入不平等状况来验证。20世纪50年代,在库兹涅茨提出倒U假说时,一些学者围绕这一假说的后半段(收入不平等改进阶段)对一些发达国家第二次世界大战后的收入分配差距趋势进行了分析研究,代表人物有索洛。20世纪70年代以后,一些学者主要是利用一些发展中国家的时序资料对库兹涅茨曲线的前半段(收入不平等加剧和恶化阶段)进行了验证,代表人物为魏斯考夫。在以上的研究中,虽然所使用的时序资料不很全面,但对倒U假说给予了基本的支持。

(1) 考察发展中国家和地区的经济发展过程,可以发现,情况并非完全像库兹涅茨说的经济增长和收入分配差距之间呈倒U形。

高的经济增长率并非以社会收入分配不平等程度的扩大和恶化作为条件,像伊朗和韩国,不仅有高的经济增长率,同时,社会收入分配不平等程度也得到改善或至少不变。从另一个角度来看,低的国内生产总值增长率与社会收入分配不平等改善也没有必然的联系,如印度、秘鲁和菲律宾,这些国家具有较低的国内生产总值增长率,同时伴随着社会收入分配不平等程度的扩大。斯里兰卡、萨尔瓦多等国的情况表明,它们的国内生产总值增长率较低,但最低收入人口的收入增加了,即收入分配差距扩大的程度降低了。

(2) 对美国20世纪70年代以来的收入分配变动方向研究发现,从1968年以来美国的收入差距变动改变了方向。即按照基尼系数衡量的收入差距从过去的趋势性下降,改变为趋势性上升。

在美国,男性的基尼系数从1967年的0.314上升到1999年的0.408。收入不平等在女性中也存在上升趋势,女性的基尼系数从1967年的0.298上升到1999年的0.344。

(3) 随着经济全球化进程的加快,不仅美国的收入差距在扩大,全球的基尼系数也发生了剧烈变动。根据世界银行专家布兰科·米兰诺维奇基对各国居民家庭收入和消费数据进行的测算,全球基尼系数从1988年的0.625上升到1993年的0.659,发生了比较大的变动。在对基尼系数进行分解以后可以看到,国家间的差异远远大于各国国内居民收入的差异。而且,该项研究可能高估了发展中国家的国民收入。整个世界缺乏足够多的以国家为单位的"中产阶级",造成了世界收入分配差距拉大的严重后果。

根据米兰诺维奇的计算,1988—1993年,全球的居民收入增长5.7%,收入分配的差距则进一步拉大了。收入最低的75%的人群在经济全球化进程开始加快以后属于受损者,其收入有不同程度的下降,只有25%的较高收入人群的收入获得了增长。

(二) 收入不平等测量的含义及难点

1. 收入包括劳动收入和非劳动收入

由于非劳动收入难以考察,收入分配不平等的测量主要是考察劳动收入的不平等程度。

在中国,谈到收入不平等的测量,首先一个问题是收入的概念是什么,也即测量的对象的含义是什么?从广义上来讲,收入是指个人收入,或者按照通常统计测量的指标是家庭的个人收入,对经济学研究来说,家庭人均收入是一个重要的概念,比如说我们讨论消费倾向,往往与家庭收入有关。我们谈到现阶段的发展目标曾讲到,小康即人均收入达到800美元等。这些都指的是人均收入。谈到这个指标,有两个因素要考虑进来:一是收入的来源。有劳动的收入(如工资的收入),也有非劳动的收入(如利息和利润分红等);二是家庭人口的数量。这既与劳动力的数量(工作人口)有关,也与非劳动人口甚至是家庭未成年人口有关。劳动经济学是研究劳动市场的一门学问,它研究工作或与工作相关的人的行为。显然,个人收入这个概念的测量,较之劳动经济学所涉的问题范围要宽得多。个人收入不仅包括劳动报酬,也包含非劳动报酬的内容。因此,对家庭个人收入的讨论,往往要涉及对家庭遗产、社会福利的转移支付和税收政策等问题的讨论。对家庭个人收入不平等的衡量尽管很重要,它是一般经济理论研究关心的重要问题,但它超越了劳动经济学理论研究的命题。不过,由于个人收入包括劳动收入和非劳动收入,而收入不平等又特别与劳动收入(工作中的报酬收入)有关,加之国内居民个人家庭收入是通过家计调查方法获得,该项收入差距数据较之工作中的报酬数据容易获得和计算,因此,本章将个人报酬收入的不平等的测量和变化趋势一并纳入加以讨论。

2. 在对收入分配不平等的讨论中,最大的难点是中国的统计数据中报酬的涵盖范围

改革开放以前,由于收入几乎全部来源于劳动收入,收入来源单一,加之国家严格的计划统计,货币收入是比较清晰的,如果我们将实物收入的影响撇开不谈,应当说当时的报酬不平等的衡量是比较容易的。改革开放以来,特别是20世纪90年代以来,中国城镇劳动报酬收入水平不但提高很快,而且报酬结构发生了很大变化。最值得注意的就是,制度外的收入急剧增长。这部分收入的统计测量成为十分困难的事情。由此,也影响到目前对中国收入分配差距状况的判断。

(三) 中国城乡居民收入分配差距的变化

1. 1978年以前,从总体来看,居民个人收入分配状况表现为较为严重的平均主义格局

城镇居民收入分配主要表现为低水平下的高度平均主义格局的特点。国家统计局、世界银行和美国学者阿德尔曼和桑丁对中国1978年全国的收入不均等程度进行研究并得出了基本相同的估计结果,城镇基尼系数在0.16~0.17。而且,这种平均主义的分配格局在改革前的近30年是相对稳定的。

(1) 农村居民的收入分配主要表现为地区(社区)内部高度平均主义和地区(社区)之间明显的收入差距并存的特点。

改革前,中国农村,尤其是作为收入分配主体的生产队和生产大队内部的收入分配,大多采取偏重均等的分配机制,从而导致分配结果往往较为平均。在不同的分配主体(地区或社区)之间,自然条件和历史机遇等初始条件造成收入差异,这不仅成为既定的事实,而且还成为下一轮收入差异扩大的重要条件。1978年,省内县际之间和生产队之间的基尼系数分别为0.16和0.22。1979年,省际之间人均收入的基尼系数为0.14,相当于当年全国人均收入的基尼系数的65%,全国的基尼系数为0.22左右。普特曼利用河北省大河乡的农户调查数据计算了5个生产队内部的人均收入基尼系数在0.14~0.19,而5个生产队混合数据的基尼系数为0.21。

(2) 城乡之间居民收入分配主要表现为显著的收入差距的特点。

1978年,城镇居民的人均货币收入为农村居民人均收入的2.4倍。世界银行估计的数字为2.5倍。按照世界银行的估计,全国的基尼系数大约在0.33。同时,传统体制下中国福利补贴的分配,不仅具有很强的歧视性,而且从来不与居民的货币收入挂钩。这实际上进一步扩大了城乡之间的收入差距。阿德尔曼和桑丁将城镇居民享有的补贴计算在内,全国的基尼系数要上升38%左右。

2. 1978年以来,中国居民个人收入分配差距表现为不断扩大的趋势

城镇内部居民收入分配差距主要表现为1984年前的相对稳定和1984年后的跳跃式上升。从1978年到1984年,城镇基尼系数基本稳定在0.16的水平上。从1984年开始,基尼系数一路攀升,到1999年已到0.295。

(1) 农村内部居民收入差距除了个别年份有所下降以外,主要表现为持续平缓上升。

农村基尼系数从1978年的0.212一直上升到1995年的0.34,17年中上升了约13个百分点,每年平均上升约0.8个百分点。

(2) 城乡之间居民收入差距基本上呈现一种不断上升的趋势。

尽管城镇农村人均收入比率从1978年的2.37下降到1982年的1.83,但之后一直上升,从1983年的1.70上升到1995年的2.47,实际收入比率却从1983年的2.15上升到1995年的2.79。按照赵人伟的计算,1988年和1995年的全国基尼系数分别为0.382和0.452。十等分组的分析结果表明,1988年最高收入组收入所占的比例相当于最低收入组的13.5倍,1995年这一比例高达17.7倍。

改革开放40多年来,在让一部分人先富起来(效率优先)的理念指导下,个人收入分配差别显然不断扩大。

按照国际通常衡量收入差别的指标基尼系数来观察,中国的收入差别显然到了高度不平等的阶段。

根据国家统计局数据,中国的基尼系数在2019年达0.465,相较于2018年的0.468有所下降。2013年至2019年期间平均值为0.474,数据的历史最高值出现于2008年,达0.491。尽管不同的数据来源所计算出来的基尼系数有一定的差别,但总体来说,迄今对中国收入差别已开始步入高度不平等的结论在理论界和实际部门已达成共识。

(四) 中国城镇职工工资差距的变化

1978年以前,城镇职工的工资差别经历了一个不断下降的过程。从行业之间的工资差别来衡量,最高与最低工资差别倍数由1956年的2.44倍下降到1980年的1.63倍。

改革开放以来,工资差距发生了很大变化,这种变化主要表现在行业、地区、产权属性、职业和员工个人之间工作的差距明显扩大。

1. 行业工资差距变化

由表7-2计算的最高与最低行业平均工资间的差别倍数可知,1978年以来,行业间的平均工资水平差距经历了一个最初下降然后不断扩大的过程。即由1978年的2.16倍下降为1989年的1.61倍。从此之后,一直处于上升阶段,2001年已上升到2.86倍。

表7-2 行业工资差别倍数及行业平均工资比率

年 份	当年最高行业平均工资(元)	当年最低行业平均工资(元)	最高与最低行业平均工资的倍数	最高与最低行业平均工资的比率
1978	850	392	2.168 4	1.168 4
1980	1 035	475	2.178 9	1.178 9
1985	1 406	777	1.809 5	0.809 5
1986	1 604	980	1.636 7	0.636 7
1990	2 656	1 541	1.723 6	0.723 6
1991	2 922	1 652	1.768 8	0.768 8
1995	7 843	3 522	2.226 9	1.226 9
1999	12 046	4 832	2.493 0	1.493 0
2000	13 620	5 184	2.627 3	1.627 3
2001	16 437	5 741	2.863 1	1.863 1

数据来源：国家统计局.中国统计年鉴(2002)[M].北京：中国统计出版社,2003.

2. 地区之间的工资差别变化

统计表明,自20世纪80年代以来,地区工资差别在不断扩大,最高和最低工资的差别倍数由1985年的2.07倍扩大到2001年的2.75倍。

表7-3 中国各地区间的工资差别倍数

年 份	最高地区工资(元)	最低地区工资(元)	最高地区工资与最低地区工资的差别倍数
1985	1 967	950	2.07
1989	2 997	1 559	1.92
1995	9 279	4 134	2.24
1997	11 459	4 870	2.35
2001	21 781	7 908	2.75

数据来源：根据《中国劳动工资统计资料》(1949—1985)、《中国劳动统计年鉴》(1996,1998,2002)的数据整理而得。

3. 不同所有制企业间的工资差别变动

表7-4是根据1984—2001年不同所有制企业平均工资计算的不同所有制企业间工资差别倍数及工资差别比率的数据。由表7-4可见,1984—2001年,集体单位职工的平均工资一直低于国有单位职工的平均工资。而且随着时间的推移,这种差别在快速地扩展。(1988年国有单位和集体单位的平均工资差别为332元,1995年这一差别增大到1 694元,2001年这一差别达到4 311元。工资差别平均每年的扩大幅度是19.8%,最高的上涨幅度为1994年的64.1%。)1984—1991年,其他单位职工的平均工资则一直高于国有单位的职

工,但是两者之间的工资差别先是不断加剧,到 1997 年达到 2 042 元的最高峰,此后又呈回落的趋势。

表 7-4 不同所有制企业间工资差别倍数及工资差别比率

年 份	国有单位与集体单位的工资差别倍数	国有单位与其他单位的工资差别倍数	国有单位与集体单位的工资差别比率
1984	1.274 969	0.986 641	0.274 969
1986	1.294 872	0.868 017	0.294 872
1988	1.299 439	0.777 918	0.299 439
1990	1.358 715	0.764 647	0.358 715
1992	1.364 628	0.725 668	0.364 628
1994	1.478 274	0.761 187	0.478 274
1996	1.459 786	0.760 199	0.459 786
1999	1.479 564	0.869 163	0.479 564
2000	1.525 391	0.869 629	0.525 391
2001	1.627 785	0.920 758	0.627 785

数据来源:国家统计局.中国统计年鉴(2002)[M].北京:中国统计出版社,2003.

国家统计局 1988—1999 年调查的数据也显示,国有企业职工与非国有企业职工之间存在比较明显的工资差别。国有企业职工的平均工资水平一直高于城市集体企业职工,两者之间的工资差别有逐渐加大的趋势。其他所有制职工的工资水平呈现逐渐上升的趋势,从开始的低于国有企业的工资水平(1988—1991 年)逐渐上升到高于国有企业的工资水平(1992—1999 年)。

4. 不同职位或不同岗位工资差距的变化

职位工资或岗位工资差别在不同组织中的变化表现出不同的变动趋势。在国有企业中,经过 1985 年、1993 年两次大的工资改革以及 1999 年对工资标准的较大幅度调整之后,制度工资同一等级内的标准工资由 3 倍降到 2.7 倍。由于"制度外收入"的影响,总体差距实际在不断扩大。随着各类企业和组织推行工作评价制度和实行以职位为基础的薪酬分配制度,目前的工资差别将会以公开的方式不断扩大。在非国有领域内,员工的薪资差异呈现随职位上升而拉大的趋势也已渐明显。

任务六 中国收入分配差距扩大的原因

一、任务要求

对父母所在单位的收入分配差距进行调研,分析收入分配差距扩大的原因。

二、实训

【实训名称】分析父母所在单位收入分配差距扩大的原因。
【实训目的】掌握收入分配差距扩大的原因。
【实训步骤】
1. 全班 4~5 人一组，分为若干小组；
2. 每个小组结合学习经历阐述各自对收入分配差距扩大的原因的理解；
3. 分析收入分配差距和工作效率的关系；
4. 以小组为单位，以书面形式提交讨论成果。

三、知识链接

20 世纪 80 年代以来，中国的个人收入分配及城镇劳动报酬的差距在不断扩大，这已成为公认的事实。然而，形成这种差距的原因是什么？对此则存在一些不同的解释。从已有的研究结论来看，这些不同的解释大多来源于不同的人所分析和探讨的角度不同。有的学者从居民收入来源的角度进行研究，对劳动收入和非劳动收入进行了不同的分析；还有的学者从收入分配政策的调整对收入分配差距影响的角度，特别是从中国在转型期制度方面的漏洞造成大量非正常收入的角度，讨论了寻租活动产生的收入差别；市场机制和管理方面存在的缺陷所引起的分配秩序混乱所造成的收入分配差距也是人们所关注的焦点。

不可否认，居民收入差距扩大与上述多种原因都存在一定的关系。问题在于，这些原因之间往往是相互联系，不可分割的。值得注意的是，在前文讨论中国收入分配差距现状时，我们曾提出当前中国收入分配领域突出的问题是，在收入分配领域我们能获得的信息和数据资料相当不足。因此，上述判断和结论在某种程度上都存在一定的缺陷。

归结起来，从下述几个角度可以解释中国现阶段收入分配差距扩大的原因。

(一) 经济增长和发展因素

和大多数发展中国家一样，中国的经济增长和发展由二元结构组成。一是农村经济即传统的和相对落后的生产方式，二是现代的和相对先进的工业经济。农村经济的增长和发展集中体现在农村联产承包责任制实施后的农业发展和农村非农业产业的发展。工业经济更确切地说是城镇经济，主要体现在公有经济的持续发展和非公有经济的快速发展以及国民经济各产业的不平衡发展这三个方面。

尽管农村和农业的发展也强化了农村居民收入差距，但是对这种差距影响更大的应该是农村非农经济的快速发展。如前所述，农村非农产业的发展明显地扩大了农村居民的收入差距，主要体现在农业和非农业劳动人口之间收入的差距。

在城镇经济中，国有经济发展引起的城镇居民收入差距扩大，要远远小于非国有经济由于制度和政策因素所引起的差距扩大。非国有经济的发展极大地扩大了城镇居民的收入差距。据国家统计局的测算，非国有经济职工工资收入要高于国有经济职工工资收入，同时非国有经济内部的收入差距也在扩大。据测算，1995 年的非国有经济职工工资收入基尼系数比国有经济职工工资收入的基尼系数高出 6.4 个百分点。国民经济不同产业发展不平衡也是导致城镇居民收入差距扩大的重要因素。例如，金融保险业、信息技术业、通信业等行业高速增长和发展，其员工收入要比传统的纺织、制造业等行业的职工收入，无论是绝对水平还是增长速度都要高出很多。

地区工资差别与地区间在经济增长速度（可以用地区人均国内收入衡量）、制造业的发展程度（制造业中的就业人数）以及与地区人力资本存量（地区平均教育水平）等有关。从1989年到1998年的10年间，中国地区工资差别加剧的速度很快。在地区工资表中排名越是靠前的地区，它与最低工资间的差距的变动也就越大。从1989年到1998年，与最低工资水平的差别增长了5倍以上的地区分别是上海、北京、浙江、福建、江苏、云南、河南和安徽。这种地区间的工资差别变动充分地显示了地区间在经济增长速度和生产力水平上的差异。

（二）制度或体制性因素

和其他国家区别较大的是，改革以来，中国一直处在计划经济向市场经济体制转变的过程中，制度或体制本身的变革对居民收入差距扩大的影响成为一个主要因素。这主要集中表现在行业性垄断经营、制度外收入、按生产要素分配这三个方面对工资水平的影响上。

行业垄断性经营的形成，既有生产要素占有的初始不平等的原因，也有制度障碍的原因。一些企业长期得到国家财政拨款的投资支持，形成相对很强的获利能力，同时也存在严格的进入障碍，难以形成有效的市场竞争，这就极大地维护了该部门和领域职工的利益，扩大了和其他相对弱势的部门职工的收入差距。

从1989年开始，行业工资差别基本上保持升幅。导致这段时期以来工资差别扩大的原因很多，比如：产业结构的升级以及新经济的迅速崛起造成的部分传统产业（如采掘业、建筑业、地质勘探等）的衰落；部分行业由于资本构成不高，在经济发展中与其他行业在劳动生产率上的差距不断加大，如农林牧渔业、批发和零售业、餐饮业。如前所述，在竞争性的市场条件下，行业间工资差别是由行业的产品供求状况、劳动力供求状况、行业资本构成的不同、行业劳动生产率的差异等主要因素所引起的。但是在非竞争性市场，垄断利润往往是行业工资差别的主要来源。究竟是竞争性因素还是非竞争性因素对我国行业工资差别的变动影响更大，仍需更深入的研究。

（三）政策性因素

中国居民收入受国家政策的影响较大。因此，收入差距的扩大在一定程度上也是基于政策性因素，而且在某些政策的作用下，收入分配的状况发生了较大的变动。这主要涉及税收、农副产品价格调整、住房改革等方面的政策制定与出台，这些对收入分配差距的扩大都有着重要的影响。

税收政策作为国家进行再分配的重要手段，其功能发挥的程度对居民收入分配的影响是很大的。税收政策的一个重要功能就是调节高低收入群体的收入差距，采用不同的税收政策，对收入差距的调节程度和效果是不同的。

国家对农副产品价格的控制会直接影响到农村居民收入增长程度，从而影响到城乡之间的收入差距，甚至农村内部的收入分配变动。如前资料所示，农村居民收入增长较快的几年也是城乡之间收入差距缩小的几年，同时也是农副产品的收购价格较大幅度上调的几年。

在中国，在住房改革前的相当长时间内，居民拥有公有住房权意味着可以从中获得实物性住房补贴，实际上也就获得了实物性财产收入。公有住房的分配在不同所有制企业、不同单位职工之间、不同地区之间都存在着不同程度的不均等问题。尤其是高收入者往往是高公有住房面积获得者，当市场化以后，高公有住房面积的获得者在这一过程中获得了更大的改革利益。

(四) 劳动市场因素

这主要涉及劳动力供求状况、劳动力流动以及教育和人力资本投资收益率这三个方面的因素对居民收入分配的影响。

在中国的劳动市场中,突出的问题是高级管理人才和高新技术人才极为稀缺,而普通劳动力相对过剩。由于中国快速向现代管理和现代科技迈进,市场对高级管理人才和掌握高新技术的人才需求快速增长,同时,教育体制和学科设置所存在的问题导致此类人才培养不足,高级管理人才和高新技术人才成为极其稀缺的要素。此类人才的市场价格一路飙升。对于普通劳动力,中国却出现了"无限供给"的局面,因此,普通劳动者的市场价格出现向下竞争的态势。这种现象的直接结果,就是加剧了劳动市场上收入的两极分化。

劳动力流动对居民收入分配的影响是多方面的。一方面,农村劳动力流动,特别是向城镇的流动会有助于缩小城乡间的收入差距;另一方面,这种流动增加了城镇劳动市场中非技术劳动力的供给,压低了工资率,从而扩大了与技术工人间的收入差距。

教育收益率和人力资本投资收益率在劳动力收入中的作用通常是通过受教育年限和工作经验体现的。从不同受教育年限劳动力的工资差别和对同等学历、不同工作经验劳动力的市场工资差别中,能看出教育收益率和人力资本投资收益率对居民收入分配的影响是明显的。而且这种影响也会随着劳动市场的完善和工资机制真正发挥作用而逐渐重要起来。

任务七 缩小我国收入差距的政策

一、任务要求

对父母所在单位的工资制度进行调研,设计缩小父母单位收入差距的政策。

二、实训

【实训名称】设计缩小收入差距的政策。

【实训目的】掌握缩小收入差距的政策。

【实训步骤】

1. 全班 4~5 人一组,分为若干小组;
2. 每个小组结合学习经历阐述各自对缩小收入差距的政策的理解;
3. 分析设计缩小收入差距的政策;
4. 以小组为单位,以书面形式提交讨论成果。

三、知识链接

改革开放前,中国重视强调平等而忽视效率,自改革开放以来,收入分配差距不断扩大,人们开始不断强调效率,而较少关注平等。面对收入分配差距的不断扩大,人们对平等问题的关注日益上升,缩小收入差距已成为人们的共识。目前,这种差距发展到了什么程度?是否到了政府需要加大控制和调节的程度?

来自国家发改委的《促进形成合理的居民收入分配机制》的调查显示,从 1988 年至 2007 年,收入最高的 10% 人群和收入最低的 10% 人群间的收入差距,从 7.3 倍上升到 23 倍,特别是城乡居民收入差距已达到历史最高水平,城乡整体基尼系数达到 0.465。随着经济的快速发展和城市化进程的不断演进,普通民众对贫富差距不断加大的不满也日益强烈。

由于中国目前高收入的来源与市场发育程度不高有关,因此,推进市场化的改革也成为控制分配差距扩大的一个重要方面。如打破不必要的行政垄断和市场垄断,建立规范的市场竞争机制,加强对经济活动中垄断成分的限制和管理。对垄断企业设置特别的税费,将超额利润的大部分收归国有。最大限度地消除垄断行业或垄断企业利用其垄断地位获得的垄断利润,从而调节因垄断造成的不合理的行业收入差距;推进政府机构改革和职能转移,加快政治体制改革,从而最大限度地消除"寻租"行为,调节因权钱交易而造成的不平等;加快国有经济的调整和国有企业的改革,从而提高国有经济的效率,调节因不同所有制而造成的收入差距。创造比较公平的市场机会,从而推进人们的机会平等,调节因机会不平等造成的收入差距;形成比较规范的市场秩序,从而堵住各种市场漏洞,调节因获取不合法收入而造成的收入差距;出台严格、透明的法律规定,严厉打击以各种方式获取非法收入的行为;加快国有资产管理体制的改进和创新,从体制上堵住凭借"事实上"占有国有资产而谋取各种非法收入的黑洞等。

完善和加强中国的税收政策也是一个重要的内容。这主要涉及加快个人所得税的改革。防范会计信息失真,规范初次分配,使收入分配显性化;实行收入进入实名制的个人账号的制度;实施个人收入申报制度;加强税收征管,加大税务人员的责任,改进税收征管的方法和手段,严厉打击各种偷、漏、逃、抗税的行为;加快消费税的改革,适当降低税率和调整消费税的征收范围,开征遗产税与赠与税;修改个人所得税,及早出台综合与单向相结合的征收办法等。

在救助社会贫困层和保障贫困家庭的基本生活方面,提出了调整分配政策。保护贫困户的基本生存需要和发展权利,要通过挑战分配、再分配的政策,使一部分财富从富裕层流入贫困层,从而为贫困者创造更多的发展机会;在全社会建立一个保障低收入者基本生存的"安全网",如最低生活收入保障制度;建立以反贫困为基准的福利体制。应以反贫困为基准,建立健全福利补偿制度;建立并完善社会保障体系,充分发挥社会保障制度的"扶贫救困"功能;扩大社会保障覆盖面,扩大社会保障资金来源,扩大社会保障调节手段;创造就业机会,拓宽就业渠道,减少因失业导致的贫困;制订最低工资法,从法律上保障低收入阶层的权益等。

在缩小收入差距的总体结构方面,国内也开始引入非政府组织的调节主体,如各种基金会、慈善组织、民间团体等,充分发挥它们的调节作用,缓解政府的调节压力;在各个主体的内部结构上,也开始积极发挥各级主体的作用,如政府扶贫,既要发挥中央政府的作用,也要充分调动各级地方政府的积极性。

促进公平竞争的完善劳动市场也成为缩小收入分配差距的一个重要关注点。为此,提出促进劳动市场的机会平等,反垄断和打破城乡分割,建立全国范围的劳动市场,促进劳动力流动,通过流动使报酬平均化,发挥市场力量对收入差距的收敛作用;应普及和发展各类教育,消除城乡户籍制度导致的身份不平等,促进劳动力自身素质的提高和身份的平等;完善职业经理人市场,建立和健全城乡统一劳动市场,消除引起不合理收入差距的制度性障碍等。

四、拓展训练

关于浙江省缩小党政机关部门收入差别的调查

现象：许多看上去同等级别的部门，其实际地位和所得利益却有着相当大的差别，有的差别已大到平级官员无法正常调动的程度。

分析：目前，公务员收入的差异显然不是国家统一发放的工资造成，主要来自财政上的预算外资金：一是各种各样的行政收费项目；二是来自下属实体这一变相的部门"自留地"，它们在其主管部门的"势力范围"中享受着优先的便利。

浙江省的措施：对预算外资金实行统一管理，浙江的省、市、县三级已基本建立了会计核算中心，将全省4 700多家机关单位的财政支出纳入核算中心的计算机数据统计系统。从2001年年底开始采取"削峰填谷"的财政手段，对各单位公务员的收入差距进行有机的调节，把收入高的单位高出的那部分奖金调节给收入水平低的单位。

深层次矛盾：首先是如何充分体现效率优先、兼顾公平的问题，避免滑向平均主义的老路。其次是勤政和廉政如何同步抓的问题，防止某些单位出现"不作为""少作为"的思想。

思考及讨论：根据上述案例分析制定缩小我国居民收入差距的主要政策。

任务八 综合实训

一、任务要求

分析我国工资的确定及制度设计与收入差距。

二、实训

【实训名称】回顾本项目学习的收获。

【实训目的】通过系统回顾，对本模块内容进行总结复习。

【实训内容】认真填写下列表格。

回顾本项目学习的收获					
编制部门：			编制人：		编制日期：
项目编号	007	学号、姓名		项目名称	工资确定及制度设计与收入差距
课程名称	劳动经济基础	训练地点		训练时间	
1. 回顾课堂知识，加深印象 2. 培养学生善于思考和反思的习惯 3. 工作任务驱动，使学生带着工作任务去学习					

（续表）

本项目我学到的知识或者技能	
本项目我印象最深的两件事情	
我想继续学习的知识和技能	
考核标准	1. 课堂知识回顾完整，能用自己的语言复述课堂内容 2. 记录内容和课堂讲授相关度较高 3. 学生进行了认真思考
教师评价	评分

【实训要求】

1. 仔细回想本章所学内容，若有不清楚的地方，请查看以前有关的知识链接。
2. 本部分内容以自己填写为主，不要过于注意语言的规范性，只要能说清楚即可。

三、自测题

(一) 单项选择题(下列各题只有一个符合题意的正确答案，将你选定答案编号的英文大写字母填入括号内)

1. 下列关于劳动报酬的说法中，错误的是(　　)。
   A. 它是劳动者因提供劳动而获得的所有报酬总和
   B. 它等于工资与福利之和
   C. 它就是劳动者的收入
   D. 工人的带薪休假工资、退休金是劳动报酬中的福利部分
2. 下列等式不正确的是(　　)。
   A. 工资＝工资率×工作时间　　　　B. 劳动报酬＝工资＋福利
   C. 收入＝劳动报酬＋非劳动报酬　　D. 非劳动报酬＝收入－工资
3. 下列关于货币工资与实际工资的关系的说法中，正确的是(　　)。
   A. 货币工资越高，则实际工资越高
   B. 实际工资不过是经过某种价格调整后的货币工资
   C. 实际工资与货币工资成正比
   D. 货币工资水平总是低于实际工资水平
4. 下面不是确定工资水平的因素是(　　)。
   A. 劳动者个人家庭所需的生活费用　　B. 同工同酬的原则
   C. 企业支付工资的能力　　　　　　　D. 劳动者消费水平的差异性
5. 各类人员工资在水平上的差异是指(　　)。
   A. 工资差别　　　　　　　　　　　　B. 工资水平
   C. 工资的构成因素　　　　　　　　　D. 工资率
6. 下列不属于计件工资优点的是(　　)。
   A. 有利于提高效率　　　　　　　　　B. 有利于提高质量
   C. 相对较公平　　　　　　　　　　　D. 易于计算单位产品的人工成本

(二) 多项选择题(下列各题中都有两个或两个以上的正确答案，将你选定答案编号的英文字母填入括号内)

1. 工资的职能包括(　　)。
   A. 保障职能　　B. 补偿、增值职能　　C. 激励职能　　D. 调节职能
   E. 统计和监督职能
2. 不同产业部门之间工资差别形成的原因有(　　)。
   A. 熟练劳动力所占比重　　　　　　B. 技术经济特点
   C. 发展阶段　　　　　　　　　　　D. 工会化程度
   E. 地理位置
3. 计时工资的优点有(　　)。

A. 工作时不是太紧张

B. 工资额确定简便

C. 企业易预算人工成本,雇员有固定收入

D. 雇员可重在提高质量,而不必担心数量

E. 计时工资形式形成现代家庭劳动的基础

4. 下面属于雇主提供的重要福利项目的是( )。

A. 节假日支付的报酬　　　　　B. 失业、养老、工伤、医疗等保险项目

C. 午餐和食品补给　　　　　　D. 婚丧补助金

E. 免费交通

5. 下列选项中属于收入范畴的有( )。

A. 福利　　　B. 利润分享　　　C. 利息　　　D. 红利

E. 政府转移支付

6. 下列关于效率工资的说法中,正确的是( )。

A. 雇主向雇员支付高于平均工资水平的效率工资时,固然会增加企业的劳动力成本,但可以有效地抵制雇员的消极怠工倾向

B. 由于效率工资高于平均工资,因此必然会增加企业的成本,从而使利润下降

C. 支付效率工资使雇主易于在劳动力市场上招募到自己所需要的各类劳动力,从而节约招募培训等方面的支出

D. 当效率工资所带来的边际收益等于边际成本时,企业的利润达到最大化

E. 当效率工资所带来的边际收益高于边际成本时,企业的利润达到最大化

7. 下列关于基本工资和福利的说法中,正确的是( )。

A. 基本工资是指按时间和产量计算的实际工作时间所支付的劳动报酬

B. 基本工资的支付方式是货币支付和现期支付

C. 福利的支付是实物支付和现期支付

D. 在企业的成本项目中,基本工资属于可变成本,而福利有固定成本的特点

E. 员工福利是雇主的恩惠,不属于劳动报酬的范畴

8. 歧视造成的工资差别主要体现在( )。

A. 性别、年龄歧视　　　　　　B. 种族歧视

C. 地区、行业歧视　　　　　　D. 组织歧视

E. 身份歧视

9. 影响个人收入差距最主要的两个原因是( )和( )。

A. 歧视　　　　　　　　　　　B. 在职培训

C. 正规教育的数量和质量　　　D. 家庭背景

E. 社会关系

(三) 判断题(在正确的括号里打"√",在错误的括号里打"×")

1. 工资在私有制条件下是劳动的价值和价格。( )

2. 计件工资形式形成现代家庭劳动的基础,也形成了资本主义层层剥削和压迫制度的基础。( )

3. 马克思的工资理论认为,劳动价格=劳动力的价值/工作日的小时数。( )

4. 劳动经济学研究的起点是工资理论。（   ）

5. 计时工资的一般规律是：如果日劳动量、周劳动量已定，日工资或周工资就决定于劳动价格；如果劳动价格已定，日工资或周工资就决定于日劳动或周劳动的量。（   ）

6. 在最低工资固定的情况下，随着生产扩张，劳动力需求会减少。（   ）

7. 当最低工资随价格水平同比例上升，劳动力需求减少。这意味着许多受最低工资法保护的工人面临失业的威胁。（   ）

8. 最低工资政策虽然保护了工人的某些利益，但对就业的影响不利，由于工人是依靠工资生活，无法就业也就谈不上脱困的问题。（   ）

9. 征收工薪税使雇主工资成本上升，从而劳动力需求增加。（   ）

10. 当工资率提高时，货币的边际效用增加，劳动者就会放弃闲暇而愿意提供劳动。（   ）

11. 计时工资与计件工资是应用最普遍的基本工资支付方式。（   ）

12. 工资职能是由工资的本质属性所决定的工资的作用。（   ）

13. 基本工资是按照时间或产量计算的实际工作时间得到的实际工资。（   ）

14. 维持生存工资理论的主要代表人物是著名的剑桥学派的马歇尔。（   ）

15. 集体谈判工资理论认为，工资的决定取决于劳资双方在工资谈判中交涉力量抗衡的结果。（   ）

16. 劳动分红制是对企业税后利润的一种外部再分配。（   ）

17. 年薪制是对企业职工实行的一种按年发放工资的报酬形式。（   ）

18. 工资水平的基本计算公式是：工资水平＝劳动者工资总额/劳动者平均人数。（   ）

19. 劳动者工资水平和劳动生产率的关系实质上是劳动者的劳动报酬和劳动成果的关系。（   ）

20. 企业内员工之间的劳动差别主要表现为个体劳动差别。（   ）

21. 最低工资是指行业、部门、企业等用人单位对劳动者实行的最低等级工资标准。（   ）

22. 工资差别是指劳动要素供给者之间在要素服务收入数量方面的差异和相互关系。（   ）

23. 非补偿性工资差别是因劳动者职业岗位而形成的工资差别。（   ）

(四) 简答题

1. 工资的本质是什么？它有哪些形式？
2. 简述影响工资确定的主要因素。
3. 补偿性工资形成的原因有哪些？
4. 雇主的劳动报酬计划一般包括哪些要素？
5. 什么是效率工资？效率工资形成的原因是什么？
6. 简述收入不平等测量的含义及难点。
7. 简述改革开放前后中国城乡居民收入分配差距的变化。
8. 简述中国城镇职工工资差距的变化。
9. 简述中国收入分配差距扩大的原因。
10. 简述中国缩小收入差距的政策。

项目八

劳动力市场歧视

教学目标

知识目标

1. 懂得劳动力市场歧视的含义;
2. 了解不同性别、种族、民族之间的工资报酬差别;
3. 掌握各种歧视理论;
4. 熟练掌握政府反歧视的计划。

能力目标

1. 正确理解劳动力市场歧视的定义以及对劳动力市场歧视进行衡量存在的困难;
2. 能够对不同性别、种族、民族之间的工资报酬差别问题进行进一步的详细分析;
3. 能够描述各种反歧视计划。

案例导入

我国城镇居民的收入分配差距与合理性

1. 案例呈现

《中共中央关于全面深化改革若干重大问题的决定》明确要求,要通过规范收入分配秩序,完善收入分配体制,调节过高收入,增加低收入者收入,扩大中等收入者比重,逐步形成橄榄形分配格局。

所谓橄榄形分配格局,就是以中等收入阶层为主体的一种社会财富分布状态。这样的分配格局,无疑最有利于社会稳定和社会和谐。可问题在于,橄榄形分配格局理论上很简单,解释起来也不复杂、不难懂,但是操作起来却相当艰难、相当复杂。

众所周知,在目前的社会财富分配格局中,除财富不断向富人群体集中、向少数人积聚之外,另一个重要方面就是政府对社会财富的控制力、占有率越来越强、越来越高。以财政收入为例,自1994年实行分税制改革以来,财政收入就一直以高于GDP 2倍以上的速度增长,有些年份甚至超过了3倍。正因为如此,全国财政总收入也由1994年的5 000多亿元一下子增长到2012年的11.72万亿元,增长了23倍多。财政收入占GDP的比重也由1994年的10%提高到2012年的22%,提高了10多个百分点。与此形成鲜明对照的是,居民收入占国民收入的比重则由1994年的65%左右下降到2012年的不足40%,下降了20多个百分点。

尤其值得注意的是,在这样的社会财富分配格局中,社会平均收入水平线以下的居民数量正在逐年增多,并在物价上涨、房价上涨、货币发行量快速膨胀等因素的影响下,实际购买能力离社会平均购买力越来越远,甚至向贫困线集聚,构成了倒金字塔现象。自然,对橄榄形分配格局的形成也构成了巨大的压力,产生了很大的阻力。

日前有媒体称,改革开放35年来,居民收入增长了71倍。虽然有关方面随即作出了较为客观的分析与说明,认为如果剔除价格因素,实际增长只有10倍左右。说实话,无论是71倍还是10倍,对广大居民来说,在居民收入占国民收入比重逐年下降的情况下,都没有多大意义了。因为就算居民收入增长的速度再快、倍数再多,只要居民收入在国民收入中的比重下降,就没有说服力了,也没有比较的价值了。

资料来源:谭浩俊,中国文化传媒网,2013年11月22日,有删减。

2. 案例讨论

(1) 如何看待目前我国收入分配过程中存在的诸如结构不合理、收入分配不规范等问题?

(2) 你对我国不同收入群体的分布呈现出"橄榄形分配格局"这一描述是否认可?如果不认可,据你的观察,我国的不同群体收入是呈什么样的状态?你的家庭是处在哪一种收入水平上?

3. 案例点评

我国大多数人的收入分配基本合理;分配正在向科技含量高的行业和新兴产业倾斜,脑力劳动者、技术密集领域的劳动者以及资本密集型产业的劳动者的收入正在迅速增长;人民生活水平正在以前所未有的速度提高,城镇居民的收入分配有力地支持了我国经济社会的持续快速健康发展。

我国收入分配中存在的问题虽然从某种程度上可以归结为近年来福利工资

> 化起到了抵制工资比重相对下降的作用,但是,我国城镇居民按多种要素分配还远没有真正调整到位,其他要素参与分配还需要进一步增加比重。同时收入分配不规范所造成的收入差距过大,是不合理甚至不合法的,给社会带来严重的负面影响,应采取措施重点加以解决。

任务一 劳动力市场歧视理论

一、任务要求

用自己的语言描述劳动力市场歧视理论在现实生活中的表现。

二、实训

【实训名称】劳动力市场歧视理论在现实生活中的表现。

【实训目的】真正理解劳动力市场歧视理论在现实生活中的表现,并能够用自己的语言准确表述。

【实训步骤】

1. 全班4~5人一组,分成若干小组;
2. 以小组为单位,每人用一句话说明劳动力市场歧视理论;
3. 以小组为单位,每人说出1~2种生活中观察到的劳动力市场歧视现象;
4. 每组派代表在全班做总结发言。

【实训要求】

1. 说明劳动力市场歧视理论在现实生活中的表现,要求语句及内容完整,表述清楚;
2. 要求经过讨论,明确所列举的事例如何说明了劳动力市场歧视;
3. 小组代表发言时,应对小组活动的情况做真实概括,总结性强。

三、知识链接

歧视的第一种来源是个人偏见,这种情况主要是由雇主、作为同事的雇员以及顾客不喜欢与某些属于特定种族或性别的雇员打交道而造成的。第二种常见的歧视来源是先入为主的统计性歧视偏见,这种情况主要是由雇主将某种先入为主的群体特征强加在个人身上而引起的。还有一些歧视模型则是建立在一种假设的基础上,即存在某些非竞争的劳动力市场力量。

(一) 个人偏见模型

建立在个人偏见基础上的模型一般都是假设雇主、顾客或是雇员存在"偏好型口味"。也就是说,他们偏向于不与某些特定人口群体中的成员打交道。这种模型首先假设存在一种竞争性的劳动力市场,在这种市场中的单个厂商被看成"工资接受者";然后,再来分析这些偏好口味对工资和就业的影响。在开始展开这种模型讨论的时候,我们首先来分析雇主的口味成为歧视来源的情况。

1. 雇主的歧视

（1）假设汉族男性雇主对妇女和少数民族的人有偏见，顾客和作为潜在同事的雇员则没有这种偏见（出于简化问题的目的）。

（2）这种偏见所采取的形式可能是雇主不愿意与妇女和少数民族的人之间发生什么联系，其表现是：① 雇主在任何可能的情况下都更愿意帮助自己同类的男性。② 职业隔离。这种形式主要是受雇主对自身身份考虑的影响。

雇主的这种偏见被认为导致了妇女和少数民族成员所受到的歧视性对待。此外，我们从模型的目的出发，假设这里的妇女和少数民族成员与汉族男子具有相同的生产率特征（这一假设撇开了前市场差异，从而把注意力直接导向劳动力市场歧视）。

如果雇主对雇用汉族男子从事高工资的工作有一种预定的偏好，即使妇女和少数民族成员具有与汉族男子同样的资格，他们在进行挑选决策时实际上仍然是假定后者的生产率比前者要低。由于我们假设妇女和少数民族成员的生产率与汉族男子在所有方面都是一样的，因此，他们的生产率在雇主那里的贬值完全是出于一种主观的印象，从而显然是个人偏见的一种表现。一位雇主的偏见越深，实际生产率被打折扣的幅度就越大。

假如说 MRP 代表在某一劳动市场上所有工人的实际边际收益生产率，d 代表妇女和少数民族成员的生产率被雇主从主观上进行贬值的程度，在这种情况下，只有当汉族男子的工资率（W_M）等于 MRP 的时候，他们的市场均衡才能达到：

$$MRP = W_M \tag{8.1}$$

然而，对妇女和少数民族成员来说，只有当他们的工资率（W_F）等于他们对企业的主观价值的时候，他们的市场均衡才能达到：

$$MRP - d = W_F \tag{8.2}$$

$$\text{或者} \quad MRP = W_F + d \tag{8.2a}$$

由于我们假定妇女和少数民族成员的实际边际收益生产率与汉族男子是相等的，即等式(8.1)和等式(8.2a)是相等的，因此，我们可以清楚地看到，W_F 必然小于 W_M：

$$W_M = W_F + d \tag{8.3}$$

$$\text{或者} \quad W_F = W_M - d \tag{8.3a}$$

上面的这一等式表达了一种十分简单的经济逻辑：如果妇女和少数民族成员的实际边际生产率价值遭到雇主的贬低，处于这两大类群体中的工人们为了同汉族男子竞争工作岗位，就必须以一种比他们低的工资来得到就业岗位。

2. 顾客歧视

第二种个人偏见模型强调了顾客的偏见成为歧视来源的情况。

（1）顾客歧视产生的原因。

在有些场合下，顾客可能偏好于让汉族男子来提供服务，在有些场合则偏好让妇女和少数民族成员来提供服务。如果顾客对汉族男子的偏好扩大到负责程度要求较高的工作上，如医师或飞机驾驶员，他们对妇女和少数民族成员的偏好则界定在要求从业者承担相对责任较低的工作上,如接待员或者空中小姐,那么,就出现了对妇女和少数民族成员不利的职业隔离。此外,如果妇女和少数民族成员要到那些为偏好汉族男子的顾客提供服务的工作中寻求就业,他们要么必须接受较低的工资,要么必须比汉族男子的资质更高。其原因在于顾客对汉族男子有偏好,所以,妇女和少数民族成员对企业的价值要低于汉族男子对企业的价值,即使他们与汉族男子具有同样的资质。

(2) 顾客歧视有两个含义。

① 它会导致相互隔离的工作场所出现,至少在那些与顾客有较高程度接触的职业种群中会出现这种情况。

需要迎合歧视性顾客需要的企业将会雇用那些"被偏好"群体中的人来为自己工作,与那些从非偏好群体中雇用员工的企业以及那些为非歧视性顾客提供服务的企业相比,他们必须向汉族男子支付较高的工资,也必须向顾客收取更高的价格。尽管可以预见到,歧视性顾客也许会被较高的价格所驱逐而改变自己的行为,但是与他们的歧视性偏好相联系的商品和服务可能只不过代表了他们总体消费支出的一个很小的比例。因此,他们会发现某些产品或服务的较低价格可能还不足以吸引他们改变自己的行为方式,尽管顾客歧视对于歧视者和被歧视者都会带来较高的成本,它仍然可能会继续下去。

② 在不同的职业中,属于不同非偏好群体中的成员在工资报酬被降低的程度上是不一样的,它取决于顾客对每一群体成员的偏好程度。

在分析顾客歧视时,一个可以作为分析对象的较为显眼的群体是自雇用者,这一群体的收入不仅直接取决于顾客的行为,而且很明显不会受雇主歧视的影响。一项美国经济学家对1980年美国的人口普查数据所作的详细分析表明,如果自雇用黑人男子和自雇用白人男子在1980年时具有同样的特征,他们所获得的收入仍然会比白人男子低19%左右。因此,顾客歧视不可能被完全消除。此外,值得注意的是,自雇用者之间所存在的这种19%的"剩余"差别,比该项研究同时得出的黑人雇员和白人雇员之间所存在的收入差距还要大,后一种收入差距也只不过是11%。

3. 雇员歧视

第三种以个人偏见为基础的歧视来源可以在劳动力市场的供给方面找到。

(1) 汉族雇员可能会避开那些使他们不得不以一种自己不喜欢的方式与妇女和少数民族成员打交道的工作。

他们可能会抵制从一位女性领导那里接受命令,拒绝与一位少数民族成员分享责任,或者不愿意在一种没有将妇女和少数民族成员安排在低级工作岗位上的地方工作。如果汉族男性雇员有歧视性偏好,他们可能会从一位执行非歧视型雇佣和提升标准的雇主那里辞职或不去那里求职。这样,那些希望按照非歧视性标准进行雇佣的雇主就必须向汉族男子支付一种工资奖励(一种补偿型工资差别)来留住他们。

(2) 如果企业是利润最大化的组织,雇员歧视又如何能够存在呢?

答案之一是,汉族男子构成了劳动力队伍中的较大比例,所以,很难想象如果没有了他们,生产该如何进行。一旦企业改变自己的雇佣实践,汉族男子就必须针对在企业内部所出现的一大批职位竞争者来重新进行自我调整。企业也会意识到,雇佣实践的改变就意味着对自己过去承诺的反悔,这种情况很可能会在自己的长期雇员中造成士气下降,如果生产率或雇员对企业的忠诚度下降,对企业来说,无疑是损失巨大的。因此,企业所作出的选择可能是去适应他们的这些工人的歧视性偏好。换言之,雇员歧视的存在对雇主来说可能是成本很高的,但是要想摆脱它们,成本也是很高的。

(3) 适合雇员歧视的方法之一是在隔离的前提下进行雇佣,这样,不同人口群体背景中的雇员就不需要彼此发生联系。尽管在一个工厂中完全对工人实行隔离不具备经济上的可行性,但还是有可能按照职位名称来对工人进行某种隔离。

因此,无论是雇员歧视模型还是顾客歧视模型,都有助于解释一些研究发现,即雇主通常只雇用妇女或只雇用男子来承担某一职位的工作,即使其他雇主可能会雇用许多相反性别的雇员来承担相同职位名称的工作。

(二) 统计性歧视

1. 统计性歧视产生的原因

雇主以任何一种方式获取求职者的信息都是需要付出一定成本的。显然,企业需要对求职者的个人特征作出评价,但是当他们试图对这些求职者的潜在生产率进行估价的时候,可以利用这些求职者所属的群体所具有的某些一般性信息来帮助完成这一工作。如果这些群体特征成为企业雇佣决策的组成要素,即使不存在个人偏见的情况,统计性歧视也有可能会出现(至少可以在短期内出现)。

雇主很难知道某个求职者的实际生产率是怎样的。对他们来说,在进行雇佣时获得的与生产率有关的信息只不过是教育水平、年龄、测试分数等。然而,这些要素通常只是实际生产率的一种不完全的"指示器"。因此,在某种程度上,他们往往只是对于决策中的主观要素提供一种辅助性信息,即使在没有个人偏见的情况下,这种主观要素也会造成歧视性的后果。

统计性歧视可以被看成甄选问题的一个组成部分。所谓甄选问题,是在下面这种情况下所出现的问题,即与生产率有关的可观察个人特征并不能对求职者个人的实际生产率作出完全的预测。

举例来说,假如现在有两种类型的工人在申请某一秘书工作,一种是可以在一段较长时间内每分钟打 70 个字的人,一种是可以在每分钟内打 40 个字的人。然而,这些人的实际生产率对雇主来说都是未知的。雇主所观察的只是所有求职者都要参加的 5 分钟打字测试的结果。如果雇主以这种测试结果作为甄选标准来雇用员工,会带来怎样的问题呢?

问题在于,下面的这种情况很可能是存在的:有些在实际工作中每分钟只能打 40 个字的打字员有可能会很幸运,在测试中所取得的分数超出 40。还有一些在实际工作中每分钟能够打 70 个字的人在测试中却很不走运。在雇佣决策过程中,将这种不完善的测试作为辨别员工生产率的机制会导致两种错误:有些"好的"工人会被拒之门外,有些"差的"工人却可能被雇用。

上面这个例子给我们带来的一般性启示是,如果根据求职者的个人特征(测试分数、受教育程度、工作经验等)不能对其实际生产率作出完全的预测,企业在作出雇佣决策时将会同时利用求职者个人的资料及其所属群体的群体资料来作为决策的依据。然而,运用群体资料却有可能会引起市场歧视,因为在这种情况下,具有相同的可衡量性生产率特征的人将会得到系统性的不同对待,这取决于当事人属于哪一群体。

上面所讨论的这一问题与对妇女和少数民族成员歧视问题之间的相关之处在于,雇主在进行雇佣政策时,与求职者所属的民族和性别有关的群体信息被作为对求职者个人信息的一种补充来使用。如果群体信息与求职者的实际生产率是没有关系的,或者雇主和他们所使用的甄选机制对某些群体的预测能力比对另外一些群体的预测能力更差,实际上就遇到了一个建立在个人偏见基础之上的歧视情况。然而,我们也看到了,当雇主利用群体信息来对求职者的个人信息进行修正时,他们有可能并非出于某些恶意的理由。从雇主的角度来说,这些恶意的理由是否因此就能够被合理地运用到他们对待妇女和少数民族成员的态度上去呢?

假如说就一般情况而言,由于教学质量的差别,具有高中文化程度的少数民族成员的生产率比同样具有高中文化程度的汉族男子的生产率要低;或者假如说就一般情况而言,由于职业生涯较短,具有既定教育水平的妇女比同等教育水平的男子对企业的价值要低一些。雇主在做决策的时候可以利用这种群体信息来修正求职者的个人信息。其结果是,在汉族男子与妇女或少数民族成员具有相同可衡量性生产率特征的情况下,汉族男子会受到系统性的偏爱,而从经验上讲,这种情况将会被确定为劳动力市场歧视。

2. 统计性歧视带来的不利影响

(1) 把群体信息作为个人信息的一种补充,这种做法会带来一种副作用,这就是尽管就一般情况而言,它有可能会引导雇主作出正确的雇佣决策,但是它也有可能把群体特征强加给那些虽然属于某一群体但其自身的群体特征并不十分明显的个人身上。

不可否认的一点是,在妇女中也会有一些人有着较长的工作生涯且不会出现职业中断现象,正像商业学校的毕业生中肯定也会有一些人不善于考试,因而在测试中所获得的成绩比他们在实际工作中能够达到的水平要稍差一些一样。同样,也有一些少数民族的高中毕业生是能力很强的,如果不是由于家庭贫困的制约,他们本来也是会去上大学的。所以,如果将群体资料应用于这些非典型的群体成员,他们将会遭到不恰当的贬抑。他们与那些被雇用的人有着相同的实际生产率,只是由于与他们相联系的那些群体特征不利而无法得到工作。

因此,统计性歧视可能会在汉族男子与其他群体中的个人具有完全相同的已衡量生产率特征的情况下,导致雇主产生对前者的系统性偏好。还有可能出现的另外一种情形是,由于妇女或少数民族成员受到上面所提到过的那种群体贬抑,他们在具有与汉族男子完全相同的实际生产率的情况下,所得到的工资却比后者要低。这些问题虽然都是因雇主在进行雇佣决策时使用了群体信息而造成的,但是雇主在运用这些信息时却并不一定是受偏见的驱使。然而,从运用群体信息的表面现象以及它所造成的后果来看,却让人觉得似乎是存在偏见的。

(2) 统计性歧视模型的一个重要含义是,同一群体中的每一成员之间的相似性越差,运用群体信息作为甄选工具所带来的成本就越高。比如,随着比例越来越高的妇女希望从事全日制的、一年到头的工作,并且不愿意退出劳动力市场去生养孩子,那些运用性别作为一种方便的指标来预测求职者在劳动力队伍中停留时间长短的雇主就会发现,他们犯了一个代价极高的错误。他们将会拒绝许多具有终身劳动力参与意愿的女性求职者(对雇主来说,对这些人进行特殊培训的投资是值得的),同时会接受一些生产率较低的男性求职者。在这两种情况下,使用不正确甄选工具的企业会比那些使用正确甄选工具的企业所获得的利润要少。这样,随着相关人口群体内部的不可衡量的差别越来越大,民族或性别群体的群体信息被使用的可能性就会越来越小,统计性歧视也就会随之而逐渐消失。

(三) 非竞争性歧视模型

1. 拥挤效应

(1) 由于职业隔离，尤其是按照性别形成的职业隔离在现实中是存在的，并且其严重程度也是较高的，因此，这使一些人认为职业隔离是为了在某些特定行业中降低工资而故意采取的拥挤政策所造成的一种后果。

(2) 拥挤现象本身不容易得到解释。

如果男性和女性在某种工作中或某一组工作中具有相同的生产率，有人可能会认为，妇女人为地挤进某些特定类型的工作之中导致她们只能获得较低的工资，但是这种较低的工资反过来又使她们对企业的吸引力更强，从而诱使那些在其他类型的工作中使用男性劳动力的企业现在也转过来用成本较低的女性劳动力来对这些岗位上的男性进行替代；这种利润最大化行为应当会逐渐地消除任何工资差别。然而，尽管我们非常清楚，只要拥挤现象或职业隔离尚未得到消除，那就说明在市场上仍然存在着非竞争性的人口群体（从而存在雇员流动障碍），但是，我们仍然需要解释的是，为什么在一开始时会存在这些非竞争性人口群体。在过去的70年中，经济学家们提出了各种各样的解释：如把某些工作界定为"男性工作"而把另外一些工作界定为"女性工作"的过程是通过社会习俗完成的差异以及男性和女性对买方独家垄断雇主的供给曲线有所不同等。

2. 双重劳动力市场

(1) 双重劳动力市场论者将整体的劳动力市场看成被分割开的两大非竞争性部门，即主要部门和从属部门。

主要部门中的工作所提供的是相对较高的工资率、较为稳定的就业、良好的工作环境以及进一步发展的机会。从属部门中的工作则只能提供较低的工资率、不稳定的就业以及较差的工作条件，并且根本没有职业发展的机会；在这类部门中，教育和经验的收益被认为接近于零。

在双重劳动力市场论者的分析方法中，非常关键的一点在于他们认为两大部门之间的流动是非常有限的。被归入从属部门的工人也被打上了不稳定、不受人欢迎的标签，一般认为，他们获得主要部门的工作的希望是极其渺茫的。

(2) 双重劳动力市场论者进一步认为，从历史上来看，大部分妇女和少数民族成员都是在从属部门中就业的，而这导致了一种长期延续下来的对他们的歧视。

他们认为，妇女和少数民族成员之所以成为被歧视的对象，主要是因为他们（作为一个群体）的工作经历总是不稳定的，而这种工作经历的不稳定本身又是他们无法进入主要劳动力市场的原因。

(3) 双重劳动力市场理论关于歧视的描述并没有真正解释引起妇女和少数民族成员被界定到从事工作上去的原因。

有些马克思主义经济学家认为，非竞争性部门的存在至少可以部分地归咎于资本家在以下方面所做出的努力：将劳动者分离开来，以免他们组织起来形成一种反对资本主义制度的力量。一些在更为接近新古典理论的框架中展开分析的经济学家认为，两大劳动力部门的出现以及工人被分配到这两大部门之中这种情况的出现，是由于对不同类型的工人进行监督时所需要付出的成本有所差别。企业可以利用"效率工资"或较为陡直的年龄——工资报酬曲线（主要部门的特征）来作为一种激励工人和打击消极怠工行为的工资战略。这两种战略是有意要鼓励并促成工人与企业之间建立一种长期的雇佣关系。对于那些预期服务时间较短的工人,就要求企业对他们的工作努力程度进行直接的监督;对于这些工人,企业没有动力去采纳高工资战略或延期支付工资战略。

由于妇女在历史上进出劳动力市场的频率较高(因为她们要结婚和生孩子),所以有一种解释认为,她们为什么在最初时会被分配到从属部门中去工作这一问题的答案实际上是不言自明的。至于少数民族成员为什么会在一开始时就被界定到从属工作中去,其原因则是不太明显的。

然而,经验证据表明,在劳动力市场上确实存在两大部门。

3. 与搜寻成本有关的买方独家垄断

它是建立在一种前提假设之上的,即对所有的雇员来说,都存在一种搜寻工作的成本。这种模型将厂商行为中的买方独家垄断模型和在前面所讨论的歧视现象结合在一起。

假如说并非所有雇主都拒绝雇用妇女或少数民族成员,只是有些雇主出于他们个人、他们的顾客以及他们的雇员所带来的偏见而会这么做,但是没有哪一位雇主会拒绝雇用汉族男子。正在寻找工作的妇女和少数民族成员并不知道哪一位雇主会拒绝他们,所以,为了获得与汉族男子同等数量的工作机会,他们就不得不比汉族男子进行更长时间和更为艰苦的搜寻。换言之,只要存在某些歧视性的雇主,妇女和少数民族成员的工作搜寻成本就会上升,这会使他们的流动次数比汉族男子要少(在其他条件相同的情况下)。雇员搜寻成本的存在可能会导致单个雇主面临一种向上方倾斜的劳动力供给曲线,而这表明劳动力的边际成本将会上升到工资以上,从而即使是在劳动力市场上有很多雇主的情况下也会引发雇主的买方独家垄断行为。劳动力供给曲线的倾斜角度越是陡直,则工资和边际劳动力成本之间的差距将会越大。于是,追求利润最大化目标的雇主在选择雇佣水平时最终会停留在劳动力的边际成本等于边际收益的那一点上。所以,与那些具有更为扁平的劳动力供给曲线的工人群体相比,劳动力供给曲线越是陡直的工人群体所获得的工资相对于其边际收益产品而言就显得越低。

4. 串谋行为

(1)串谋行为的含义。即雇主们彼此联合起来,合谋对少数民族成员(或妇女)进行压制,从而制造一种被压制群体不得不接受买方垄断工资的局面。

(2)产生串谋行为的原因。一个较为令人信服而且比较完整的关于歧视的串谋理论认为,偏见及其所导致的冲突是资本主义社会所固有的特征,因为他们都是服务于资本所有者的利益的。即使资本的所有者并没有合谋起来制造偏见,他们也会发现,如果这种偏见能够得以延续下去,他们就能够增加自己的利润。工人们被按照民族或性别分割开之后,要组织起来就更为困难了,即使他们现在已经组织起来了,他们坚持自己要求的程度也会有所减弱。此外,歧视在工厂中所制造的对立也转移了工人们对不良工作条件的关注。所以,这些理论认为资本所有者是歧视的受益者,而所有工人,尤其是妇女和少数民族成员,都是歧视的受害者。

(3)串谋行为模型直接引发了另外一些问题的提出。如果歧视是由资本家制造的或至少是由资本家故意保持的,又如何解释在资本主义社会以前的其他社会中以及在社会主义社会中所存在的歧视现象呢?进而言之,下面这种情况可能是一种事实,即如果所有的汉族雇主都串通起来将妇女和少数民族成员固定在低工资、低地位的工作上,他们能够获取垄断利润。但是,如果并非所有的雇主都能遵守串谋协议呢?比如,我们来看下面这种情况所产生的后果:如果从雇主 A 到雇主 Y 的其他所有雇主都遵守串谋协议,但雇主 Z 却总是怀有一种破坏协议的动机。由于遵守协议的其他雇主都不雇用妇女或少数民族雇员,雇主 Z 就可以很便宜地雇用到这些人,通过这种方式他显然能够提高自己的利润水平。这是因为从雇主 A 到雇主 Y 的其他所有雇主都雇用价格较高的汉族男子来填补工作岗位,他却是用其他条件相同但工资较低的妇女和少数民族成员来填补的。由于其他的每一位雇主都与雇主 Z 有相同的动机,因此,假如违背协议者不能以某种方式得到应有惩罚,串谋必然会破产。显然,串谋行为模型并没有告诉我们串谋协议是如何在上百万雇主中得到维持和协调的。

(四) 对歧视理论的评价

我们对于各种歧视理论的分析表明,当前劳动力市场歧视是各种阻碍竞争的力量或阻碍劳动力市场向竞争性力量进行调整的因素所造成的一种结果。有些理论假设非竞争性要素从一开始时就存在,"个人偏见"理论没有作出这种假设,但是它却无法解释这个问题,即在一个完全竞争的市场上,当前劳动力市场歧视是如何维持下来的。比如,产品市场会对那些实行歧视的雇主以及当妇女和少数民族成员的一般特征已经发生改变而它们的甄选工具却没有作出改变的雇主实施惩罚。然而,在考虑歧视成本极高的同时,我们还必须记住,消除这种歧视行为要付出较大的成本。

尽管没有一个模型可以证明自己比其他模型更能够解释现实,但是这些理论以及它们所要解释的事实却表明,在消除非竞争性影响(或滞后影响)方面,政府干预可能是有用的。

四、拓展训练

政府对劳动力市场歧视的管制

(一) 美国消除劳动力市场歧视的立法及实施

1. 《1963 公平工资法》

该法律宣布,对于运用相同技术并在相同工作条件下完成工作的男性和女性分别支付不同工资的做法是非法的,在消除工资差别方面迈出了重要一步。

该法对雇佣机会均等和晋升机会均等没有作出规定,不仅应当要求雇主对具有相同生产率的人支付相同的工资,而且应当要求他们为具有相同生产率的人提供相同的就业和晋升机会。

2. 《民权法案》第 7 章

该法律规定,任何雇主"因为任何个人的种族、肤色、宗教信仰、性别或祖籍来源等原因而拒绝雇用之或解雇之,或在工资、待遇、工作条件或就业优惠权利等方面对个人进行歧视"均属于违法行为。同时,第 7 章的规定使得劳工组织的许多做法都成为非法,比如,不允许个人加入工会组织;对工会成员进行相互隔离;拒绝向某些工人提供就业机会或批准工人参加学徒培训计划等。

3. 联邦法院制定的两套歧视标准

差别待遇歧视标准:如果个人因为他们的民族、性别、肤色、宗教信仰或祖籍来源而受到不同的对待(如被雇主支付不同的工资或福利),并且可以明显地看出存在一种故意的歧视,根据第 7 章的规定,就可以说存在差别待遇歧视。

> 差别结果歧视标准:在这种判断方法中,歧视是一种结果,而不是一种动机。如果有些人事政策看上去似乎是属于中立性质的,实际上却因种族、性别等而出现差别,这些人事政策也会受到第7章的禁止,除非这些差别是与工作绩效联系在一起的。
>
> (二)日本消除劳动力市场歧视的法律
>
> 《男女雇用机会平等法》于1986年4月开始实施,该法明确规定,禁止在教育培训、福利卫生、退休退职和解雇等方面的差别待遇。要点为:
>
> (1)关于就业机会与劳动待遇方面的均等。作为雇主的责任是:① 招聘、录用员工时,提供均等的机会,在工作岗位安排与提升方面做到平等;② 在退休、解雇方面禁止设置与男性不同的条件;③ 禁止以婚姻、妊娠等作为解雇女性员工的理由;④ 在福利方面禁止与男性差别对待。
>
> (2)关于女性员工劳动保护规定的修改。放宽了对女性员工的劳动保护,如废除对担任管理职务、技术职务的女职员在制度时间以外以及节假日进行工作的限制规定;承认女性妊娠、产期以外可以参与部分政府行政部门认可的低度危险及有害性工作的岗位。
>
> (3)有条件地放宽与产假相关的待遇。

思考及讨论:结合自己所学专业,分析政府行为对劳动力市场歧视管制的影响。

任务二 我国的劳动力市场歧视问题

一、任务要求

用自己的语言描述我国的劳动力市场歧视问题。

二、实训

【实训名称】用自己的语言描述我国的劳动力市场歧视问题。

【实训目的】真正理解我国的劳动力市场歧视问题,并能够用自己的语言准确表述。

【实训步骤】

1. 全班4~5人一组,分成若干小组;
2. 以小组为单位,每人用一句话说明我国劳动力市场歧视的一个突出问题;
3. 以小组为单位,每人说出1~2种生活中观察到的我国的劳动力市场歧视现象;
4. 每组派代表在全班做总结发言。

【实训要求】

1. 说明我国的劳动力市场歧视问题,要求语句及内容完整,表述清楚;
2. 要求经过讨论,明确所列举的事例如何说明了我国的劳动力市场歧视问题;
3. 小组代表发言时应对小组的活动情况做真实概括,总结性强。

三、知识链接

(一) 劳动力市场歧视的基本理论

1. 我国劳动力市场歧视的含义

歧视是指相同的人或事被不平等地对待或者不同的人或事受到同等的对待。个人在劳动力市场取得的价值取决于影响其边际生产率的所有供求因素,当与劳动生产率无关的因素在劳动力市场上取得了正的或负的价值时,就产生了劳动力市场歧视。

从广义上来说,歧视的概念是在中性意义上使用的,是指"有所区别地对待"。《布莱克维尔政治学百科全书》认为,从最广泛的意义上说,该词是对一种差异、一种区别或不同待遇的感受。从这个道德上的中性含义来说,在某种特定的环境中,亚里士多德的正义原则也要求歧视的存在。这种原则告诉我们用相同的方式对待相同的情况,用不同的方式对待不同的情况。从狭义上来说,歧视的概念具有消极意义。具体而言,所谓歧视,不是以能力、贡献、合作等为依据,而是以诸如身份、性别、种族或社会经济资源拥有状况为依据,对社会成员进行"有所区别地对待",以实现"不合理"的目的,其结果是对某些社会群体、某些社会成员形成的一种剥夺,造成一种不公平的社会现象。当然,经济上的不平等并不意味着歧视的存在,收入的变化反映着边际收益和工作时数的变化,而教育程度、工作技能和工作经验等因素都会造成这种变化,排除了这些因素的余项才是劳动力市场歧视。

2. 我国劳动力市场歧视的来源分析

劳动力市场歧视破坏了社会公正原则,导致被歧视者精神上和经济上遭受双重损失,同时也降低了整个社会的经济效率,导致产品和服务的总产出减少。众所周知,我国劳动力资源非常丰富,这是我国的一大特色。但劳动力资源要发挥作用还要受到社会资源的约束,即劳动力资源必须与社会资源相结合才具有生产性,当社会没有条件提供足够的岗位而形成大量失业时,反而会造成社会的不稳定,这时劳动力资源会成为一种社会负担,劳动力市场供大于求无疑是性别歧视在内的各种歧视造成的。

尤其在经济全球化日益发展的当今世界,劳动力市场歧视更应该引起高度重视。劳动力市场歧视通常有三种来源:其一来源于个体的歧视偏好,因这种人不喜欢与某些特定人群中的成员打交道而产生的歧视;其二来源于统计性的选择,雇主将某种先入为主的群体特征强加在个体身上引起的歧视;其三来源于非竞争性的劳动力市场力量,由某种制度约定俗成形成的歧视。

3. 我国劳动力市场歧视的基本类型

在我国的劳动力市场上存在着形形色色的不平等现象,这些不平等现象有些属于劳动力市场歧视行为,有些则不是。一些用人单位的歧视观念严重,再加上劳动力市场运行不规范,相关的法律监督不到位,劳动力市场歧视情况不容乐观。

(1) 拥挤中的歧视。拥挤中的歧视理论认为,生活中按照性别形成的职业隔离是客观存在的,职业有一个传统、文化和习俗的背景。较多的妇女挤进某些特定职业的工作,引起这一劳动力市场中过分拥挤,加大了劳动力市场的卖方竞争,导致她们只能获得较低的工资。反过来,这种较低的工资又使她们对企业有着更强的吸引力,雇主也愿意在这些存在拥挤的岗位上以较低的工资雇用更多的妇女,这也使职业隔离或者某个职业的劳动力供给中的拥挤现象难以消除。拥挤中的歧视性结果很难改变。

(2) 双重劳动力市场中的歧视。现实中,劳动力市场被无形地分割成两大非竞争性部门,即主要部门和从属部门。主要部门中的工作提供的是相对高的工资率、较为稳定的就业、良好的工作环境以及进一步的发展机会。从属部门中的工作提供较低的工资率,并且没有职业发展的机会。在从属部门,教育和经验的收益被认为接近于零。在两大部门之间劳动力的流动是非常有限的,从属部门中的工人仿佛被打上了不稳定、不受人欢迎的标签,他们获得主要部门的工作的希望极其渺茫。大部分受歧视群体的成员一般在从属部门中工作,这种现实导致了对他们的一种延续不绝的歧视。

(3) 搜寻成本中的歧视。劳动力市场上不是所有的雇主都有"歧视偏好",正在寻找工作的受歧视群体并不知道哪一位雇主会接受他们。而未受歧视的群体,由于工作搜寻成本较低,较之受歧视群体,他们的流动性更大,劳动力供给弹性也更大。如果所在的企业稍微减少一点工资,必然会导致这些工人离开这家企业;稍微增加一点工资,就会从其他厂商那里吸引来许多求职者。所以,追求利润最大化的雇主必须支付给他们更高的工资;相反,受歧视群体的员工虽然可能具有相同的生产率,但是他们的流动性和劳动力供给弹性更小,他们所得到的工资也较少。

(4) 合谋行为中的歧视。如果雇主们彼此联合起来,合谋对某一些群体进行压制,从而制造一种被压制群体不得不接受买方垄断工资的局面,这就是合谋行为歧视。如果合谋成功,雇主们的歧视偏好将得以持续,他们将能获得生产要素市场上的垄断利润。对这种歧视,资本所有者是歧视的受益者,被压制群体则是歧视的受害者。但是,如同产品市场中寡头间相互勾结限产提价的协议一样,这种合谋协议也存在着不稳定性,因为在其他雇主遵守协议的情况下,任何一名雇主私下违反合谋歧视协议,就能获得超额利润。这时,违背协议者如果不能受到及时的惩罚,更多的雇主将纷纷破坏协议,合谋必然破产。

(5) 资历制度中的歧视。资历是按照一个人在工厂或公司中甚至是在一个部门中工作时间的长短来计算的。大多数企业自觉或不自觉地把资历作为一项重要的参考,用来决定员工的工作分配、职称晋升和工资升降。雇主们也常常按照资历的长短来决定被解雇员工的顺序,一般情况下,资历最浅的员工最先遭到解雇。在资历制度下,边际雇用和边际解雇的人往往是女性或少数民族的员工。由资历制度引起的差别性对待在现实中非常多见。

在劳动力市场上经常遇到的歧视还有种族歧视、性别歧视、就业歧视、职业歧视、疾病歧视和人力资本投资歧视等。无论对个人还是社会来说,歧视都是要付出代价的。由于歧视的存在,有时候不仅被歧视者遭到损失,而且歧视者也可能遭到损失,最终歧视会使整个社会遭到损失,主要表现形式就是社会的整体效率降低。

(二) 我国劳动力市场歧视的现状分析

跨入新世纪后,我国劳动力市场面临着诸多挑战。人口总量与结构的变化和经济增长方式的变化都对我国经济的发展产生了巨大影响,而劳动力市场歧视作为一股新兴势力在我国社会经济发展中愈演愈烈。目前,我国劳动力市场中普遍存在着多种多样的歧视问题,主要可归纳为以下几个方面内容。

1. 我国劳动力市场中的地域歧视

我国作为一个幅员辽阔、人口众多的多民族大国,地域性差异严重威胁着社会及经济的发展,因而直接导致了劳动力市场中地域歧视的存在。地域歧视的主要表现包括城市人歧视农村人、大城市人歧视外地人、经济文化发达地区的人歧视经济文化落后地区的人。此外,还有对某一省籍、某一地区的人的歧视。

2. 我国劳动力市场上的行业歧视

一些劳动力流向较集中的城市,把劳动力市场分成较好的与较差的两类,然后允许外地劳动力进入较差的劳动力市场,较好的劳动力市场则限制或禁止外地劳动力进入。具体来说,这种劳动力行业的限制又可以分为两类,即无差别性限制和特许性限制。无差别性限制是指对所有外地劳动力不加区别地对其所要进入的行业加以限制。特许性限制是指根据外地劳动力在技能、素质或其他方面的差别,区程度不同的限制。如一些劳动力流向较集中的城市往往规定本科以上学历者求职的行业与工种不受任何限制;再如,一些发达城市对中央确定的作为其帮扶对象的贫困地区劳动力在行业与工种的选择上给予照顾。

3. 我国劳动力市场上的年龄和性别歧视

我国劳动力市场上广泛存在着年龄和性别的歧视。在年龄方面,目前我国法律只规定了录用人员年龄的上限和下限,用人单位则可以在这个范围内任意决定招收的年龄段。在招聘中对求职者年龄进行限制的现象已经越来越普遍,甚至很多与年龄并不相关的岗位也对年龄予以限制。女性一般要求年龄在20~28岁,男性一般都要求在35岁以下。如果年龄在45岁以上,求职时则很少有人问津,以至于难以找到适合自己的工作岗位。

中华人民共和国成立以来,在消除性别歧视和促进两性平等方面可以说取得了很大的成绩,国家出台了一系列法律法规,包括《劳动法》《妇女权益保障法》《女职工劳动保护规定》等。然而在现实中,就业领域内仍然存在着比较严重的性别歧视,许多单位不愿意雇用女性,或者在招聘时对男女求职者采用不平等的标准。很多企业的招聘广告中公然对应聘者的性别和年龄提出限制,而实际上从招聘人员的岗位来看,这种年龄和性别上的约束并无必要。据相关数据显示,2000年城镇妇女在女性人口中的就业率为72.10%。而且男性与女性的收入差距越来越大,比10年前扩大了14个百分点。在美国,《公平就业法》规定,雇主在雇用人员时,如果对雇员的年龄、性别、宗教、种族等提出特殊的限制要求,雇主必须对这种限制作出合理合法的解释,否则,就被视为违法。在我国,目前关于公平就业的法律规定还不完善,执行上也不得力。一些企业虽然口头上反对性别和年龄歧视,但在实际做法上,仍然奉行这种歧视。

4. 我国劳动力市场上的学历和经验歧视

近几年,随着求职者整体学历水平的提高,用人单位的条件也水涨船高,一些用人单位一味追求高学历,即使是一些适合大专学历的岗位,也非要本科甚至研究生不可,导致研究生做大专生、本科生就可以做的工作,造成了极大的人才浪费,也产生过度教育的问题。在提高学历门槛的同时,许多企业和事业单位还要求应聘者必须有一定的从业经验和资历,政府部门在公开招聘干部时也往往要加上这些限制条件,这使得一些没有工作经验的大学生或者无工作经验的普通求职者望而却步。事实上,有些职位对经验的依赖并没有那么严重,只要经过短期的接触或培训就能胜任。

就当前我国劳动力市场来说,歧视问题不仅普遍存在,而且较为严重。农民工与女性可以说是遭受歧视最大的两大不利群体。但是,由于特定的经济制度安排和社会文化传统等因素,我国劳动力市场歧视问题研究还不能照搬西方模式,因此,探寻适合我国社会经济发展的特色道路尤为重要。诸多劳动力市场歧视的存在对我国经济与社会的发展造成了很大的负面影响,主要表现在对社会公正的基本规则的损害、经济效率的降低、人力资源开发度的降低和对建立健康有序的劳动力市场的妨碍。可以说,如果当前劳动力市场中的歧视问题得不到切实有效的解决,则要达到社会主义市场经济机制的建立目标也要大打折扣。

(三)我国劳动力市场歧视现存问题及成因分析

劳动力市场歧视不仅降低了劳动配置效率,也违背了社会公平,近年来性别、年龄、工作经验、地域等歧视日益为研究者所关注,认识歧视存在背后的原因并找到针对性的反歧视措施对促进劳动力市场效率与社会和谐具有重要意义。

1. 传统观念的影响

传统文化对女性就业的不利影响主要表现在前市场歧视和市场中歧视两方面:前市场歧视是指在劳动力未进入市场前就存在的歧视;市场中歧视是指劳动力在劳动力市场中所受的歧视。长达两千多年的"男尊女卑"的封建思想残余,在我国社会各界不同层面(尤其是不少用人单位)仍有不同程度的影响。长期以来,我国关于两性的传统观念是"男主外,女主内"。近年来虽然有所改变,但并没有从人们的思想深处根本消失。社会对女性的家庭角色的期待大大高于对其社会角色的期待,这种观念左右着家庭成员的内部分工以及社会分工。妇女是家务劳动的主要承担者,并且社会对女性这种家庭角色的强调在一定程度上塑造了性别角色,性别角色先入为主的观念削弱了女性的事业成就欲望和地位信心,使女性对职业和成功的期望值降低,更容易使雇主产生不公平的雇佣观念。

2. 劳动力过剩

据有关部门统计,我国农村已形成1.5亿剩余劳动力,城镇下岗失业人员1 000多万。如果将城镇新增需要安排就业的劳动力一并考虑,每年我国城镇需要安排就业的劳动力达到2 200万~2 300万人。由于劳动力供大于求,人才在发达地区过于集中,用人单位有很大的选择余地。在用人成本相当的情况下,用人单位当然愿意选择能力较强的人,因此,在招聘时挑三拣四,出现对劳动力的歧视现象。

3. 用人单位自主权大

用人自主权是指用人单位在用人选择上有基于用人偏好、工作性质、需求以及员工工作能力等因素进行自由选择的权力。在西方发达国家,用人自主权的行使往往要受到法律方面的一些限制。例如,按照法律,美国雇主在招聘的时候不可以对年龄、肤色、性别、宗教信仰等提出要求,在面试时所提出的问题也不能涉及上述内容。法律对这类歧视并没有作出禁止性的规定,因而不能说这类歧视是违法行为。由于缺少法律对用人单位用人自主权的限制,用人单位可以随心所欲地制定用人规则,由此导致用人单位侵害求职者平等就业权的现象经常发生。因此,在我国若要改变这种状况,就必须完善有关立法,以保障劳动者依法享有的各种权利。

4. 法律意识淡薄

一些用人单位只从自身的利益出发来考虑问题,随心所欲地制定招聘规则,至于是否产生了对其他人的伤害或歧视和是否违反了法律则很少考虑,或者根本就没有考虑。此外,劳动者也缺少维权意识,我们常常看到,即使知道用人单位违法,也很少有人用法律来维护自己的权利。大多数人的容忍态度使用人单位的违法行为成了熟视无睹的社会现象。绝大多数外资企业在其国内是绝对不敢公然在招聘广告上划定性别或年龄等界限的,然而它们在中国也开始默许甚至纵容这种公然的歧视,其原因就是中国没有专门的政府机构监管劳动力就业歧视问题。实际上,一些单位是盲目跟风才实施招聘歧视的,有些单位利用种种荒唐的招聘条件大肆炒作,以提高知名度。如果一家单位在招聘过程中的招聘歧视没有得到纠正,其他单位很可能会群起而效仿。因此,缺乏加强对劳动力就业歧视的监管是劳动力就业歧视蔓延的一个重要原因。

5. 户籍制度和城乡就业壁垒

户籍管理制度是我国一项重要的劳动力管理制度。改革开放以来,虽然户籍制度也进行了多次改革,但我国目前劳动力市场的现实是:劳动力可以在部门之间或城乡之间流动(虽然流动成本很高),但由于户籍制度的存在,不能进入特定的劳动力市场。比如,农村劳动力可以进入城市,也可以进入一级劳动力市场;城市企事业单位招收农民工往往只局限于一些"粗、重、脏、累"的工种。农民工很难按照自己的理想进行职业选择,他们在工资待遇、劳动争议处理机制、维护自己合法权益方面均无法与他们的城市同行看齐,这些限制进而深深地伤害了他们的自尊。我国计划经济时期存在城乡之间的二元劳动市场,随着国家经济市场化进程的推进和户籍制度的改革,逐步演变为城市内部的二元劳动力市场。要克服这种由于双重劳动力市场结构而形成的劳动力市场歧视现象将是一个长期的任务。

(四) 解决劳动力市场歧视问题的对策

1. 加强反歧视教育

劳动力市场上的歧视除了受经济利益的驱使之外,还有雇主个人的偏见。偏见是指人们对那些和自己有着不同特征或信仰的其他人持有的成见或反对状态,它是歧视的内在动因。从经济学角度看,由偏见驱使的歧视导致经济资源配置的非效率性肯定是与企业的利润最大化目标相背离的,而持有偏见的雇主却能够接受这种企业目标的背离。

教育的一项任务就是让人们认识到,人和人虽然有着这样那样的个体差异,但人们之间的权利是平等的,从而消除他们之间的偏见。我们应该努力强化教育的这个任务,特别是在初等教育和中等教育中有意识地消除那些处于萌芽阶段的歧视偏见。

2. 建立反歧视法

政府可以通过一些反歧视法律来禁止劳动力市场上各种歧视现象。一方面,反歧视法通过法律条文的形式向人们传递一个明确的信息,即政府反对歧视,主张人人平等;另一方面,反歧视法可以加大歧视者的风险和成本,如果有歧视行为,就会受到法律的惩罚,这将大大减少歧视行为。我国应该取消原有法律体系中的诸多歧视性立法,并加快修订反歧视法。

3. 设立反歧视政府补贴

政府可以通过对歧视行为进行补贴来鼓励雇主放弃歧视。对那些在雇佣、工资和升迁等方面没有歧视行为的雇主,政府进行补贴,以激励那些没有歧视的雇主。当然,这种补贴不一定表现为政府对雇主的货币支付,在现实中这种激励更多地表现为一种政策优惠和税收减免。例如,我国明确规定,安置"四残"人员占生产人员总数的35%以上,免征企业所得税。安置"四残"人员占生产人员总数的比例在10%~35%的,减半征收企业所得税。

4. 创造竞争充分的劳动力市场

一些人接受低工资,也就是说,工资低于他们可以在其他就业机会中挣到的工资。人们之所以能够接受低工资的就业岗位,是因为他们不知道还有其他更好的就业机会。如果劳动力市场信息充分、完全,一个能创造1 000元边际收益的雇员屈就于500元工资岗位的事情是不太可能发生的。

5. 减少职业隔离

职业隔离导致受歧视群体在低收入部门占了大多数,使低工资职业和高工资职业之间形成巨大的鸿沟。然而,如果受歧视群体受到良好的教育和培训,职业隔离就很难维持。教育和培训开辟了就业机会,那些有就业机会的人不会轻易地进入一个指定的职业;他们是流动的,而且可以比较容易地找到工作,因此,向少数群体或受歧视群体提供良好的教育是打破职业隔离的一种最有效的方法。

6. 减少人力资源开发中的歧视

人力资本投资就是花在教育、培训和保健方面的钱,以生产率提高和收入提高的形式提高收益率,一些受歧视群体通常没有或者不能在人力资本方面进行足够的投资,而且在人力资本方面的公共投资也分配得不平等。人力资本歧视的消除会减轻大多数市场歧视的作用,其原因在于劳动力市场中很难歧视那些生产率较高且具有工种选择能力的人。

四、拓展训练

我国劳动力市场存在歧视现象吗?

问题1:在工作应聘中,女性的被拒绝率远远高于男性,而且各组织中高层次职位上男性的比例远远高于女性

根据经济学家对歧视的界定,男性和女性在经济方面并不完全相同,两性之间的差别是不可忽视的,将此完全归结为性别歧视是不完全正确的。由身心特征差别所导致的区别对待是市场竞争选择的结果,这种差别对经济资源的配置是有效的;由偏见导致的区别对待则属于劳动力市场歧视行为,会造成经济资源的浪费。

问题2:关于阶段就业和妇女回家的讨论

对于女性要不要阶段性就业以及决定她们花费在家庭活动中的时间问题,根据"家庭产出与时间配置"的理论,关键看家庭成员的单位时间的市场报酬替代率,同时也要看到女性在家庭中是否具有不可替代性,尽管家务活动被经济学认为是没有市场价值的活动。

问题3:退休年龄男高女低,女性提前退休

这是一种明显的性别歧视。没有顾及人口平均寿命的变化,不考虑对男女生产效率的比较,导致不平等的就业结果。

退休年龄差距影响退休金分配。退休年龄为男性60岁,女性55岁,女性就比较不容易得到满额退休金。

退休年龄差距影响女性的职业寿命,进而影响企业对女性的雇佣和职务晋升的决定,对女性产生负面影响。

退休年龄提前的硬性规定,实际是浪费人力资源的行为。50多岁的劳动者经验丰富,可以认为是职业生涯中最辉煌的时期。

思考及讨论:上述3个问题属于劳动力市场歧视问题吗?如何消除这些歧视?

任务三　综 合 实 训

一、任务要求

分析我国劳动力市场歧视问题。

二、实训

【实训名称】回顾本项目学习的收获。
【实训目的】通过系统回顾,对本模块内容进行总结复习。
【实训内容】认真填写下列表格。

回顾本项目学习的收获					
编制部门:			编制人:	编制日期:	
项目编号	008		学号、姓名	项目名称	劳动力市场歧视
课程名称	劳动经济基础		训练地点	训练时间	
	1. 回顾课堂知识,加深印象 2. 培养学生善于思考和反思的习惯 3. 工作任务驱动,使学生带着工作任务去学习				
本项目我学到的知识或者技能					
本项目我印象最深的两件事情					

（续表）

我想继续学习的知识和技能	
考核标准	1. 课堂知识回顾完整，能用自己的语言复述课堂内容 2. 记录内容和课堂讲授相关度较高 3. 学生进行了认真思考
教师评价	评分

【实训要求】

1. 仔细回想本章所学内容，若有不清楚的地方，请查看以前有关的知识链接；
2. 本部分内容以自己填写为主，不要过于注意语言的规范性，只要能说清楚即可。

三、自测题

（一）单项选择题（下列各题只有一个符合题意的正确答案，将你选定答案编号的英文大写字母填入括号内）

1. 劳动力市场的歧视主要可分为（　　）两类。
   A. 种族歧视和性别歧视　　　　B. 种族歧视和身体障碍歧视
   C. 宗教歧视和身体障碍歧视　　D. 工资歧视和职业歧视

2. 劳动就业中的歧视主要表现为（　　）。
   A. 性别歧视和晋升歧视　　　　B. 工资歧视和职业歧视
   C. 工资歧视和福利歧视　　　　D. 文化歧视和种族歧视

3. 劳动力市场垄断歧视理论的主要观点是（　　）。
   A. 男性工资水平高于一般工资水平
   B. 女性工资水平高于一般工资水平
   C. 男性工资水平高于女性工资水平
   D. 在事业单位中的女性工资水平高于男性工资水平

4. 下列不属于个人偏见模型理论的是（　　）。

A. 雇员歧视　　　B. 雇主歧视　　　C. 顾客歧视　　　D. 行业歧视

5. 统计型歧视可以被看成(　　)的一个组成部分。

A. 甄选问题　　　B. 招聘问题　　　C. 测评问题　　　D. 选人问题

(二) 多项选择题(下列各题中都有两个或两个以上的正确答案,将你选定答案编号的英文字母填入括号内)

1. 导致劳动力市场歧视的因素有(　　)。

A. 种族　　　　　B. 性别　　　　　C. 原有国籍　　　D. 宗教信仰

E. 身体障碍

2. 歧视造成的工资差别主要体现在(　　)。

A. 性别和年龄歧视　　　　　　　　B. 种族歧视
C. 地区和行业歧视　　　　　　　　D. 组织歧视
E. 身份歧视

3. 我国劳动力市场歧视的成因有(　　)。

A. 传统观念的影响　　　　　　　　B. 劳动力过剩
C. 用人单位的自主权大　　　　　　D. 法律意识淡薄
E. 户籍制度和城乡就业壁垒

4. 我国劳动力市场歧视的现状有(　　)。

A. 地域歧视　　　　　　　　　　　B. 行业歧视
C. 年龄、性别和学历歧视　　　　　D. 经验歧视

5. 劳动力市场歧视理论包括(　　)。

A. 个人偏见模型　　　　　　　　　B. 统计性歧视模型
C. 非竞争性歧视模型　　　　　　　D. 种族歧视模型
E. 性别歧视模型

6. 非竞争性歧视模型包括(　　)。

A. 拥挤效应　　　　　　　　　　　B. 双重劳动力市场
C. 与搜寻成本有关的买方独家垄断　D. 串谋行为
E. 劳动力理性

(三) 简答题

1. 不同性别之间的工资报酬差别是怎样产生的?
2. 歧视通常有哪些形式?
3. 什么是个人偏见歧视? 个人偏见歧视有哪些形式?
4. 什么是统计性歧视? 统计性歧视有什么不利影响?
5. 非竞争性歧视模型有哪几种?
6. 什么是双重劳动力市场? 双重劳动力市场有哪些特点?

项目九

就　　业

教学目标

知识目标

1. 理解就业的基本概念；
2. 了解就业统计的主要内容及指标；
3. 掌握政府管理在就业中的作用；
4. 熟悉我国就业政策的选择。

能力目标

1. 能够了解就业的基本概念和识别各种就业信息；
2. 能够了解开展就业统计工作的程序；
3. 能够解读政府对就业政策的选择和干预所起的作用。

案例导入

一个女大学生的求职日记

我是一个普通的大四学生，学的是市场营销专业。刚上大学时，我就听师兄和师姐们说就业难，当初我还没体验。现在自己找工作时，才发现情况比他们说的严重得多。从去年10月份开始，我大会小会（招聘会）跑了不少，海投简历，但是收到面试通知的只有三个，两个卖保险的，一个做中介的，就这初试完了也没一个通知复试的。今天，在人才招聘会上，我跑了许多展台，许多用人单位明确表示：身高165 cm以上、不戴眼镜、相貌出众，甚至提出不招女生等要求。累了一天的我在晚上也没闲着，在网上看一个一个的招聘信息。白天的事情把我打击得够呛,于是我给自己降级,想看看售楼相关的工作,毕竟还是符合我的专业的,也许有希望,但是在看了一个这样的招聘启事后,我彻底被打击了,我崩溃了。(注:此招聘要求身高、相貌等,附加条件是最好参加过模特大赛。)真想问问这个地产公司,为什么只要模特当售楼小姐?而我们"普相女"(普通相貌)的女大学生却只能望而却步。我们哪里不好?因为不够漂亮?难道就因为这样的外在条件,我们用父母的血汗钱读的四年大学就白读了?我们就要等着被饿死吗?大学毕业真的就是失业吗?我真的想不明白。是我的脑子有问题还是这就是最真实的残酷社会?作为一个女大学生,在性别上受到歧视,同性之间还要进行竞争,让我们这些无名小草怎么办?谁能告诉我?我为自己无望的将来苦恼着,想想家中的父母,我该怎么去回报他们的养育之恩?我不是针对这个启事,是看了这启事后,我感到从未有过的压力。几个要求简简单单,但对我的打击却是巨大的。我的要求不高,我早已没有大学生的狂妄与清高,我只是想找一份工作,不让自己饿死。

[网上评论]

××:市场营销这个专业本来就业就不好,众所周知,专业性不强是一大硬伤。至于人家售楼员要求相貌无可厚非啊,售楼嘛,别的不管,只要能卖出去楼就行,长相出众的人能卖出去房子的可能性当然比长相一般的要大了。踏踏实实找一份自己能做的工作,实在找不到,就安下心来考公务员、考司法考试、考注册会计师都行啊,早晚会有收获的一天,不想努力就想要收获,不现实的。

××:天生我材必有用!你一碰到挫折就这样,也难怪别人不把大学生当回事!读完大学只是真正学习的开始!不要以为别人没读书就会比你差,你还有得学了……自知、自信、唯我独尊!

××:其实楼主你不应该抱怨,你本身是学习营销专业的,应当知道销售商要挖空心思让顾客掏腰包,这是别人的营销策略,只是你不太适合这个。你可以选择进厂,现在很多厂招人,但我看考虑进厂的人并不多,其实进厂也不是没有出路,进厂的大学生不多,很多厂还需要大量的大学生去完善它的管理,只是我们把门槛定得太高了。你刚好是营销专业,你可以选择一个好的厂家,分析它的产品,利用你的专业优势,拟出一套合理的策划方案,拿着你的方案找到老板,何愁找不到工作,并且策划专业是目前国内的新兴行业,相信自己!

延伸阅读

删除"工作经验"栅栏才是真正对毕业生好!

在上海举行的2009年上海大学生专场招聘会上,主办方要求所有招聘单位不得要求应聘者有工作经验,全场共有319家企业参加,为应届高校毕业生提供岗位5 809个,吸引近3.5万名大学生参加,达成初步录用意向的约5 700人次。招聘单位不得要求应聘者有工作经验,看似一个小小的要求,其意义却很深远,这才是真正有利于大学毕业生就业的一项重要举措。

[案例分析]

本案例反映出问题的结构和层次与解决的难易程度之间的关系。问题的结构是指与问题相关联的各种内在要素的构成状态,如问题性质、资源投入、决策参与等。结构质量越趋于优良,问题就越容易解决,问题的结构决定解决问题的难易程度。问题的层次是指影响范围和社会关注参与人数的多少所决定的问题在社会政治过程中所处的位置。层次越高,宏观性越强,解决的难度就越大。一般可分为微观、系统和宏观三个层次。

问题的层次与结构具有一定的相关性。问题的宏观性越强,其结构质量的不良度就越强,解决的难度也就越大;问题的微观性越强,其结构质量的优良度就越强,解决的难度就越小。

大学生就业问题是整个社会就业问题中的重要组成部分。它既有其独有的特性,也有与其他就业问题的共性,更不能脱离整个社会的经济和政治形势。大学生失业不仅是教育资源的极大浪费,也是国民经济结构性失衡的体现。采取多种措施化解大学生就业难题,不仅是当前保增长的重要内涵,也是大力巩固就业这个民生之本的必要举措。

关于导致大学生就业难的原因,众说纷纭。可能是1999年开始实行的扩招政策导致大学生数量猛增,使大学生就业市场出现了暂时的"供过于求"的局面,也可能是课程体系的不合理使大学生的知识结构不能适应市场的真正需要等。

从案例中可以看出,大学生就业问题是一个比较棘手的公共性问题。这是因为涉及很多影响因素,包括生产力发展、不同地区社会经济总体发展不平衡和城乡差距的进一步拉大。从问题的结构来看,就业难的问题属于结构质量不良的问题。这是因为,从问题性质看虽然清晰可辨,从价值认识看,人们对解决这个问题也都获得了共识;从解决问题的途径上看,需要国家、地方、团体及个人投入大量的人力、物力、财力;从调适人数看,涉及上千万学生及家庭,还有各级政府、各个学校、各个教育行政部门;从解决方案看,直到如今尚未形成一个完善的解决方案,一切仍在摸索中,且出台的各项措施的后果也难以预测。

从问题的层次来看,就业问题既属于宏观层次的问题,也是系统层次和微观层次的问题。对整个就业群体来说,就业问题所涉及的不是单一的调适对象和单一的政府机构,而是涉及整个劳动力市场,是社会政策不完善的缩影;就业问题带来的安定、稳定等社会因素可能在社会上产生强烈的政治影响,使国家和社会的正常运转都将受到阻碍。在微观层次,也就是毕业生个体,他们的就业心态、职业素质和人生规划都影响着就业问题的解决,"宁要大城市的草,不要小地方的苗"等造成主动性失业。

就业问题属于结构质量不良和多层次的问题,从理论上说,这类问题是很难解决的。因此,对于政府来说,如何解决就业难问题,从而解决这个可能影响长远的问题,具有很大的挑战性。

[理论分析]

1. 当前大学生就业难的制度性缺陷

劳动力市场分割理论的主要流派有工作竞争理论、二元制劳动力市场分割理论和激进的分割理论,其中,最具影响力的是二元制劳动力市场分割理论。20世纪60年代末、70年代初,Lester C. Thurow, P. B. Doeringer, M. J. Piore等人在原有的理论基础上提出了二元劳动力市场分割理论。这种理论认为,劳动力市场存在主要劳动力市场和次要劳动力市场的分割;主要劳动力市场收入高,工作稳定,工作条件好,培训机会多,具有良好的晋升机制;次要劳动力市场则与之相反,收入低,工作不稳定,工作条件差,培训机会少,缺乏晋升机制。对主要劳动力市场的劳动者而言,教育和培训能够提高其收入;对次要劳动力市场的劳动者而言,接受教育和培训对提高其收入没有作用。并且,主要劳动力市场和次要劳动力市场之间的流动较少。

中国的劳动力市场是一个典型的"二元"劳动力市场,基于不完善的户籍制度、人事制度、经济体制等制度层面上的原因,劳动力市场被分割成高级劳动力市场(如大城市、经济发达地区等)和低级劳动力市场(如农村、经济欠发达地区等),对同一个地区,同样的劳动力也存在着分割。一般来说,在高级劳动力市场中,劳动者工资较高,福利待遇较好,升迁机会较多;在低级劳动力市场中,劳动者工资较低,福利待遇较差,升迁机会较少。在分割的劳动力市场中,劳动力在两类市场之间难以流动,即使流动也是成本十分高昂。我国就业中的"二元"劳动力市场实际折射的是城市和城市之间以及城乡之间巨大的差距,并且这个差距还在逐渐增大。

对大学生这类高学历的劳动力来说,如果劳动力市场是完善的,初始的就业岗位在哪里并不是他们的终极选择。换句话说,如果劳动力流动的成本很低,他们在初始寻找工作时所花费的成本就会较低,因为他们以后可以很容易"跳槽"到更好的就业岗位,从而实现自身效用的最大化。但是在我国,劳动力的流动却困难重重。一旦大学生在就业初始就选择了低级劳动力市场,以后如果想流动到高级劳动力市场的话,在户口档案迁移、职称重新评定以及家属安置、孩子就学等方面将面临诸多的障碍和难题。同时,不少单位还与大学生签订了调动罚款、降级处分等诸多霸王条款,更使大学生的流动难上加难。

更为严重的是,在低级劳动力市场就业的大学生,他们的人力资本收益要大大低于在高级劳动力市场中可能获得的收益,其表现就是大学生知识价值的相对"贬值"。此外,由于制度不完善和信息不对称,进入低级劳动力市场就业的大学生往往会遭遇学无所用、专业不对口等尴尬。这使大多数大学生把选择到低级劳动力市场就业视为畏途。

可见,劳动力市场的制度性分割是导致大学生不愿意到基层去而一味地往大城市、大单位挤,从而形成大学生"过剩"假象的制度性原因。直接反映出大学生最普遍的心态问题:这一代大学生都是"80后",或多或少受了上一代"进了大学就不用做体力活"思想的影响,再加上生活水平的提高,年少时就没吃过多少苦,父母的期望、自身的想法等提高了他们对工作岗位及薪水的期望。举个简单的例子,你或者是你的儿子大学毕业了,愿意自己或他去当民工吗?愿意的不多吧！思想的转变需要一个过程，就连男尊女卑的思想转变成男女平等也是经过了一个漫长的过程，所以，想让大学生的思想转变至少在现在是不可能的，因而需要国家从宏观层面解决更多的问题。

2. 高等教育知识结构性问题

教育经济学中有一个基本理论是高等筛选理论，该理论主要包括过滤理论、筛选假设和信号理论。所谓筛选，有两方面的含义：一方面，学历是能力的信号；另一方面，学历是个体进入某些高收入职业的门票。根据信号观点，学历提供有用的信息以确定个体是否具有更高的劳动生产率。筛选理论认为教育对劳动生产率并没有增强的作用，教育的作用在于为雇主和社会提供信息以确定个体劳动者是否具备更高的生产能力或更好的可培训能力，认为接受教育可能只是让学习者获得了进入某些职业或者某些部门的敲门砖。

筛选理论的代表人物斯潘斯认为，雇佣是一种带有不确定性的投资行为。因为在多数就业市场中，雇主对于前来应聘的求职者的劳动生产率一开始是不知道或者不确定的，若要很好地了解求职者的生产能力，雇主就必须对他们在工作过程中的实际表现进行较长时间的观察，甚至有时候，还需要对这些求职者进行特别的、额外的培训，才能够准确判断出他们实际的劳动生产率。因此，雇佣是带有不确定性的投资行为，具有一定的风险性。这就要求雇主在决定雇佣的投资行为时，必须迅速了解到应聘者的某些重要个人属性与特点，从而确定某个应聘者是否能够胜任工作岗位的要求，并决定到底是雇用还是不雇用这个求职者。

从求职者方面来说，每个求职者都具有一系列可观察到的特征与属性，这些特征与属性中有些是能够很快被雇主观察到的，有些是不容易马上被观察到的，如个体真正的劳动生产率等，必须经过一段时间后才能被雇主慢慢掌握。由于许多特征之间是相互关联的，一些不能够马上获知的特征与品质是可以通过其他一些能够立即观察到的属性折射出来的。因此，雇主可能采用这样的雇佣策略，即在雇佣的前后，将应聘者或者新雇员的那些能够迅速把握的信息作为参照指标，以确定那些需要长期考察才能获知的信息。斯潘斯对于那些能够很快被获知的信息又进行了进一步的分类界定。有些个人特征是与生俱来的，通常来讲是后天不易改变的现实，如种族、出身日期（决定了年龄）、性别等，斯潘斯将这类特征定义为标识。与标识相对应的是信号，信号是指那些通过个人努力能够改善甚至改变的易于观察到的特征，如兴趣爱好、受教育状况等。个人的标识是很难改变的，而信号是可以经过后天的努力进行调整的；当求职者知道雇主在作雇佣决定时，要评估自身的一系列标识与信号，就有动力去改变这些信号以增加自己被雇用的条件概率。因此，斯潘斯将分析的重点放在了可改变的信号上。进行信号的调整，就要付出相关的成本，斯潘斯将调整所要付出的成本称作信号成本。而信号成本正是筛选理论要将标识与信号区分出来的主要原因之一。

3. 学生自身因素

相信很多大学生一路走下来都是十几年的教室生涯，社会经验相对较少，交往能力和判断力也不足，而且总是看不到问题的本质。举例来说，他们往往在快毕业时才会有危机感，为什么没有从大一开始就做好规划？有很多骗子专拣大学生下手，这是为什么？作为一个成年人，为什么不能冷静下来去分析、去考虑呢？如果你都没学会去分析、去判断，企业如何敢用你？还有很多人不知道该如何去跟企业沟通，不明白为什么进一个公司必要的环节就是面试。因为沟通会看到很多东西，学会沟通对求职者来说是一个巨大的优势，应届生都没有工作经验，靠的就是别人与你沟通时候的印象。有些人面试的时候就紧张，有些人词汇用得不当，表情冷漠，说话无条理性，东一句，西一句，不懂礼貌。这些都需要改进。

[政策建议]

首先，经济增长是带动就业的根本之道。遏制经济下行风险、保持国民经济稳定协调发展是当前最为紧迫的任务。而作为民生之本的就业问题，自然应成为保障重点。

其次，破除民营经济发展瓶颈，拓宽大学生就业渠道。民营经济中的中小企业是容纳就业的主渠道，事实上，民营企业在 2007 年吸纳了 34.2% 的大学毕业生。近年来，针对中小企业的利好政策已出台不少，例如，新《企业所得税法》大幅降低了小型微利企业的税收负担；停收个体工商户管理费和集贸市场管理费。此外，旨在解决中小企业融资难的各种金融政策也在陆续出台。但基于各种原因，民营企业的发展还受到不少制约，亟须破解。

再次，尽快打破户籍制度的地域限制，消除大学生职业流动的制度性障碍。我国户籍制度的地域性分割大大增加了大学生职业流动的成本。因此，政府应在建立和完善我国劳动力市场、消除劳动力市场的"二元"分割等制度层面多下功夫，加快户籍制度、人事制度改革，使大学生在市场竞争中实现自我价值的最大化。

最后，促进创业带动就业，激发大学生的创业积极性。创业型就业的最大亮点就是能形成"一人带动一群岗位"的新就业模式。根据目前的统计分析，一个人创业至少可以带动五个人就业。因此，必须尽快建立健全创业体制和配套措施，加强创业教育和培训，在全体大学生中掀起一股创业热潮。这不仅是解决当前大学生就业的有效途径，也是保持国民经济长期稳定发展的真正动力。

思考及讨论：

1. 每人用一句话阐述阅读上述案例的感想。
2. 你认为自己存在"就业难"的问题吗？
3. 你打算如何克服上述就业难题？

任务一 就业的基本理论

一、任务要求

用自己的语言描述就业的相关概念。

二、实训

【实训名称】结合案例说明国家就业总量的决定因素。
【实训目的】真正理解国家刺激就业的各项政策的作用,并能够用自己的语言准确表述。
【实训步骤】
1. 全班 4~5 人一组,分成若干小组;
2. 以小组为单位,每人用一句话说明国家刺激就业总量的政策措施;
3. 以小组为单位,每人说出 1~2 种生活中观察到的国家刺激就业的现象;
4. 每组派代表在全班做总结发言。

【实训要求】
1. 说明国家刺激就业的政策,要求语句及内容完整,表述清楚;
2. 要求经过讨论,明确所列举的行为对就业的影响;
3. 小组代表发言时应对小组的活动情况做真实概括,总结性强。

三、知识链接

(一) 就业

就业是一定年龄阶段内的人们所从事的为获取报酬或经营收入所进行的活动。如果再进一步分析,则需要把就业从三个方面进行界定:

(1) 就业条件,指一定的年龄;
(2) 收入条件,指获得一定的劳动报酬或经营收入;
(3) 时间条件,即每周工作时间的长度。

在前面各章的叙述中已经应用了就业的概念,但尚未对其准确定义。所谓就业或劳动就业,一般是指有劳动能力和就业要求的人,参与某种社会劳动,并通过劳动获得报酬或经营收入的经济活动。由此可见,就业包含以下三层含义:第一,劳动就业的主体是具有劳动能力和就业要求的人,能够参加某种劳动。劳动能力的重要条件之一是必须达到法定最低就业年龄。未达到法定最低就业年龄的人一般可以视为无劳动能力,不能以自己的行为实行劳动权利和承担劳动给付的义务。第二,所参加的劳动属于社会劳动,对社会有益。第三,所从事的劳动为有酬劳动,既可以是劳动报酬,也可以是经营收入。只有同时具备上述三个条件,才可以称为就业。

凡是从事社会劳动并取得劳动报酬或经营收入的劳动者,即为就业者。

劳动就业的概念是对就业现象的本质概括。它说明,在劳动条件分离的情况下,通过就业这种经济活动,实现了劳动的主观条件(劳动力)与劳动的客观条件及其他非劳动生产要素(生产资料)的结合,就业不过是劳动力与生产资料相结合的社会形式。通过对就业现象的抽象,可区别就业与其他社会经济现象的本质差异。但依据就业概念并不能回答两者结合的比例关系如何:劳动力与生产资料实现了结合,并开始了劳动过程,劳动时间是劳动的自然尺度,如果劳动时间不稳定,劳动者是否实现了就业?对此,世界各国和有关国际组织从劳动统计和国民经济管理的角度对就业者的统计规定了一些数量标准,如劳动时间、工资或经营收入等。例如,国际上通用的就业者的统计标准把凡是在有关的劳动法规规定的劳动年龄以上且符合下列情况的人统计为就业者:

① 在规定期间内,正在从事有报酬或有收入的职业的人;

② 有固定职业,但因疾病、事故、劳动争议、休假、矿工或因气候不良、机器设备故障等暂时停工的人;

③ 雇主和自营人员或在协助家庭企业或农场而不领报酬的人,在规定时期内从事正常工作时间的1/3以上者;

④ 退休人员再次就业(有报酬或收入)。

各国根据本国的具体情况,分别制定各自的统计标准。通常把在一定时期内从事社会劳动达到一定时间标准以上的人或报酬、经营收入达到一定水平以上的人统计为就业者。

依据劳动就业的概念和劳动统计标准可以清晰地看到:① 就业与劳动的社会形式、企业的财产组织形式无关。不论是雇佣劳动、个体劳动还是联合劳动;不论是在股份制企业、独资企业、合伙企业还是在个体工商户劳动或经营,都属于就业者的范畴。② 就业与一定劳动制度所决定的企业用工形式无关。不论劳动合同是无固定期限的、有固定期限的还是以其他形式从事社会劳动的人,均属于就业者。③ 就业与国民经济的部门无关。劳动者不论在任何国民经济部门从事劳动,是工业劳动、农业劳动还是其他劳动,均属于就业者。④ 劳动者从事义务劳动、救济性劳动、家务劳动等,此类劳动虽然有多种效用和社会价值,但因不能从劳动中获得劳动报酬或经营收入,故不属于就业者的范畴之内。总而言之,判断劳动者就业与否的标志并不与劳动的社会性质有关。只要是社会劳动,不论其是在何种国民经济部门工作、在何种企业工作、以何种形式工作,均属于实现了就业的人。

(二) 充分就业

对一个经济体来说,就业最为理想的状态就是充分就业。

20世纪30年代以来,大多数国家都把实现充分就业列为国家经济政策的主要内容,国际劳工组织在其宪章和宣言中也把促进充分就业作为奋斗目标。

充分就业可以从两个视角考察:一是从劳动力供求的相互关系看,所谓充分就业,是指劳动力供给与劳动力需求处于均衡,国民经济的发展充分满足劳动者对就业岗位需求的状态;二是从总供给与总需求的相互关系看,充分就业是指总需求增加时,总就业量不再增加的状态。概言之,就是能够接受市场工资率的人均能实现就业的状态。

充分就业是一个相对的概念。在动态的市场经济中,连续保持总供给与总需求、劳动力供给与劳动力需求在总量及其结构上的持续均衡是极其困难的事情。充分就业一般来说是一种理想状态,当充分就业时,并不意味着失业现象的消失,摩擦性失业及其他类型的自然失业与充分就业并行不悖。

目前,国际上较为通用的标准是如果失业率保持在 $4\%\sim5\%$,即视为充分就业状态。

(三) 就业歧视

1. 就业歧视的定义

根据国际劳工组织的定义,就业歧视是指因种族、肤色、性别、宗教、政治观点、民族血统或家庭出身所造成的任何区别、排斥和偏见,并由此产生剥夺、损害就业或就业机会均等的影响。

一言以蔽之,就业歧视就是条件相近的求职者在求职过程中,由于某些与个人工作能力、工作态度等无关因素的影响,无法与他人享有平等的就业机会,从而使其平等就业权遭受侵害的现象。

2. 就业歧视的表现

根据美国联邦反就业歧视法律的规定,反就业歧视法律禁止的歧视类型有:

(1) 种族与肤色歧视;

(2) 性别歧视;

(3) 宗教歧视;

(4) 原国籍与公民身份歧视;

(5) 年龄歧视;

(6) 身心障碍歧视。

这六种就业歧视有一个共同的特点,即这些特质都是与生俱来、无法改变的特质。

3. 中国就业歧视的突出表现

(1) 户籍歧视。在中国,最为严重的歧视是现存的户籍制度,因为这是一个群体对另一个群体最大的歧视。我国的户籍歧视包括以下两种:一是歧视农村户口;二是歧视外来人口。

(2) 身高相貌歧视。在招聘条件中,常见的招聘要求有"男,1.75米以上;女,1.60米以上""形象好""气质佳"等诸如此类的词句。身高相貌不理想的求职者往往连面试机会都没有。

(3) 年龄歧视。很多用人单位在招聘时规定了几近苛刻的年龄界限,将一大批年龄较大的求职者排除在外。除此之外,许多单位都采用强迫的方法迫使达到一定年龄的受雇者自动离职或者退休,或者当受雇者达到一定年龄后,其升迁就受到影响。

(4) 经验歧视。当前,许多用人单位在招聘员工时,都对应聘者提出了少则一两年、多则三五年,甚至十年的工作经验要求。

(5) 疾病歧视。这里的疾病歧视主要指对艾滋病携带者和乙肝病毒携带者的歧视。

四、拓展训练

浙江省的隐性就业现状

在杭州市隐性就业者有14万人,占整个登记失业人数的78%。绍兴市区直属企业下岗分流人员为1.9万人,其中,1.5万人通过各种渠道重新就业,再就业率高达80%,但这些人中在就业管理局登记备案、签订劳动合同的仅为3 800人,至少有1万隐性就业人群。

隐性就业现象的普遍存在,既反映了我国劳动就业管理工作还有漏洞,也反映了非常良好的就业形势。如果按照国际和国内其他省市的就业标准,除了完全丧失劳动力的人,杭州几乎没有失业者。

思考及讨论：请结合就业概念谈谈你对这一现象的认识。

任务二 就 业 统 计

一、任务要求

正确解读就业统计指标，能够了解就业统计工作开展的内容和流程。

二、实训

【实训名称】居住地社区（村）的就业统计。
【实训目的】能够结合所学内容开展小范围的就业统计，绘制统计图表。
【实训步骤】
1. 全班4~5人一组，分成若干小组；
2. 以小组为单位，每人用一句话说明就业统计的意义；
3. 以小组为单位，每人说出1~2件生活中观察到的就业统计事件；
4. 每组派代表在全班做总结发言。

【实训要求】
1. 说明就业统计的内容，要求语句及内容完整，表述清楚；
2. 要求经过讨论，明确所列举就业统计的主要指标和报表；
3. 小组代表发言时应对小组的活动情况做真实概括，总结性强。

三、知识链接

（一）就业统计的含义

根据统计学原理，就业统计可以分为三个方面，即就业统计工作、就业统计资料和就业统计理论。

就业统计工作是指有目的、有组织、有步骤地应用统计方法，从事就业统计数据的搜集、整理、推断、分析的统计活动过程。就业统计工作一般分为统计设计、资料搜集、资料整理、统计分析四个阶段。

就业统计资料主要是指通过搜集、整理以及计算、分析等工作得到的与就业相关的数字和数据资料以及相关文字资料，如必要的文字说明、补充材料、调查报告和分析报告等。

就业统计理论是系统地阐明就业统计理论和方法的科学，是一种从数量方面认识、研究、分析、预测就业工作的认识方法和分析方法。就业统计理论来自就业统计实践，并对就业统计实践起指导作用。

就业统计的三个方面是有机联系的。一般来讲，就业统计资料是就业统计工作的成果；就业统计工作是就业统计理论的实践过程；就业统计理论是对就业统计工作实践在理论上的概况和总结，就业统计工作以就业统计理论为指导，并在实践中检验和发展就业统计理论。

（二）就业统计的基本内容

就业统计始终是促进就业的重要基础工作。近年来，就业指标已成为宏观经济调控和各级政府施政的重要指标。就业统计工作在落实积极的就业政策和应对金融危机对就业的严重影响方面都发挥了重要作用,通过就业统计工作,各级政府及时获取了大量反映当前就业形势的统计数据与信息,为就业政策的制定、调整和完善提供了重要的决策依据。

就业统计工作初步形成了常规报表统计与重点监测、临时调查相结合的就业统计制度。

一是常规报表。以北京市为例,北京市制定了以常规报表为主、重点监测和临时调查为辅的就业统计制度,完善了就业统计指标体系。现行常规的就业报表包含城镇新增就业人数、下岗失业人员再就业人数等各项重要指标。

二是重点监测。重点监测主要是针对某项专门问题或者某些特殊群体所开展的专门性调查。例如,每年春节前后组织开展的就业相关数据快速调查,从农民工返乡及外出、企业岗位流失、人力资源市场职业供求等方面,针对春节这一特殊时期,及时把握企业用工和农民工流动趋势。

三是临时调查。临时调查是对调查对象在某一特殊时点状态的调查。例如,北京市在部分地区开展的农民工就业情况调查,了解农民工在城市中的就业及流动情况。

常规报表、重点监测、临时调查相结合,基本能反映就业形势变化及发展的趋势。

北京的就业统计报表包括1张月报、22张季报、5张年报和4张特报等共计32张报表;分别按期由各区(县)上报到市一级,再由北京市统一汇总各地上报的各项就业统计数据。

在月报方面,只有1张就业与再就业工作月度进展情况表,这张表主要包括城镇新增就业人数、新成长劳动力就业人数、就业转失业人员再就业人数、就业困难人员、农村劳动力转移就业人数、有组织转移人数等一些重要就业数据,对这些数据进行统计汇总,涵盖了城镇和农村就业共计20余项指标。

季报表主要包括就业援助工作情况、农村零转移就业贫困家庭调度情况、城镇登记失业人员情况、职业培训综合情况、就业资金安排及使用情况、失业人员收费减免情况、小额担保贷款工作情况、促进以创业带动就业工作情况、创业扶持政策落实情况、公共就业服务工作情况以及人力资源市场职业供求情况。

其中,就业援助工作情况表主要包含对就业困难人员、公益性岗位安置、"零就业"家庭帮扶等指标的统计;城镇登记失业人员情况表主要包含对城镇新增登记失业人员、期末从业人员人数以及城镇登记失业率等指标的统计;职业培训综合情况表主要包含本期实际参加职业技能培训人数(其中有失业人员、新成长劳动力等)、参加创业能力培训人数等。

在年报方面,年报表主要包括就业援助工作情况、就业训练综合情况、街道社区工作平台综合情况、人力资源市场中介服务机构综合情况和人力资源市场中介服务业务基本情况表。

(三)主要就业统计指标解读

城镇新增就业是指报告期内城镇各类单位(包括私营企业和个体经济组织)就业人员和各种灵活形式就业人员的总和减去自然减员人数。

单位就业是指报告期内城镇新增就业人数中在单位就业的人数(单位性质为企业、事业、机关、社团)。

灵活就业是指失业人员个人或以街道、社区等组织形式从事社区便民服务、家政服务、企事业单位后勤服务等各种临时性劳务人员。不包括领取营业执照的个体工商户和建立劳动关系的私营企业就业人员。就业形式包括自雇型就业(有个体经营和合伙经营两种类型)、自主就业(如自由职业者、律师、自由撰稿人、歌手、模特、中介服务工作者等)、临时就业

（如家庭小时工、街头小贩、其他类型的打零工者）。

个体私营就业是指个体私营企业招用的人员进行就业登记的人数（单位性质为民办非企业法人、个体工商户、私营企业、其他）。

新成长劳动力就业是指达到劳动年龄、在社会初次择业就业的劳动力，包括完成全日制义务教育而未能继续升学的初、高中毕业生以及完成全日制初、高中教育继续升学直至完成全日制大中专学历教育的毕业生。

就业转失业人员就业是指在劳动年龄内有过就业经历，从就业状态转成失业状态的人员，在公共就业人才服务机构进行失业登记并再次就业的人员。

困难群体就业是指：女性满40周岁、男性满50周岁及以上的就业转失业人员；"零就业"家庭成员；长期失业人员；处于失业状态的残疾人，城镇复员转业退役军人，县级以上（含县级）劳动模范，军烈属，单亲抚养未成年人者；贫困家庭中就业困难的高校毕业生；承包土地被征用人员中的"4050"人员。

就业援助是指依托各级公共就业人才服务机构，把就业困难人员作为主要援助对象，开设专门窗口，实施政策咨询、求职登记、职业指导、岗位推荐、技能培训、事务代理等就业援助措施，使他们在生活保障、再就业和社会保险等方面得到及时有效的帮助。

公益性岗位安置是指通过公益性岗位予以安置的就业困难人员人数。公益性岗位是指政府作为出资主体，扶持或通过社会筹集资金开发的，以安置就业困难人员为主，符合社会公共利益需要的服务性岗位和协助管理岗位。

残疾人是指有就业能力和就业愿望，进行失业登记的持有"中华人民共和国残疾人证"的城镇人员。

农村劳动力转移就业是指年初至报告期末本地农村劳动力新增转移到户籍所在地县域以外依法从事第二、三产业生产经营或其他社会经济活动、且以工资性收入为主要收入来源的人数。

有组织转移就业是指年初至报告期末农村劳动力经公共就业服务机构或社会力量办成的职业中介机构外出务工，或通过政府、各类职业中介机构提供的就业信息以及通过报纸、电视、广播等刊登的就业信息到户籍所在地县域以外依法从事第二、三产业生产经营或其他经济活动、且以工资收入为主要来源的劳动力空间流动就业的一种形式。

向省外转移就业是指农村劳动力向省外转移就业的人员。

城镇登记失业人员是指有就业愿望、有劳动能力、年满16周岁，从各类学校毕业、肄业后未就业的；从各类用人单位就业转失业的；私营企业主、个体工商户停止经营或灵活就业人员失业的；农民工在本市常住地就业6个月以上失业的；承包土地被征用，符合当地规定条件的；军人退出现役且未纳入国家统一安置的；刑满释放、假释、监外执行或解除劳动教养的。其他经县级以上人力资源和社会保障行政部门认定的失业人员，在户口所在地就业主管部门办理失业信息登记。

期末从业人员总数是指截至报告期末，辖区内城镇劳动年龄人口中就业人员及离岗职工总数，不包括聘用的离退休人员，台、港、澳和外籍人员及使用的农村劳动力。数据来源为同级统计部门和工商管理部门的同期统计数据：① 统计部门对单位从业人员和劳动报酬情况的统计中，扣除使用的农村劳动力，聘用的离退休人员，聘用的台、港、澳人员和外籍人员之后的单位从业人员数及离开本单位仍保留劳动关系的职工人数；② 工商管理部门对私营企业情况统计中的城镇投资人数、城镇雇工人数以及对个体工商户情况统计中的城镇从业人员数。

四、拓展训练

> **湖南：隐性失业现象不容忽视**
>
> 全省在业人口中，一周工作时间为一天的占 2.4%，两天的占 4.4%，三天的占 7.9%，四天的占 7.5%，五天及以上最多可以算到七天的占 77.8%。
>
> 从湖南省在业人口的三次产业看，第一、二、三产业在业人口一周工作时间满五天的比重依次为 73.1%、87.9%、94.2%。

思考及讨论：目前湖南就业统计中存在的问题该如何解决？

任务三 就业与政府管理——职能与服务体系

一、任务要求

正确解读就业与政府管理之间的关系，能够清楚说出政府就业管理的职能。

二、实训

【实训名称】政府就业管理职能在实际生活中的应用。
【实训目的】能够结合所学内容设计政府的就业管理职能。
【实训步骤】
1. 全班 4~5 人一组，分成若干小组；
2. 以小组为单位，每人用一句话说明就业管理的意义；
3. 以小组为单位，每人说出 1~2 件生活中观察到的就业管理事件；
4. 每组派代表在全班做总结发言。

【实训要求】
1. 说明政府就业管理的职能，要求语句及内容完整，表述清楚；
2. 要求经过讨论，明确所列举的政府在就业管理中所做的事情；
3. 小组代表发言时应对小组的活动情况做真实概括，总结性强。

三、知识链接

(一) 就业与政府的管理职能

1. 增加就业

主要包括：创造就业岗位；开拓就业市场；挖掘就业潜力。

2. 公平就业

主要包括：消除就业歧视；调控就业的地区不均衡；缩小就业人群的机会差异。

3. 就业服务

主要包括：扶持弱势群体(如残疾人)；完善服务机制(如网络平台、人才市场)。

(二) 就业与政府的服务体系

1. 职业介绍

主要任务：求职登记、企业用工调查与登记、劳动市场信息收集、就业与用工的指导与咨询、营业预测预报。

2. 就业训练

主要任务：面对失业青年、妇女和残疾人等开展的就业前训练和失业职工转业训练。

3. 失业保险

主要任务：失业救济、失业医疗补助、失业职工管理、对失业职工的再就业给予帮助。

4. 劳动就业服务企业

主要任务：在国际资金、税收和就业政策支持和主办单位扶持下，举办各类生产经营网点，直接安置失业人员。

四、拓展训练

北京市就业政策相关法规

《关于〈劳动法〉若干条文的说明》(劳办发〔1994〕289号)

第十条：国家通过促进经济和社会发展，创造就业条件，扩大就业机会。

国家鼓励企业、事业组织、社会团体在法律、行政法规规定的范围内兴办产业或者拓展经营，增加就业。

国家支持劳动者自愿组织起来就业和从事个体经营实现就业。

本条中的"就业"是指具有劳动能力的公民在法定劳动年龄内，依法从事某种有报酬或劳动收入的社会活动。

本条第二款中的"法律、行政法规"有《劳动就业服务企业管理规定》《全民所有制工业企业转换经营机制条例》《城镇集体所有制企业条例》《个体工商户管理条例》，以及中共中央、国务院《关于广开门路、搞活经济解决城镇就业问题的若干决定》等。

本条第三款中的"组织起来就业"是指通过兴办各种类型的经济组织实现就业。国家对这类经济组织实行在资金、货源、场地、原辅材料、税收等方面给予支持和照顾的政策。

思考及讨论：就业政策怎样促进了你的就业？

任务四　我国就业政策选择：问题与策略

一、任务要求

正确解读就业政策，能够明确我国就业政策面临的问题并设计改进的策略。

二、实训

【实训名称】我国就业政策的设计。
【实训目的】能够结合所学内容开展你想要的就业政策设计。
【实训步骤】
1. 全班4~5人一组,分成若干小组;
2. 以小组为单位,每人用一句话说明就业政策设计的意义;
3. 以小组为单位,每人说出1~2个生活中观察到的新近出台的就业政策;
4. 每组派代表在全班做总结发言。

【实训要求】
1. 说明我国就业政策的设计,要求语句及内容完整,表述清楚;
2. 要求经过讨论,明确所列举的就业统计的主要指标和报表;
3. 小组代表发言时应对小组的活动情况做真实概括,总结性强。

三、知识链接

(一) 我国就业政策的问题

(1) 建立的行政性壁垒阻碍跨行业、跨地区就业,如户籍、社保政策。
(2) 地方保护主义政策排斥外地人平等就业。
(3) 单位违背法律原则的非理性与理性的就业招聘政策。
(4) 城市与乡村的政策性分割政策。
(5) 就业市场的政策体系不健全与就业服务的不完善。
(6) 现行相关法律、法规、制度的不健全,缺乏确保平等就业的社会保障制度和监督环境。
(7) 我国目前还没有专门的就业平等保障或者说是反就业歧视的机构。

(二) 部分发达国家的就业平等促进政策

1. 法国

《法国劳动法典》不仅明确提出了平等就业原则,即任何人不得因为出身、性别、家庭状况、籍贯、习俗、种族、政治观点等被拒绝在招聘程序之外,还规定了数条禁止性条款对女性进入劳动市场给予保护。此外,1983年7月13日通过的《男女职业平等法》明确规定,招聘单位不得以性别为由拒绝聘用,否则,雇主的行为就构成性别歧视,将受到罚金或者监禁的刑法处罚。

2. 加拿大

加拿大平等与不歧视权利在两个层面上受到保护,首先是1982年通过的加拿大《权利与自由宪章》,该宪章具有宪法的地位,适用于议会、各省的立法机构、政府的行为。其次是《加拿大人权法》和各省的人权法,就业歧视是人权法中最重要的一个领域,加拿大法院关于歧视案件的司法实践主要是以就业为背景的。消除就业歧视是过去一个世纪推动加拿大人权立法和司法发展的主要驱动力。

3. 爱尔兰

1998年,爱尔兰颁布了《就业平等法》,该法律规定在同劳动关系相关的任何方面禁止根据性别、婚姻状态、家庭状态、年龄、残疾、种族以及国别进行直接或间接歧视。为了确保平等劳动权的实现,爱尔兰设立了两个机构分别处理个人投诉以及开展促进平等的活动,即平等事务调查处和平等事务局,前者拥有调查权,并可以作出有约束力的裁决,其裁决的对歧视的补偿可以达到两年的工资总额;后者实际负责起草相关法案等。

4. 美国

美国是一个高度法治的国家,在就业领域消除歧视、实现就业机会平等的实践也取得相当的成效。

美国国会于1964年通过了《民权法案》,该法第七章要求雇主不得有基于种族、性别、宗教、民族血统、年龄及残疾的歧视。美国国会还通过了1963年《同工同酬法》、1967年《就业年龄歧视法》、1972年《公平劳动机会法》和1973年《复职法》等法律,严格限制劳动领域内的各种歧视,保护劳动权益,这些法律中的规定构成了美国劳动领域的公平就业与职业机会标准。

(1) 建立平等就业机会委员会。

美国的平等就业机会委员会(EEOC)是由1964年《民权法案》提出设立的,以负责执行法案所指定的禁止就业歧视的法律。它是由政府出面邀请的相关政府单位、劳工团体、雇主团体代表以及学者专家组成,负责处理地区的就业歧视争议。在劳动者权益受损时,平等就业机会委员会的作用是:一方面,向社会宣扬公平就业政策,劝诫雇主摒弃歧视性雇佣措施;另一方面,可以代表劳动者,一旦与用人单位调解不成或劝诫失败,它可以代表劳动者向法院提起诉讼。

(2) 制定"工作相关资格"原则。

"工作相关资格"原则是对用人自主权的限制,是用人单位在订立招聘条件时应遵循的原则。用人单位在用人选择上,应该基于工作性质、需求以及员工工作能力或此类相关因素进行选择,不得随心所欲地制定招聘标准。一般来说,不是特定行业,用人单位不得对求职者的自然属性(如性别、年龄、身高等因素)进行限制,因为此类属性是人自然生成并且无法选择的,不是特定行业不得对此进行限制。对于求职者经过后天学习、训练而成的社会属性,如学历、阅历、能力等方面,用人单位是可以提出要求的。

(3) 审查和救济措施。

在美国,就业平等机会委员会通常通过比较非正式的程序(如协商、和解以及劝服等手段)排解当事人间有关就业歧视的纷争,若这些程序无法奏效,委员会可主动免费为受害人提起就业歧视诉讼。歧视性雇佣措施是对求职者或受雇者的平等就业权的侵害,可视为侵权行为。一旦被判决歧视成立,求职者或受雇者可以向用人单位要求因这项歧视所造成的损害的金钱性赔偿。

四、拓展训练

我国就业政策的选择策略

1. 发展经济,调整结构,积极创造就业岗位

(1) 实行以提高经济增长对就业的拉动能力为取向的宏观经济政策,这类政策主要

是鼓励扩大就业总量,创造就业岗位;

(2) 通过发展经济扩大就业;

(3) 发展第三产业与新型产业,扩大就业容量;

(4) 发展灵活多样的就业形式,增加就业途径。

2. 完善公共就业服务体系,培育发展劳动力市场

(1) 建立市场导向的就业市场机制;

(2) 发展完善公共就业服务体系;

(3) 完善失业保险制度。

3. 促进下岗失业人员再就业

(1) 建立再就业服务中心;

(2) 实行税费减免和小额担保贷款扶持政策;

(3) 实行社会保险补贴和减免税收政策;

(4) 通过再就业援助帮助就业困难对象。

4. 建立失业预警系统

(1) 建立失业信息收集分析系统;

(2) 建立应急解决失业问题的决策系统。

5. 建立和完善促进公平就业的政策体系

(1) 设立类似公平就业机会委员会的机构,目的是营造公平就业的机会。设立的公平就业机会委员会将发挥以下作用:对就业歧视的认定或就消除歧视提出建议;对求职者或受雇人提出的遭受就业歧视申诉案件进行协商、调解;研究并对公平就业政策提出建议;协助各企事业单位或有法人资格的雇主或社会团体订立公平就业政策;提供各机关团体或民众有关就业歧视的咨询服务。

(2) 在判定规则方面,制定"关联性"规则或"内在需要"规则。当产生纠纷时,雇主必须证明这些测试和其他活动是与工作相关联的。即这是预测工作的有效手段,法院经常支持使用测试与工作相关联或预测有关工作的绩效。一般来说,不是特定行业,用人单位不得对求职者的自然属性(如性别、年龄、身高等因素)进行限制,因为此类属性是人自然生成并且无法选择的。对求职者经过后天学习、训练而成的社会属性,如学历、阅历、能力等方面,用人单位是可以提出要求的。对有特定要求的行业,若确实需要对求职者的年龄、性别、身高、身体健康状况有特殊要求,它应该履行公示的原则,把其所限制内容的合理性和必要性予以充分说明。

(3) 举证责任与抗辩事由。我国存在的就业歧视大多属于故意歧视,表现为各用人单位或者明码标价地在招聘启事中表明种种限制条件,或者比较隐晦地通过面试加以排除。一旦求职者发现用人单位存在就业歧视,用人单位必须能够证明之所以拒绝录用原告有一个合法而非歧视性的理由。

用人单位在被诉就业歧视的时候,应该享有一项实际职业资格(BFOQ)的抗辩权。用人单位必须能举出让人信服的科学证据,证明其对求职者或受雇者在性别、年龄、身高、身体健康状况方面的特定限制对该工作的正常运转以及工作效率有具体的联系和影响,并且这些证据为权威机构及法院所认同。

(4) 完善就业歧视的救济程序。现有的就业权利保护机构有劳动保障行政部门、工会、法院和仲裁机构，但在四者中并没有专门保护劳动者就业机会平等、处理就业歧视争议的机构，因此，当前要完善我国就业歧视的救济程序或者建立专门的消除就业歧视的机构。就业歧视争议虽发生在建立劳动关系之前，但还是属于因行使劳动权利（就业权）发生的争议，因此，当前的权宜之计是可以将就业歧视作为"准劳动争议"纳入劳动争议的受案范围。

(5) 可以适当采取必要的行政手段禁止就业歧视。当前，如果仅用法律武器来反对就业歧视的实际难度很大，现行的法律在实际生活中缺少可操作性，可以通过有关部门以行政手段对用人单位的"用人自主权"进行一定程度的约束，如果还不能得到有效的解决，则可以诉诸法律。

(6) 制定我国的《员工挑选程序统一指南》。我国也可有针对性地借鉴美国一些有效的判定存在歧视的做法，制定我国自己的《员工挑选程序统一指南》，一方面，可以宣传禁止就业歧视的观念；另一方面，可增强经理人在甄选过程中的公平、公正、公开的自觉性。

(7) 正确界定政府角色，加强劳动执法监督检查力度。为使反歧视法律行之有效，需要有效的实施、监督和促进机制。目前，我国从事劳动执法监督检查的机构主要为各级政府的劳动行政主管部门，《劳动法》第9条和第85条专门规定了该机构的性质、地位和职责。但是，由于该机构属于各级政府，其监督检查职能的有效发挥往往受当地政府的左右，特别是对于各级政府实施的地方保护主义的歧视行为，该机构没有办法监督，更无法处理。因此，当务之急是，政府应该树立正确的平等观、发展观，在涉及有关劳动就业的决策时处理好发展与保护的关系，同时还应对政府的行为给予有力监督，除法院的监督外，同级人大和上级政府完全应该有所作为。当然，成立一个权威、高效、专门的"公平就业委员会"是一个更理想的选择。

思考及讨论：你认为上述就业策略哪些在北京市可行？说明你的理由。

任务五　综　合　实　训

一、任务要求

分析就业理论与就业政策。

二、实训

【实训名称】回顾本项目学习的收获。
【实训目的】通过系统回顾，对本模块内容进行总结复习。
【实训内容】认真填写下列表格。

回顾本项目学习的收获						
编制部门：				编制人：		编制日期：
项目编号		009	学号、姓名		项目名称	就业
课程名称		劳动经济学	训练地点		训练时间	
	1. 回顾课堂知识，加深印象 2. 培养学生善于思考和反思的习惯 3. 工作任务驱动，使学生带着工作任务去学习					
本项目我学到的知识或者技能						
本项目我印象最深的两件事情						
我想继续学习的知识和技能						

(续表)

考核标准	1. 课堂知识回顾完整,能用自己的语言复述课堂内容 2. 记录内容和课堂讲授相关度较高 3. 学生进行了认真思考	
教师评价		评分

【实训要求】

1. 仔细回想本章所学内容,若有不清楚的地方,请查看以前有关的知识链接。
2. 本部分内容以自己填写为主,不要过于注意语言的规范性,只要能说清楚即可。

三、自测题

(一) 单项选择题(下列各题只有一个符合题意的正确答案,将你选定答案编号的英文大写字母填入括号内)

1. 在就业的社会经济功能中,最基本的经济功能是(　　)。
   A. 增加财富功能　　　　　　　　B. 社会稳定功能
   C. 社会发展功能　　　　　　　　D. 提高劳动者素质功能
2. 经济增长与就业增长之间一般是一种(　　)相关关系。
   A. 负　　　　B. 正　　　　C. 零　　　　D. 无
3. 国际上较为通用的视为充分就业状态标准是失业率保持在(　　)。
   A. 4%～5%　　B. 3%～3.5%　　C. 4.5%～5%　　D. 1.9%～3%
4. 下列不属于对就业进行界定的(　　)。
   A. 就业条件,指一定的年龄
   B. 收入条件,指获得一定的劳动报酬或经营收入
   C. 时间条件,即每周工作时间的长度
   D. 工作经验,即工作积累
5. 根据统计学原理,下列不属于就业统计的是(　　)。
   A. 就业统计工作　　B. 就业统计资料　　C. 就业统计理论　　D. 就业调研实施
6. 下列不属于美国政府消除就业歧视的措施是(　　)。
   A. 建立"平等就业机会委员会"　　　　B. 制定"工作相关资格"原则
   C. 审查和救济措施　　　　　　　　　D. 就业促进计划

(二) 多项选择题(下列各题中都有两个或两个以上的正确答案,将你选定答案编号的英文字母填入括号内)

1. 就业对劳动者个人的功能包括(　　)。
   A. 劳动者生活保障功能　　　　　　B. 劳动者自我价值实现功能
   C. 劳动者服务自我发展功能　　　　D. 劳动者服务社会功能
   E. 社会稳定功能
2. 为实现充分就业,政府可采取(　　)政策。
   A. 财政政策　　　B. 收入政策　　　C. 货币政策　　　D. 产业政策

E. 福利政策

3. 就业歧视的表现有（　　）。

A. 种族与肤色歧视
B. 性别歧视
C. 宗教歧视
D. 原国籍与公民身份歧视
E. 年龄歧视

4. 我国就业政策的问题包括（　　）。

A. 建立的行政性壁垒阻碍跨行业、跨地区就业，如户籍、社保政策
B. 地方保护主义政策排斥外地人平等就业
C. 单位违背法律原则的非理性与理性的就业招聘政策
D. 城市与乡村的政策性分割政策
E. 就业市场的政策体系不健全与就业服务的不完善

5. 美国就业领域消除歧视的法律包括（　　）。

A. 1964年的《民权法案》
B. 1963年的《同工同酬法》
C. 1967年的《就业年龄歧视法》
D. 1972年的《公平劳动机会法》
E. 1973年的《复职法》

（三）简答题

1. 政府的就业管理职能包括哪些？
2. 政府的就业服务体系包括哪些内容？
3. 阅读北京市就业政策相关法规后有何感想？
4. 简述我国目前就业统计的基本内容。
5. 部分发达国家的就业平等促进政策有哪些值得借鉴，并说明理由。
6. 中国就业歧视的突出表现有哪些？为什么会产生这些现象？

项目十

失 业

教学目标

知识目标

1. 懂得失业的界定及失业率；
2. 掌握劳动力市场的存量-流量模型；
3. 掌握失业的类型及其成因；
4. 掌握失业的度量及影响。

能力目标

1. 能进行失业的界定及失业率测算；
2. 画出劳动力市场的存量-流量模型图；
3. 运用失业的类型及其成因解读失业。

案例导入

白领失业潮来临

继 2013 年迎来毕业生人数高达 699 万的最难就业季，中国白领也面临失业难题。随着全球经济下滑以及中国自身经济结构改革，就业市场也出现根本的结构性问题，导致白领阶层面临不同程度的就业难题。

从 2012 年年底开始，数家跨国行业巨头纷纷大规模地削减员工人数。2012 年 5 月，美国惠普宣布两年内裁员 2.7 万人，其中，中国地区也在计划范围内。2012 年年底，雅芳公司放出消息，雅芳中国将关闭国内十几家分公司，裁减 100～200 名员工。IBM全球裁员计划中,中国分公司裁员500~600人。

2013年3月,汇丰人寿保险公司在上海宣布关闭个险业务,导致数百员工面临失业。摩托罗拉继2012年全球裁员4 000人之后,2013年宣布再裁员1 200人,主要集中在中国、美国和印度地区。

《第一财经》报道说,智联招聘首席执行官郭盛表示,跨国公司在华裁员主要有三种情况:一是因为全球策略发生变化,如摩托罗拉与谷歌的合并;二是在中国的业务不如预期的乐观,如一些银行;三是原本将中国作为生产基地,现在由于成本上升而转移,如耐克部分工厂撤离中国。

除了裁员现象,如今还出现很多"休假式失业",连国内行业巨头如中联重科、三一重工都无法幸免。"休假式失业"是指企业要求员工进行数周或数月无薪或低薪休假,以减轻企业的财政负担。虽然这在国内并不是普遍现象,但也有不少企业开始实行这样的"休假式失业"模式。

万宝盛华最近发布的"2013年一季度净雇佣前景指数"显示,与2012年同期相比,9个区域或城市中有8个区域或城市的雇佣预期减弱,广州的净雇佣前景指数下降8%,北京和华东、华中及华西区的雇佣预期下降5%,上海和华北区雇主的净雇佣前景指数下降4%。

万宝盛华金融事业部总经理潘磊说,从2012年6月起,外资银行就没有任何招聘工作,公司以前的招聘大户2012年招聘岗位非常少,或改成校招,月薪在2 500~3 000元,以此来降低成本。

除了全球经济不景气之外,从如今的中国经济形势来看,中国产业要实现结构性改革和调整,不平衡的就业结构是很重要的因素。新兴产业对人才的需求甚大,传统产业的岗位需求持续减少,这一趋势却与人才结构不相符,造成劳动力需求与供给产生结构性偏差。市场对技术人员(特别是新兴技术人员)需求加大,对辅助类人才需求则在降低,而企业裁员往往从辅助类岗位开始。

除了岗位上的错位,区域失衡在中国就业市场也很严重,大部分人才扎堆北上广深这些一线大城市,而不愿意去经济增速同样很快的二、三线城市。二、三线城市遍布中小型企业,这类企业对人才的需求同样很大。

同时,最近实施的新《劳动合同法》对企业提出更高的要求可能会恶化中国就业市场,因为一些企业为了降低成本只能减少招聘。7月1日《劳动合同法》修改以后,因为要对劳务派遣工实行同工同酬,原来使用大量劳务派遣工的企业为了减少用工成本只能减少招聘,尽量避免建立劳动关系。因此,一段时间内可能会进一步加剧失业现象的蔓延。

由此看来,中国经济结构的调整给中国就业市场带来的负面影响愈加严重,不是每个人都可以找到适合自己的岗位,很多人甚至面临失业,而用人单位在某些岗位上却迟迟招不到合适的人才。

有专家指出,中小型企业实际上为社会提供很多就业岗位,但是目前它们的经营状况不好,产业转型升级也不是一朝一夕可以实现的,因此,政府应该通过税收减免和转移支付等方式帮助企业减轻负担,从而可以直接地造福于求职者。

也有人指出,无论是白领还是应届毕业生在这样的就业环境面前需要降低职业要求,向低端劳动力市场转变。但是专家表示,白领的工作环境和收入都长期维持在一定水准,要让他们下岗第二天去做服务员是不现实的。但智联招聘表示近期没有突然收到大量求职简历,因此,他们认为企业并没有进行大规模裁员。

也许未来几年就业形势困难是大趋势,但是随着中国经济转型升级和中国政府和高校意识到学生就业问题,相信人才需求与供给错位的情况会有所改变,届时,白领失业、大学生就业困难等就业问题都会迎刃而解。

资料来源:世界经理人网,2013年7月18日。

思考及讨论:为什么会失业?

任务一 失业的界定及失业率

一、任务要求

用自己的语言描述失业并进行失业率测算。

二、实训

【实训名称】描述失业并进行失业率测算。

【实训目的】真正理解失业并进行失业率测算,并能够用自己的语言准确表述。

【实训步骤】

1. 全班4~5人一组,分成若干小组;
2. 以小组为单位,每人用一句话说明失业率应该如何测算;
3. 以小组为单位,每人说出1~2种生活中观察到的失业现象;
4. 每组派代表在全班做总结发言。

【实训要求】

1. 描述失业并进行失业率测算;
2. 要求语句及内容完整,表述清楚;
3. 要求经过讨论,明确所列举的失业现象;
4. 小组代表发言时应对小组的活动情况做真实概括,总结性强。

三、知识链接

(一)失业的界定

1. 失业的分类

失业有广义和狭义之分。广义的失业指的是生产资料和劳动者分离的一种状态。在这种状态下,劳动者的生产潜能和主观能动性无法发挥,不仅浪费社会资源,还对社会经济发展造成负面影响。狭义的失业指的是有劳动能力的、处于法定劳动年龄阶段的、并有就业愿望的劳动者失去或没有得到有报酬的工作岗位的社会现象。

2. 失业人口划分

失业是有劳动能力并愿意工作的人得不到适当的就业机会。没有劳动能力的人不存在失业问题;有劳动能力,虽然没有职业但自身也不想就业的人,不能称为失业者。对失业的规定,在不同的国家往往有所不同。在美国,年满16周岁而没有正式工作或正在寻找工作的人都称为失业者。以下几种情况也算作失业:

(1) 被暂时解雇而等待重返原工作岗位的人;

(2) 于30天之内等待到新的工作单位报到的人;

(3) 由于暂时患病或认为本行业一时没有工作可找而又不寻找工作的无业者。

按照国际劳工组织(ILO)的统计标准,凡是在规定年龄内、一定期间内(如一周或一天)属于下列情况的,均归为失业人口:

(1) 没有工作,即在调查期间没有从事有报酬的劳动或自我雇佣;

(2) 当前可以工作,即当前如果有就业机会,就可以工作;

(3) 正在寻找工作,即在最近采取了具体的寻找工作的措施,如到公共的或私人的就业服务机构登记、到企业求职或刊登求职广告等方式寻找工作。

3. 失业类型

(1) 摩擦性失业。摩擦性失业指人们在转换工作过程中的失业,是在生产过程中由于难以避免的摩擦而造成的短期、局部的失业。这种失业在性质上是过渡性的或短期性的。它通常起源于劳动力供给方。

(2) 结构性失业。结构性失业指劳动力供给和需求不匹配造成的失业,其特点是既有失业,又有空缺职位,失业者或者没有合适的技能,或者居住地不当,因此无法填补现有的职位空缺。结构性失业在性质上是长期的,而且通常起源于劳动力的需求方。这种失业是由经济变化导致的,这些经济变化引起特定市场和区域中的特定类型劳动力的需求相对低于其供给。

造成特定市场中劳动力的需求相对低的原因可能是:① 技术变化。原有劳动者不能适应新技术的要求,或者技术进步使得劳动力需求下降。② 消费者偏好的变化。消费者对产品和劳务偏好的改变,使得某些行业扩大而另一些行业缩小,处于规模缩小行业的劳动力因此而失去工作岗位。③ 劳动力的不流动性。流动成本的存在制约着失业者从一个地方或一个行业流动到另一个地方或另一个行业,从而使得结构性失业长期存在。

(3) 周期性失业。周期性失业是指经济周期波动造成的失业,即当经济周期处于衰退或萧条阶段时,因需求下降而导致的失业,当经济中的总需求减少,降低了总产出时,会引起整个经济体系的普遍失业。周期性失业对于不同行业的影响是不同的,一般来说,需求收入弹性越大的行业,周期性失业的影响越严重。也就是说,人们收入下降,产品需求大幅度下降的行业,周期性失业情况比较严重。通常用紧缩性缺口来说明这种失业产生的原因。紧缩性缺口是指实际总需求小于充分就业的总需求时,实际总需求与充分就业总需求之间的差额。

(4) 技术性失业。在生产过程中引进先进技术代替人力,以及改善生产方法和管理而造成的失业。从两个角度观察,长远来看,劳动力的供求总水平不因技术进步而受到影响;从短期看,先进的技术、生产力和完善的经营管理以及生产率的提高,必然会取代一部分劳动力,从而使一部分人失业。

(5) 季节性失业。由于气候状况有规律的变化对生产、消费产生影响引起的失业。

(6) 隐藏性失业。除了上面几种主要失业类型外,经济学中常说的失业类型还包括隐藏性失业。隐藏性失业是指表面上有工作但实际上对产出并没有作出贡献的人,即有"职"无"工"的人,也就是说,这些工作人员的边际生产力为零。当经济中减少就业人员而产出水平没有下降时,即存在着隐藏性失业。美国著名经济学家阿瑟·刘易斯曾指出,发展中国家的农业部门存在着严重的隐藏性失业。

(二) 失业率

常用的反映失业程度的指标有两个,即失业率和失业持续期。

$$失业率 = 失业人数 \div 社会劳动力人数 \times 100\%$$
$$= 失业人数 \div (就业人数 + 失业人数) \times 100\%$$

失业持续期是指失业者处于失业状态的持续时间,一般以周(星期)为时间单位计算平均失业持续期。

$$平均失业持续期 = (\sum 失业者 \times 周数) \div 失业人数$$

$$年失业率 = \frac{该年有失业经历的人占}{社会劳动力总额的比例} \times (平均失业持续周期 \div 52 周)$$

(三) 失业的影响

失业会产生诸多影响,一般可以将其分成社会影响和经济影响两种。

1. 社会影响

失业的社会影响虽然难以估计和衡量,但它最易为人们所感受到。失业威胁着作为社会单位和经济单位的家庭的稳定。没有收入或收入遭受损失,户主就不能起到应有的作用。家庭的要求和需要得不到满足,家庭关系将因此而受到损害。西方有关的心理学研究表明,解雇造成的创伤不亚于亲友的去世或学业上的失败。此外,家庭之外的人际关系也受到失业的严重影响。一个失业者在就业的人员当中失去了自尊和影响力,面临着被同事拒绝的可能性,并且可能失去自尊和自信。最终,失业者在情感上受到严重打击。

2. 经济影响

失业的经济影响可以用机会成本的概念来理解。当失业率上升时,经济中本可由失业工人生产出来的产品和劳务就损失了。衰退期间的损失就好像是将众多的汽车、房屋、衣物和其他物品都销毁掉了。从产出核算的角度看,失业者的收入总损失等于生产的损失,因此,丧失的产量是计量周期性失业损失的主要尺度,因为它表明经济处于非充分就业状态。20 世纪 60 年代,美国经济学家阿瑟·奥肯根据美国的数据,提出了经济周期中失业变动与产出变动的经验关系,被称为奥肯定律。

奥肯定律的内容是:失业率每高于自然失业率一个百分点,实际 GDP 将低于潜在 GDP 两个百分点。换一种方式说,相对于潜在 GDP,实际 GDP 每下降两个百分点,实际失业率就会比自然失业率上升一个百分点。

西方学者认为,奥肯定律揭示了产品市场与劳动市场之间极为重要的关系,它描述了实际 GDP 的短期变动与失业率变动的联系。根据这个定律,可以通过失业率的变动推测或估计 GDP 的变动,也可以通过 GDP 的变动预测失业率的变动。例如,实际失业率为 8%,高于 6% 的自然失业率两个百分点,则实际 GDP 就将比潜在 GDP 低 4% 左右。

以我国为例,未来的一二十年是我国改革开放的关键时期,大量的农村富余劳动力要转移到城镇就业,城镇新增的适龄就业人员也有较大的就业需要,这就使我国在未来这一二十年内面临着较大的就业压力,就业问题是我国宏观经济政策要解决的最主要问题之一。奥肯定律给我们提供了一个可能的解决方案,即一定要保持 GDP 的高速增长,这样既能迅速提高我国人民的生活水平,又能较好地解决未来的就业压力。

失业者可领取一定的失业救济金,但其数额少于就业时的工资水平,因而生活相对恶化,促使其重新就业。从这一点来说,不少西方经济学家认为,一个合理的失业率及失业现象的存在是促进社会发展所必需的条件之一。

(四) 解决失业的措施

可以采取扩张性财政政策,如增加政府购买支出、增加转移支付、减少税收,或者采取扩张性货币政策,如降低法定准备金率、降低再贴现率、在公开市场上购买证券。

也可采取供给政策,如通过使工人对工作职位作出更积极的反应而影响劳动供给。促使雇主愿意接受或雇用现有技能的工人,以突破他们对劳动就业的限制。减少工会等垄断组织对增加就业的制约。

四、拓展训练

工作周期的确定

美国人在他们一生的职业生涯中要换好几次工作,一般的工作周期(一个人从事他现在的工作的时间长度)大约是 6.5 年。影响工作周期的几个重要因素如下:

(1) 年龄。年龄小的工人比年龄大的工人更容易更换工作。年龄在 16~24 岁的工人平均工作周期是 2.0 年,年龄在 55~64 岁的工人的平均工作周期是 17.4 年。

(2) 行业倾向。发展快速的行业要持续增加新工人,这就使平均工作周期缩短。而发展缓慢或停滞的行业很少雇用新工人,他们的平均工作周期就长。

(3) 教育与培训。对某一特殊行业有较多的教育投资的工人比那些人力资本较少的工人工作周期要长。一般高中毕业的工人的工作周期是 5.2 年,而有 4 年的大学教育或更多年限教育的工人的工作周期是 7.9 年。

(4) 工资与福利。如果其他一切都是相同的,高工资是与长工作周期相联系的。

(5) 性别、种族和肤色。男性一般的工作周期(7.7 年)比妇女的工作周期(5.5 年)要长。白人的工作周期比黑人的工作周期要长。

(6) 自雇佣工人。一般自雇佣工人的工作周期(8.0 年)比雇用于人的工人的工作周期(5.9 年)要长。

思考及讨论:结合上述现象谈谈你对失业的理解。

任务二　探索失业的类型及其成因

一、任务要求

探索我国现阶段存在失业的类型及其成因。

二、实训

【实训名称】探索我国现阶段存在失业的类型及其成因。
【实训目的】掌握我国现阶段存在失业的类型及其成因。
【实训步骤】
1. 全班4～5人一组,分为若干小组;
2. 每个小组结合学习经历阐述各自对失业类型的理解;
3. 分析调查失业产生的原因;
4. 以小组为单位,以书面形式提交讨论成果。

三、知识链接

(一) 摩擦性失业:工作搜寻理论

1. 失业总是存在

即使是在劳动力市场处于均衡状态或充分就业状态下,也仍然存在一些摩擦性失业,这是因为总会有些人处在前一种工作和后一种工作之间。

2. 摩擦性失业产生的原因

摩擦性失业产生的原因在于:劳动力市场具有一种内在的动态性;信息流是不完全的;失业工人和有职位空缺的雇主之间在相互搜寻的过程中需要花费一些时间。

即使是在劳动力规模保持不变的情况下,每一时期仍然会有新进入劳动力市场的人在寻求就业,同时还会有其他一些就业者或失业者离开劳动力队伍。有些人还会辞去他们现有的工作,到其他地方寻求就业。此外,在不同企业之间常常会出现需求的随机波动,这既会引起有些企业关门倒闭或解雇工人,又会导致其他一些新企业开张或原有企业扩大雇佣数量。由于人们不可能立即获悉与工作搜寻者的特征以及空缺职位的性质有关的信息,或者无法立即对这些信息作出准确评价,因此,在失业工人和潜在雇主之间的工作匹配要花费一定的时间。所以,即使是当劳动力需求和劳动力供给在总量上相等的时候,摩擦性失业仍然会存在。

3. 工作搜寻模型对失业原因的解释

(1) 工作搜寻模型及与之相关的决策。

该模型赖以建立的关键假设是:工资是与工作的特征联系在一起的,而不是与填补工作岗位的人的特征联系在一起的。

我们假设不同的雇主所使用的成套的最低雇佣标准是不同的。这里的雇佣标准可能包括受教育程度要求、工作培训要求、工作经验要求、在雇佣测验中的测试成绩要求等。然而,一个非常简单的雇佣过程模型通常假设所有这些属性都可以被概括为一个单一的变量 K，它表示某一份工作要求从业者所具备的最低技能水平。与每一份工作相联系的是一个工资率 $W(K)$，这一工资率被假定为是工作所要求的技能水平的一个函数，而不是被雇用来从事这一工作的那个人所具有的特征函数。我们还假设工资率是工作所要求的最低技能水平的增函数，并且使用相同雇佣标准的两个雇主将提供同样的工资。

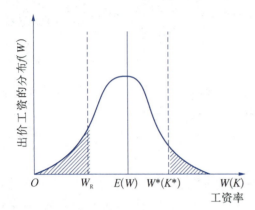

图 10-1　工作搜寻模型中的保留工资选择

不同的雇主有不同的雇佣标准，所以，我们的简单模型暗含一个假定，即在劳动力市场上存在一个与所有职位空缺相联系的出价工资分布。这种出价工资分布可以用图 10-1 中的 $f(W)$ 来表示。$f(W)$ 代表了出价工资的一种随机分布，所以，曲线以下面积的总和等于 1（也就是说，这一分布包括了劳动力市场上所有出价工资的 100%）。图中显示，每一种出价工资（在横轴上表示）都与该出价工资在分布中所占的百分比（在纵轴上表示）相对应。

现在假设某一既定的失业者所拥有的技能水平为 K^*。由于没有企业会雇用一个没有达到其雇佣标准的工人，因此，这名失业者所期望获得的最高工资就是 $W^*(K^*)$。如果这名失业者知道哪些企业所采用的雇佣标准为 K^*，他（或她）就会到这些企业去求职，由于这些人符合企业的雇佣标准，因此他们将会被按照工资率 W^* 雇用。

然而，我们现在却要假定工作的市场信息是不完全的，即尽管一名求职者了解出价工资的分布形状 $f(W)$，但他（或她）并不知道每一家企业所提供的工资水平或所使用的雇佣标准是什么。人们可能会把工作搜寻概念化为某人随机访问企业的雇佣办公室这个过程。如果企业的雇佣标准超过了 K^*，企业就会拒绝为此人提供工作。如果雇佣标准恰好是 K^* 或比它还要低，此人就能够得到工作。尽管此人可能会发现下面的做法对自己最有利，即先在手中攒上数个工作机会，然后再从中挑出一个最好的接受下来。但工作搜寻者，尤其是那些在技能等级阶梯最底层的人，并不总是被允许享有这种奢侈条件。相反，他们常常都是必须立即决定是否接受一份工作机会。如若不然，这一工作机会将会很快落到其他求职者身上。

一名失业者是如何知道自己是否应当接受某一特定的工作机会呢？战略之一是以保留工资为依据来进行决策，然后只接受相应的工资水平位于保留工资水平以上的那些工作机会。于是，这里的关键问题就变成了这种保留工资是如何决定的。

为了回答这一问题，我们假设图 10-1 中的 W_R 是技能水平为 K^* 的某人所选定的保留工资。现在我们可以看到，此人的求职申请将会被任何提供 $W^*(K^*)$ 以上工资的企业所拒绝，因为此人达不到这类企业的最低雇佣标准。类似地，此人会拒绝接受任何所提供的工资水平低于 W_R 的工作。因此，此人在任一时期能够找到可以接受的工作的概率就等于位于 W_R 和 W^* 之间、曲线 $f(W)$ 之下的那一部分未涂阴影区域的面积。这种概率越大，预期的失业时间就越短。我们假定此人找到了一份工作，并且他（或她）的预期工资简单地等于位于 W_R 和 W^* 之间的工作所提供工资的加权平均值。这一平均（或预期）工资在图 10-1 中用 $E(W)$ 来表示。

如果此人选择一个稍高一些的保留工资,他(或她)的这种选择将会产生两种效应。一方面,由于此人将会拒绝提供更低工资的工作,他(或她)(一旦被雇用)的预期工资将会上升;另一方面,拒绝更多的工作机会还会降低他(或她)在任一时期找到可接受工作的可能性,这将会增加他(或她)的预期失业时间。换言之,较高的保留工资虽然会带来更长的预期失业时间这种成本,但它同时也会带来一些效益,这就是,一旦找到工作,他(或她)将会获得较高的预期工资。因此,每一名失业者都会将其保留工资选择在这样一种边际上,即保留工资所带来的预期失业时间延长成本恰好等于失业过后较高的工资所带来的预期收益。也就是说,保留工资应当被选定在这样一个位置上,即较高的保留工资所带来的边际收益恰好等于其边际成本。

(2) 工作搜寻模型的含义①。

① 只要保留工资没有确定在与市场所提供的最低工资相等的水平上,找到工作的概率就会小于1,并且可能会导致某些搜寻性失业的出现。搜寻性失业通常是在某人不愿意接受所获得的第一个工作机会的情况下发生的。

② 由于保留工资的水平总是被确定在与个人技能水平相当的工资水平即 $W^*(K^*)$ 以下,如果这些人找到了一份工作,他们实际上都将处于就业不足状态(从他们所获得的工资低于 W^* 这个意义上来说)。这种就业不足状态是信息不完全所带来的一种成本,劳动力市场信息的完善将改善这一工作匹配过程。

③ 条件相同的个人最终可能会获得不同的工资。两个具有相同技能水平的失业者应当会选择相同的保留工资,并且预期在失业过后得到相同的预期工资。然而,他们最终实际可能得到的工资将完全取决于运气的好坏,即他们碰巧遇到的是位于 W_R 和 W^* 之间那一个出价工资。因此,在一个信息不完全的环境中,没有任何一个经济模型能够解释在不同个人之间所出现的所有工资差距。

④ 在其他条件相同的情况下,任何引起失业工人加快寻找工作步伐(每天去敲更多的门)的因素都将缩减他们的失业时间。更为有效地搜集和传播与工作和求职者有关的信息,将会有助于提高劳动力市场上的各方在工作匹配过程中的搜寻速度,在就业机构加强计算机化管理是能够降低失业率的一个创新性的例子。

⑤ 如果个人成为失业者的成本下降,这种情况将会导致他们提高自己的保留工资。当然,保留工资的提高将同时提高预期的失业时间和失业过后的预期工资率。

(3) 失业保险福利的影响。

实际上,每一个国家都向失业者提供某种形式的失业补偿,尽管不同国家的失业保险体系在结构上和对失业者的慷慨程度上可能存在很大的差别。

由于失业保险降低了失业的成本,因此,失业保险福利水平的上升将会引起失业工人的保留工资上升。这是否意味着提高失业保险福利的水平就是一件不明智的事情呢?实际上,失业保险福利很明确的目的之一就在于为失业者提供一个寻找工作的机会,从而使他们能够实现人与工作之间的适当"匹配"。

(二) 结构性失业:职业与地区失业率差异

结构性失业是在以下两种情况下产生的:其一是在某一既定地区,劳动力市场上所需

---

① [美]伊兰伯格.《现代劳动经济学:理论与公共政策》(第六版)[M].潘功胜,译.北京:中国人民大学出版社,1999.

要的技能与劳动者实际供给的技能之间出现了不匹配的现象;其二是劳动力供给和劳动力需求在不同地区之间出现了不平衡的现象。如果工资率是完全富有弹性的,并且职业流动或地区流动的成本很低,市场的自发调节会很快地使这种失业趋于消失。然而,这些条件在实际中却很难被满足,因此,结构性失业不可避免地会存在。

1. 职业不平衡

图10-2所代表的两部门劳动力市场模型可以用来描述上述观点。在这里,我们首先假设两大部门都要通过劳动力市场来获得各种职业类型的工人;其次,我们还要假设这是两个在地理上被隔离开来的劳动力市场。假定市场A是汽车行业中的生产工人市场,市场B是熟练的计算机专业人员的市场,并且假定在一开始时两大市场都处于均衡状态。在两大劳动力市场上的劳动力供给曲线和劳动力需求曲线分别为(D_{0A}, S_{0A})和(D_{0B}, S_{0B})的情况下,两大部门的均衡工资-就业组合分别为(W_{0A}, E_{0A})和(W_{0B}, E_{0B})。由于劳动力培训成本和就业的非货币条件不同,因此,两大部门的工资率是不同的。

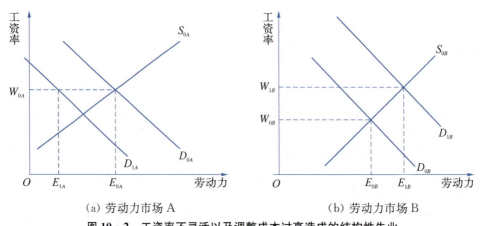

(a) 劳动力市场A   (b) 劳动力市场B

图10-2 工资率不灵活以及调整成本过高造成的结构性失业

现在假设:外国汽车进口的增加导致市场对汽车工人的需求下降到D_{1A},而对计算机专家的需求则由于计算机使用量的增加而上升到D_{1B}。如果在市场A中,由于存在工会合同条款、社会习俗或政府立法等原因,工资率不具有向下浮动的灵活性,汽车工人的均衡就业量将下降到E_{1A};计算机专家的均衡就业量和均衡工资率则分别上升到E_{1B}和W_{1B}。在短期中将出现$E_{0A}-E_{1A}$个失业工人。

如果汽车工人可以在不付出任何成本的情况下变成计算机专家,这些失业工人将会很快地"流向"被我们假设为工资率富有弹性的市场B。其结果就是,所有的失业人员都将会消失。然而,当调整的成本很高,从而延缓甚至阻止了两大市场之间劳动力流动的时候,结构性失业就会上升。对于很多已是五六十岁的失业工人来说,到退休之前的这段时间已经十分有限了,所以,这种流动的成本可能是非常昂贵的。此外,他们可能也很难借到接受必要的工作培训所需要的资金。

2. 地区不平衡

对地区不平衡的分析可以用与上述相同的框架来进行。我们假设市场A存在于某一冰雪地带的城市,市场B则存在于某一阳光地带的城市,并且两个市场所雇用的是同一种类型的劳动力。当冰雪地带的劳动力需求下降,并且因市场A的工资率不具备充分的灵活性而导致失业人数增加时,基于以下三个方面的原因,这些失业工人可能会继续逗留在他们所在的城市,等待工作机会的出现:首先,信息的流动是不充分的,因此,这些失业的工人可能不知道在几百里之外存在着工作的机会。其次,这种地区流动所带来的直接货币成本(包括流动过程中的成本以及买卖所居住的房屋时所付出的交易成本)可能是非常高的。最后,长距离迁移的心理成本可能是非常大的,因为这意味着流动者必须放弃已经熟识的朋友、邻居以及原有的社区支持系统。这些成本是进行地区迁移时的内在成本,并且迁移的可能性会随着年龄的增加而降低。由于这些成本是如此之高,因此,许多因工厂倒闭或被永久解雇而失业的工人对到附近以外的其他地区寻找工作大都没有什么兴趣。

3. 政府政策

在存在工资刚性以及较高的职业流动成本或地理流动成本的情况下,劳动力需求结构的变化必然会引发结构性失业。结构性失业工人从失业状态流向就业状态的可能性是比较小的,有利于提高这种可能性的政策则有助于降低结构性失业的水平(在其他条件一定的情况下)。这种政策的例子有:提供资助性的培训;提供其他地区工作市场状况的信息;提供重新安家的补贴,以帮助流动者支付迁移成本,从而加快调整的过程;要求计划关闭工厂的雇主事先通知他们的雇员等。

4. 效率工资对失业原因的解释

(1) 有人认为,如果雇主以支付高于市场工资率的效率工资的方式来提高工人的生产率,结构性失业就会增加。

如果所有的雇主都提供高于市场均衡工资率的工资,很显然,劳动力的供给会超过劳动力需求,从而导致失业的出现。如果仅仅是某些企业支付效率工资,在经济中将会出现两大部门,即高工资部门和低工资部门。在低工资企业中就业的工人即使仅仅要求获得介于低工资(市场工资)和高工资(效率工资)之间的某种工资率,也可能无法在高工资企业中获得就业,这是因为高工资企业的雇主希望维持他们的这种工资优势,从而抑制工人的消极怠工行为。然而,由于高工资部门的工作是诱人的,而这种工作有时也是可以获得的,因此,有些在低工资部门就业的工人就会辞去自己的工作,想方设法去与高工资部门进行"接触","等待"工作机会的出现。也就是说,随着效率工资部门的出现,等待性失业将会有所上升。

(2) 雇主为了抑制工人的消极怠工行为而必须支付的工资性奖励到底需要多高的水平,取决于他们的雇员到其他企业中可能获得的工作机会有多少。在其他条件相同的情况下,该地区的失业率越高,工人到其他企业就业的机会越少,则他们愿意因消极怠工而冒失去工作的风险的可能性也就越小。这样,雇主就不需要像在其他企业的工作机会很充足的时候那样去支付那么高的工资性奖励。这就可以引出一个推理,即如果其他要素保持不变,则在不同地区的平均工资率和失业率之间存在一种反方向的联系。

地区失业率和地区实际工资率之间的这种负相关关系可以从图10-3中看出来,在图中,这种关系被称为工资曲线。

工资曲线在三个方面比较引人注目。首先,它似乎存在于每一个国家,并且每一个国家都有充足的数据能够证实这一点。其次,每一个国家的这种曲线都惊人地相似。

最后,工资曲线之所以引人注目,是因为它是在寻求对其他问题的解释时所得到的一种发现。如果运用标准的需求曲线和供给曲线分析,人们也许会认为,较高的失业率和较高的工资率是相互联系在一起的（换言之，将会存在一条斜率为正的工资曲线）；如果运用这里的分析，则当工资率高于市场出清工资率时，供给将超过需求。其结果就是出现一批想得到工作但却找不到工作（失业）的工人。

这条曲线所表示的是失业率和工资水平之间的关系，而不是失业率和工资率变动之间的关系。

(三) 需求不足性(周期性)失业

1. 产生原因

需求不足性失业是与商业活动的波动（商业周期）联系在一起的。在实际工资水平不具有向

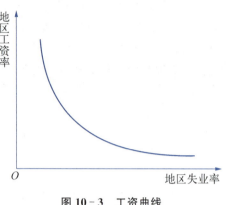

图 10-3 工资曲线

下浮动的灵活性情况下，当产品市场上的总需求下降到引起劳动力总需求下降时，需求不足性失业就出现了。

然而，失业并非总需求下降的一种必然结果。比如，雇主可以用减少每一位工人的工作时间的方式来作为降低雇佣水平的一种替代措施。此外，雇主还可以降低支付给工人的工资水平。

2. 关于货币工资刚性的解释

一种解释是：由于工会的存在，雇主实际上并不具有单方面削减名义工资的权利。这种解释对于美国的情况来说显然是不完善的，因为大约只有15%的工人是工会会员，而且工会在任何情况下都愿意用临时减少工资的办法来挽救其成员的工作，而不愿意让工会会员被解雇。

临时性的工资削减将会减少所有工人的工资报酬，而在大多数情况下，会受到临时解雇影响的则仅仅是刚刚被雇用的那些工人。在大多数场合，这些工人仅仅代表工会成员中的少数，工会领导则是根据多数原则选举出来的，所以，工会领导更有可能是从那些经验较丰富的工人（他们常常是不会被临时解雇的）中产生出来的。这样，工会就会更为偏向临时解雇政策，而不是偏向减少所有工会成员工资的政策。这种解释的一个变种是内部人-外部人假说，该假说将工会会员当成"内部人"，并假设他们对非工会会员或者曾经是工会会员但现在已经被解雇的工人（"外部人"）根本就不关心或很少关心；这些内部人员是通过保持较少的工会会员人数来获得利益的，他们可能会选择与雇主进行工资谈判，以有效地阻止雇主将外部人召回或雇用进来。

在非工会企业中也会出现临时解雇现象，尽管这种现象在非工会企业不如在工会企业出现得那么频繁。当总需求减少的时候，非工会企业的雇主为什么也愿意临时解雇工人而不是减少工人的工资呢？这里有几个方面的原因：

首先，在雇主对工人进行了企业特殊人力资本投资的情况下，企业内部常常会形成一种结构性的内部劳动力市场，雇主既使工人的自愿流动比率最小化的动力，也有使雇员的工作努力程度和生产率最大化的动力。一刀切式地临时减少工人的工资，不仅会提高所有雇员的辞职倾向，而且会导致工人努力程度的降低。相反，临时解雇所涉及的仅仅是经验最少的那部分员工，雇主在这些人身上所进行的资源投资也是最少的。这样，企业很可能会发现，临时解雇战略是一个更为有利可图的选择。

其次，在企业中建立了内部劳动力市场的雇主常常会向他们的雇员作出这样的承诺，或者至少会以隐含的方式作出这种承诺，即保证雇员们在整个职业生涯中沿着一条既定的工资增长路线前进。企业的这种承诺必然是以其实际经营状况为基本条件的。但是在产品的真实需求状况方面，企业又比它的工人所掌握的信息更为精确。这样，如果一家企业在总需求减少时期向它的雇员提出削减工资的要求，则雇员们可能会认为雇主所宣称的需求减少是对事实的故意歪曲，因为他们会认为，反正削减工资不会使雇主遭受任何损失，因此，他们很可能会拒绝减少工资的需求。相反，如果一家企业暂时解雇了它的一些工人，它所失去的仅仅是这些工人所可能生产的产出，工人们也会把这种行为作为企业确实陷入困境的一种信号接收下来。

最后，在那些存在内部劳动力市场从而在雇主和雇员之间存在一种长期雇佣关系的企业中，雇主很可能会受到企业中年纪较大雇员的风险规避意识的推动，从而采取以资历为基础的临时解雇政策。年纪较大、工作经验较为丰富的工人更愿意接受一种较为稳定的收入流，而不是一种上下波动的收入流，即使两者的平均价值在长期中是一样的；他们愿意为此付出代价。

上面所提到的三种解释都是以建立了内部劳动力市场的企业为中心的，而这些企业一般都可以被想象为大企业。这样，人们可能会问，为什么那些被大企业解雇的工人不到小企业中去寻找工作。这些小企业所支付的工资较低，并且当总需求减少时，它们也不大可能会因上面所说的那些理由而避开减少工资的做法。所以，在这些企业中就业的人数增加将会降低整个经济中的平均名义工资水平，并且有助于减少失业。有些理论家认为，失业工人未能流向低工资工作的主要原因在于他们的地位意识（他们在社会上的相对地位）。

有些分析家还强调，现行市场工资率，甚至是那些小型竞争性企业所支付的工资率，都有可能被大家作为一种社会标准接受下来，从而阻碍了失业工人谋求通过减少在职工人的工资来获得就业的尝试。失业工人更愿意面对失业而不愿意接受工资削减这种情况，显然更多地与他们对未来的考虑有关，而不是与他们的地位意识有关。

（四）季节性失业

（1）季节性失业与需求不足性失业有些类似，因为它是由劳动力需求的波动引起的。所不同的是，这种需求波动可以是有规则的从而能够被估计到的，它在某一个年头中的变化方式是遵循某种系统模式的。比如，在耕种季节过后，对农业工人的需求将减少，这种情况将一直保持到收获季节来临。类似地，在冬季的几个月中，处于冰雪地带的地区对建筑工人的需求也是要减少的。最后，在某些行业，当一年之中工厂更换机器设备、改变当年产品模型的季节来临时，对生产工人的需求也会减少。这方面的例子既包括底特律的汽车行业（新汽车模型），也包括纽约城的制衣行业（新款式设计）。

（2）为什么雇主对需求的季节性模式所作出的反应是临时解雇工人而不是削减工资率或削减工时？

在解释周期性失业的存在以及雇主因周期性原因而临时解雇工人时所提到的理由，在这里都同样有效。

事实上，一项研究已经揭示出，将大多数农业工人纳入失业保险体系中来的美国失业保险制度扩张（发生于 20 世纪 70 年代初期）是与美国农业工人的季节性失业大幅度上升联系在一起的。关于非农业行业的季节性临时解雇问题的一些近期研究也表明,美国失业补偿制度在确定失业保险税税率时所使用的不完全历史经验评定法导致了季节性失业的显著增加。

(3) 既然工人事先明明知道如果自己到某些行业中就业,在一年中肯定会有一段时间被解雇,为什么他们还会接受这些工作呢?

对于某些工人来说,既然存在失业保险,又知道当需求疲软季节过去之后自己必然会被重新雇用,他们就会将这一段被临时解雇的时间当成一种带薪休假来对待。然而,由于失业保险福利所替换的工资报酬通常不足失业工人在失业前工资报酬的一半,对高工资报酬工人来说,它所替换的甚至是他们失业前工资报酬的一个更小的比例,因此,大多数工人都不会认为这种状况是令人满意的。为了吸引工人到这种季节性行业中来,企业不得不向工人支付较高的工资以补偿他们所遭受的阶段性失业。事实上,随机的观察表明,建筑工人的小时工资率较之于那些与他们具有同等技术可比性、但每年的工作小时数要比他们多的制造业工人的小时工资率要高得多。

向在高失业风险行业中工作的工人所支付的、用于补偿他们所承担的失业风险的这种工资差别的存在,使判断季节性失业在本质上是一种自愿的失业还是一种非自愿的失业成为一件困难的事情。

一方面,从"事前状态"这一角度来说,工人是自愿去那些能够提供较高工资,但同时也比其他行业具有更大失业可能性的行业中工作的;另一方面,一旦处于工作状态之中(这是一种"事后状态"),雇员就对保持继续就业而不是被解雇有更大的偏好性。因此,季节性失业既可以被看成自愿性失业,也可以被看成非自愿性失业,这要取决于从哪个角度来看问题。

四、拓展训练

为什么城市失业与农村劳动力流入城市并存

根据研究,在2001—2010年的10年中,中国农村人口向城镇转移的总规模继续扩大,估计可能达到1.6亿～1.8亿人,平均每年转移量在1 493万～1 662万人。这样数量庞大的农民工进城,将会对城市的发展产生巨大的影响。

从整体上说,农民工进城对于加速我国城市化进程、促进城乡协调发展等具有重要的作用。但农民工受教育水平普遍较低,整体素质不高,农民工进城也会对城市经济社会发展产生一些不利影响。

从有利方面看主要有:

(1) 提供了廉价的劳动力。大量农村的富余劳动力转移到城市,为当地的工业发展提供了充足、廉价的劳动力,降低了生产成本,提高了产品在市场上的竞争能力,促进了商品的出口,使我国从20世纪80年代开始到现代,在短短三十多年的时间里跻身世界十大外贸大国,并且长期保持贸易顺差优势。

(2) 为城市居民生活提供了方便。许多城市居民在选择工作上"挑肥拣瘦",对于有些工作甚至不屑一顾,如果不依赖外地的农民工,城市的基本生活秩序都难以维持。而进城打工的农民一般为临时工、合同工,他们对工资的期望值不高,对工作条件、劳动强度、劳动报酬、社会地位没有太多的要求和考虑。他们有的从事一些城市居民不愿干的工作，如掏下水道、环保工人、建筑工人、搬运工人、家庭保姆等。这些农民工的到来，为当地的市民生活带来了极大的方便。

(3) 拉动了商业、交通、邮电、金融业的发展。大量农民工进城，成为城市中的消费群体。随着人数的增加，他们对粮食、副食品以及日用消费品数量的需求不断增多。据测算，大城市每增加10万名流动人口，每天需增加5万公斤蔬菜，10万千瓦时电力，2 400万公斤水和730辆公共汽车。其中，一些人从事地区之间的商品贩卖活动，在一定程度上还起到了平抑物价、活跃市场的作用。农民工每年季节性的外出集中在春耕生产、夏季"双抢"(抢收抢种)和春节前后，一年形成三个客运高峰期。另外，打工者经常与家人及朋友通过电话和通信联系，并把挣到的部分工资寄回家乡，这无形中促进了我国邮电、通信和金融业的发展。

从消极方面看主要有：

(1) 对城市就业产生了一定的压力。农民工的进入增加了城市工作寻求者的人数，在城市就业岗位数量一定的情况下，一定程度上造成了农民工就业与城市下岗失业职工再就业的矛盾。

(2) 加重了城市交通负担。流动人口的增加使本来就很紧张的城市交通问题更为严峻，农民工在城市流动频率高，出行率高，出行量大，并且主要依赖城市的公共交通工具，这使得交通拥挤、乘车困难的问题更为严重。对上海、广州、武汉、北京等城市的调查表明，大城市流动人口的出行率一般在90%以上，并且80%左右的出行集中在城市中心区，其中，依靠城市公共交通工具的出行量占60%以上。据北京、天津、上海、广州、沈阳、武汉六大城市测算，公交车辆的平均速度每下降1公里/小时，相当于六大城市减少了1 500辆公共汽车的运输能力。随着车速的下降，城市职工上下班候车、乘车时间延长，大城市职工上、下班乘、候车时间平均延长1小时，为此，每个职工一年要耗费相当于50个工作日的时间。

(3) 对城市的社会治安带来潜在的隐患。近年来，我国大城市的违法犯罪率普遍上升，其重要特征就是流动人口作案率增加。一方面，很多不法分子混迹于"民工潮"的大军中，从事倒买倒卖、偷窃诈骗等违法犯罪活动。他们采取种种不法手段诈取钱财，故容易引发打架斗殴的现象，这给社会经济秩序造成了相当大的威胁。另一方面，在民工中也有一部分人以到大城市"淘金"为目的，但是，有些人素质较低，只知赚钱，法律观念淡薄；有些人心存侥幸，明知故犯，在大城市从事无证经营、哄抬物价、偷税漏税等非法牟利活动。

(4) 增加了城市环境管理的难度。大量外来人员居住集中的城乡接合部和城市中心区，由于管理跟不上，常会出现垃圾遍地，污水横流，市容杂乱，人、畜发病率上升，传染病乘虚而入的现象。有些农民工把农村的一些陋习带到城市，随地吐痰，乱丢乱扔，这不仅加剧了疾病的传播，而且对城市文明形象的塑造和城市品位的提升造成了很大的影响。据测算，大城市每增加10万名流动人口，每天会产生10万公斤垃圾，排放2 300万公斤污水和污染物，据不完全统计，为解决流动人口所带来的上述环境问题，一个大型城市平均需要额外支出6 000万元。

思考及讨论:为什么城市失业与农村劳动力流入城市并存？说明你的理由。

五、拓展阅读

劳动力市场的存量-流量模型

1. 模型的目的与意义

分析不同的劳动力市场状态之间的流量,了解劳动力市场中哪一种流量是造成高失业率的主要原因,从而了解一国经济的真实失业水平及决定失业水平的因素,制定相应的政策来降低失业率。

一个国家或地区的总体失业水平或者某一群体的失业水平取决于各种劳动力市场状态之间的流量的相对流动比率,是各种流量之间综合作用的结果。社会对任何既定失业水平的关注都应当集中在失业的影响范围以及失业的持续时间这两个方面。

2. 劳动力市场的存量-流量模型

如图10-4所示,在1993年5月(当时的总失业率平均为6.9%)时,美国共有1.192亿人就业,890万人失业,6 520万16岁及以上的成年人处在劳动力队伍之外。

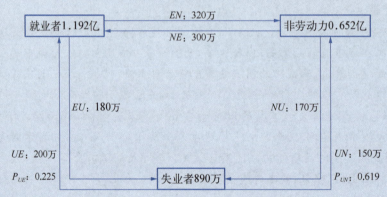

图10-4 劳动力市场的存量与流量：1993年5月(美国)

图释：EU：从就业状态进入失业状态,可能是因为解雇、临时解雇或辞职；
UE：从失业状态进入就业状态,包括新就业者和重新就业者；
EN：从就业状态到退出劳动力市场,如退休或上学中途退出劳动力市场者；
NE：从非劳动力进入就业状态,即新进入或重新进入劳动力市场者；
NU：非劳动力进入劳动力市场,成为失业状态；
UN：失业者退出劳动力队伍。

图10-4包括了1993年4—5月在各种人口类型之间流动着的工人人数的数据。从图中可以看出,在这一时期开始的时候和结束的时候,工人的失业总人数基本上是相同的。但是在这一个月之中,却有将近200万的失业者获得了就业(该流量在图10-4中用UE来表示),有150万失业者退出了劳动力队伍(该流量在图10-4中用UN来表示)。这些数字占失业存量的比例分别为0.225(P_{UE})和0.169(P_{UN})。这样,我们就可以得出结论,在这个月一开始时处于失业状态的人当中,有大约40%的人到下个月时脱离了失业状态。那些新被列入失业者队伍中的人是由下面两种人构成的：一是从就业存量中进入失业者队伍的人(流量EU)；二是从非劳动力队伍中进入失业者队伍中的人

(流量 NU)。其中,流量 EU 由那些自愿离开工作岗位或在非自愿情况下失去最后一份工作的人所组成;流量 NU 则是由那些正处在进入劳动力队伍状态的人所构成。进入失业状态的流量和脱离失业状态的流量相等这一事实意味着,从 4 月份到 5 月份,失业工人的人数保持不变。

如果劳动力市场大体上处于均衡状态,流入和流出失业状态的流量基本相同,某一群体的失业率(u)就取决于下列各种劳动力市场流量,它们对失业率的作用方式是不同的。为此,我们将各种流量与失业率之间的关系构成如下的函数关系,并就各种流量如何影响失业率进行分析:

$$u = F(\overset{+}{P_{EN}}, \overset{-}{P_{NE}}, \overset{-}{P_{UN}}, \overset{+}{P_{NU}}, \overset{+}{P_{EU}}, \overset{-}{P_{UE}})$$

式中,u 为 F 中各种流量的函数;P_{EN} 为就业者中脱离劳动力队伍的人员所占的比例;P_{NE} 为非劳动力中进入劳动力队伍并且找到了工作的人员所占的比例;P_{UN} 为失业者中脱离劳动力队伍的人员所占的比例;P_{NU} 为非劳动力中进入劳动力队伍但尚未找到工作的人员的比例;P_{EU} 为就业者中成为失业者的人员所占的比例;P_{UE} 为失业者中成为就业者的人员所占的比例。我们通常将该式称为失业的存量-流量模型。

任务三 中国经济转型时期的就业与失业问题

一、任务要求

探索中国经济转型时期的就业与失业问题。

二、实训

【实训名称】探索中国经济转型时期的就业与失业问题。
【实训目的】掌握我国经济转型时期的就业与失业问题。
【实训步骤】
1. 全班 4～5 人一组,分为若干小组;
2. 每个小组结合学习经历阐述各自对中国经济转型时期的就业与失业的了解;
3. 分析调查中国经济转型时期的就业与失业的主要问题;
4. 以小组为单位,以书面形式提交讨论成果。

三、知识链接

(一) 经济转型给劳动就业带来了什么?

1. 劳动力充分就业与总需求水平

虽然扩张性的宏观经济政策取得了明显的成效,但我国维持经济增长的能力却越来越受到挑战:货币政策刺激经济的效果越来越差;财政政策的作用空间越来越小。如果不能以企业投资和居民消费代替政府支出启动经济增长,我国经济就可能陷入极大的困境中。这些增加支出有可能导致通货膨胀、债务混乱和金融危机,严重地影响经济的稳定性。所以,必须寻找替代刺激私人部门的方法来刺激经济增长,创造出对劳动力需求的无限空间,同时使这些就业量与企业的短期和长期的利润目标相独立。由于政府能够将就业目标和利润目标相分离,因此,对劳动力无限需求的责任就应该由政府来承担。但需要指出,这一过程必然是建立在市场机制不断完善的过程中,而不能够像传统计划经济体制那样,国有企业成了政府实现充分就业目标的工具。在计划经济体制下,从生产要素合理配置的角度看,劳动力的相对过剩也是严重存在的,只不过由于国有企业不自负盈亏,不讲经济效益,多余的劳动力隐性失业才没有成为社会上公开的显性失业者。

因此,在社会主义市场经济体制改革过程中,企业逐渐成为市场经济的主体,讲究经济效益,自负盈亏,追求利润最大化,解雇多余劳动力就是必然结果了。与计划经济体制联系的社会主义,失业采取"隐性"形式;与市场经济体制联系的社会主义,失业采取"显性"形式,失业的内容是一样的。因此,当在社会主义市场经济条件下实现充分就业目标时,必须抛弃计划经济体制下那种思维方法:首先,必须放弃以转移支付刺激总需求的方法。实际上,有效需求不足主要在于收入不足,而收入的来源主要是通过劳动的供给来获得,没有工作就意味着没有收入,没有消费需求能力;其次,消除劳动力参与市场的障碍。创造进入和退出劳动力市场的自由竞争环境,消除城乡差别以及影响劳动力流动的相关政策以便形成统一的社会劳动大市场,更好地依靠社会保障全体职工的利益,建立失业保障和社会保障制度,切实有效地解决失业和贫困问题。

由此可见,政府不能被动地采取转移支付的方式来解决失业问题,而应该主动地创造出新的就业机会,进而形成对劳动力的需求,从而获得相应的收入。具体做法是,在诸如公共服务、生态环境改进和人力资源利用等社会可持续发展方面,制定一个合适的工资水平以解决充分就业问题。政府制定的这一工资水平,不仅要对劳动力产生无限需求,而且与劳动技能类型和地理区域毫无关系。也就是说,这一工资水平不能影响私人部门对劳动力的需求,不能给私人部门带来工资向上的压力。由于这一工资水平低于私人部门的就业工资水平,因此,只要政府制定了一个可以经常变动的工资水平,私人部门对劳动需求就是有弹性的:当私人部门对劳动力的需求上升时,政府的工资水平就需要下降,以减少政府对劳动力的需求,避免与私人部门形成竞争。反之,当私人部门对劳动力的需求下降时,政府的工资水平就需要上升,以增加政府对劳动力的需求,避免失业的发生,从而形成私人部门与政府部门的有机配合。实际上,这一工资水平涉及政府的社会目标——劳动人口的健康状况或其他救济规定,同时还要考虑政府的政治和经济承受力。当然,即使在短期内,这一工资也并不是固定不变的,而是随着经济发展状况的变化而变化的。既然失业在社会主义市场经济体制下是不可避免的,当私人部门不能提供相应的就业量时,政府就应该通过直接干预手段创造新的就业机会,减少失业量,特别是制定具有浮动的工资水平创造劳动力需求,为实现充分就业创造客观条件。

2. 劳动力充分就业与总供给调整

虽然从总需求角度转向总供给角度研究充分就业问题,诸如完善微观劳动力市场机制、建立社会保障制度等,使短期宏观经济政策与长期的供给改善结合起来,但是社会保障制度的建立与经济主体个人的劳动行为、储蓄行为、金融市场和财政预算等问题密切相关,未必能达到预期效果。从微观经济主体角度看，生产结构和生产技术本身变化具有替代劳动以便提高劳动生产率的趋势，从而产生失业现象。许多公共部门的就业计划优势是私人部门无法比拟的：① 从不确定性角度看，公共部门很少受到未来需求的不确定性的影响，因为公共部门决定投资的最终目的是控制投资内容而不是投资数量，如公共基础设施建设等；② 从灵活性角度看，私人部门的灵活性比公共部门低，如在竞争条件下导致的生产方法、产出构成、资本设备的类型和自然资源的利用等方面，私人部门都不如公共部门那样灵活，因为私人部门为了生存必须展开市场竞争，所以，必须坚持有竞争力的生产方法；③ 从终极目标角度看，私人部门是由纯粹的经济动机——利润决定的，不会追求社会利益，而公共部门与社会利益之间的一致性比较强，往往可以以社会福利最大化作为前提。阻碍充分就业的总供给方面的因素取决于生产的技术类型——技术密集型、资本密集型和劳动密集型的状况。替代劳动的技术变化或增加劳动供给的技术变化一般来说依赖以前的资本结构，即历史的资本状况。大家知道，任何生产技术类型的建立都会产生一定的沉没成本，都具有难以改变其本身的倾向，往往会产生滞后效应，所以，技术类型的改变不能脱离以前的约束条件。然而，公共部门在改变生产的技术类型方面有很大的比较优势：① 它可利用劳动密集型的生产方法来创造和扩大就业，即使这对私人部门来说是"无效率的"；② 从公共部门角度看，改变劳动和资本比率、取消某种资本设施、进行其他类型的选择等都比较灵活。而且，在选择涉及就业人口的健康、教育和一般福利的活动范围上，公共部门比私人部门更有比较优势，倾向于为公共利益服务。在市场机制作用的前提下，不能一味地否定公共部门的比较优势。而在市场不完全条件下，公共部门往往是实现充分就业的最大缓冲器。

由此可见，在现代市场经济中，政府干预和市场机制都是经济中不可或缺的调节手段，关键一点是，政府干预必须用来弥补市场不完全。因此，在面临失业时，政府必须承担起就业的职责，应该成为社会上的最后雇主，否则，由于有效需求不足和生产结构变化，失业会趋于增加，无法实现充分就业目标。众所周知，失业不是简单的总量问题，并不是宏观经济政策一下子就能解决的事情。充分就业的障碍有可能包括部门失衡和产业结构不平衡以及生产的技术结构的瓶颈制约等，致使失业有长期性和普遍性特点。因此，只有将总供给和总需求联系起来，将有效需求不足和生产结构变化有机配合起来，才能真正实现充分就业目标。所以，完全依靠市场解决失业的政策是行不通的，完全依靠间接的宏观经济政策也是行不通的，必要时，需要依靠政府直接干预——直接创造就业机会完成充分就业这一目标，缩小贫富差距，以便实现共同富裕和和谐社会的目标。

3. 一般性结论及政策含义

综上所述，要实现充分就业目标，必须同时着眼于总需求和总供给两个方面。

从总需求角度看：一是确立与私人部门互补的有弹性的工资水平，确保充分就业的实现；二是不要简单地建立社会保障体系，也不要以转移支付的形式来缓解有效需求不足，而是要依靠政府直接创造和扩大就业范围，突出通过劳动获得收入的机制，特别是在公共服务部门或可持续发展方面的部门大量吸收就业，从而形成收入—消费支出—经济增长—国民收入增长—消费需求增长的良性循环；三是合理地确定失业救济金的标准，不仅要保障失业者的基本生活，而且重要的是有利于刺激失业者努力寻找工作和努力工作的积极性，使失业者在劳动过程中提高自身的人力资本水平，以便转变成具有竞争力的经济主体。

从总供给角度看：一是需要逐渐完善劳动力市场机制，界定产权和保护产权；二是在此基础上不仅关注经济总量问题，还需要关注产业结构和技术变化，依赖初始条件适时地调整和矫正私人部门的缺陷，将公共部门作为充分就业的主要场所，在推动可持续性发展过程中，推动经济的长期稳定增长。

总之，只有将总需求和总供给有机地结合起来，才能真正解决我国经济发展过程中的充分就业问题，进而对我国经济增长、消除贫困和可持续发展产生积极影响。

(二) 经济转型给失业带来了什么？

1. 我国失业人群的特点

(1) 年轻人失业情况远比中年人、老年人严重。中国当下74.47%的劳动力为高中程度及以下的学历。很多年轻人学历不高又缺乏职业技能，因此在劳动力市场中并不受欢迎。

(2) 学历越低，失业情况越严重。但小学程度劳动力的失业率低于初高中学历的劳动力。这可能是由于小学程度的劳动力多分布在中年人和老年人，而这部分劳动力很多已经选择了退出劳动力市场，自愿不工作。

(3) 女性的失业情况远比男性严重。在教育程度的提升可以明显降低失业率的前提下，大专以上女性的失业率还要高于初中程度男性的失业率，性别带来的影响掩盖了因教育程度上升而导致人力资本存量增加的优势，性别带来的就业歧视依旧比较严重。

2. 中国失业问题产生的原因

(1) 自然原因——人口总量过大。

我国是世界第一人口大国，面对十分庞大的劳动力队伍，目前全社会工作岗位的总数量是十分有限的。也就是说，我国失业问题将长期存在，这是一个无法回避的现实。据国家统计局预测，中国劳动适龄人口1995年为8.07亿人，2000年为8.5亿人，2010年为9.70亿人，2020年为8.94亿人。中国作为发展中国家，存在着劳动力总量过剩型失业，这是由于过去的人口高速增长和工业化进程中出现了农村剩余劳动力。以2000年3.56亿农业从业人员计算，农业剩余劳动力总数约为2.36亿，分20年转移，平均每年超过1180万，这还不包括每年1000万左右城乡劳动力自然增长(平均每年新增劳动力1700万，减去退出劳动力队伍的老年人900万)。两项合计，每年净增的劳动力供给为2000万。但以20世纪90年代末GDP增长的城镇就业弹性系数0.25、GDP年均增长8%和2000年年末城镇从业人口2.13亿来计算，城镇每年的劳动力需求量为426万，即使加上农村创造的非农产业就业机会，离2000万的劳动力供给量缺口仍非常大。

(2) 体制原因——中国经济转型时期的必然现象。

我国正处于经济转型时期，由计划经济向社会主义市场经济转变，市场经济从本质上讲就是效率经济，而市场的效率就是要通过一部分企业和一部分人的破产、倒闭、失业来使有限的资源向优势企业、群体集中，从而实现资源的优化配置。在经济转型的过程中，国有企业为了适应市场经济效率优先的原则，就要做到有进有退。面临市场的竞争，就必须把多余的低效职工释放出来，以提高劳动生产率，增加企业的效益，于是，就有大量的职工下岗、失业。同时，我国正在建立市场经济体制，市场竞争促进技术进步和劳动生产率提高。在竞争中一些企业因经营不佳而减产、停产甚至破产，也必定会引起失业。具体的表现是国有企业每年有500万以上的下岗职工。有一个典型的例子是，生产1000万吨钢的人力投入，鞍钢是24万人,宝钢是1.6万人,而日本的新日铁只需0.6万人。

(3) 结构性失业。

改革开放40多年来,我国的经济发展出现阶段性变化,进入了结构变换和升级的时期。一是农村剩余劳动力向城镇转移,对城镇人员就业必然会产生挤出效应。二是随着资本有机构成的提高和高新技术产业的发展,特别是我国加入世界贸易组织后,以往依靠大量资源和人力投入发展经济的做法被结构调整冲击。三是产业结构升级与劳动力素质提高不同步之间的矛盾:第一产业的劳动力向第二产业转移,第二产业由于技术水平和资本密集程度提高,不能吸纳足够多的低素质、低技能劳动力就业,特别是表现在年龄偏大的普通劳动力身上。与此同时,由于地区经济发展不平衡和产业结构问题,经济欠发达的中西部地区及老工业基地、资源枯竭的矿区就业矛盾将特别突出。

(4) 摩擦性失业。

摩擦性失业是指在经济运行中由正常的劳动力流动引起的失业。在一个动态的经济中,各行业、各部门与各地区间劳动力需求的变动是经常发生的。这种变动必然导致劳动力的流动,在劳动力的流动过程中,总有一部分人处于失业状态。例如,人们从一个城市迁移到另一个城市后,原有的工作失去了,而新的工作一时又没有找到,或者人们对现有的工作不满意,想寻找新的工作而暂时失业等。这类失业主要是由劳动力的流动引起的,所以,这种失业的存在也是正常的。

3. 失业对社会稳定的影响

失业这一社会现象,无论对整个社会还是对社会成员个人或其家庭以及整个社会的经济发展,都产生了一些负面影响,可以将失业的影响分为社会影响和经济影响两种。

(1) 失业的社会影响。

① 对下岗职工的影响。中国乃至国际社会对中国失业人口的关注是由下岗职工引起的。下岗群体基本上是出生于20世纪的50—60年代,在统包统配的就业制度下,国有企业承担了过多的安置就业任务,结果造成人浮于事,效率低下。面对激烈的市场竞争,企业要求得生存和发展,就必须把以往积存的富余人员分离出去。这一代人现在是人到中年,上有老、下有小,工作就是他们的生命线。没有工作,吃什么?对这个群体而言,基本生活保障是他们最关心的问题,而满足基本生活保障的有效解决途径就是获得一份稳定的工作。因此,就业是他们最重要的社会需求。

② 对城镇失业青年的影响。出生于21世纪前后的青年一代,工作的意义对他们来说远没有那么严肃,出国、跳槽、离职对他们而言是天经地义的事情。他们没有对就业的强制性需求,他们可以不工作也能生活得很好,因为他们中的大多数人都是独生子女,他们生来就已经衣食无忧。就业对他们而言只是自我实现的一种方式,只是寻找成就感的一个渠道。所以对他们而言,就业的首要前提是他们喜欢,而不是像他们的父辈那样为生活所迫。对他们而言,就业与失业就是游戏的暂时状态。失业会造成压力,但他们知道这样的压力主要不是政府带来的,而是市场和其他社会群体带来的。因此这样的压力也就不大可能转化为与政府的对抗,更有可能的是转化为针对游戏规则公平性和公正性的冲突,如群体之间的冲突、员工与管理人员的冲突等。但是,我们不排除这样的冲突在一定条件下会演化成个人或小群体的极端行为,直至对社会的稳定产生负面的影响。

③ 对农村失业青年的影响。进入 20 世纪 80 年代以后,在逐步减少的耕地无力承载不断增加的人口时,出生于农村的年轻人选择了"离开"。从乡镇企业到大城市,越来越多的农村年轻人离开了他们祖辈耕种过的土地,到城里寻求另一种生活、另一种工作,这就是民工潮。20 世纪 80 年代初期,民工的出现并不那么引人注目,人们并不认为几个打工的农村人会形成什么影响。可是到后来,当外出打工的人们形成潮流,交通运输部门不得不把他们的流动作为一个重要的变量纳入生产规划,城里的工厂不能再忽视他们的要求,从中央到地方的政府不得不认真关注他们动向的时候,每年 1 亿左右的农村流动人口就已经形成了劳动力市场的开弓之箭。他们是一个庞大的、特性最不稳定的群体。

④ 对失业大学生的影响。大学生失业造成中高层次人力资源的浪费。培养一个大学生需要花费巨大的物资成本与社会成本,接受过高等教育的人才无疑是国家宝贵的资源,在大量高校毕业生失业的同时,中、西部地区、军队、基层、教育机构急需大量中高层次人才而不得。

(2) 失业的经济影响。

失业有其正效应和负效应。从失业的积极影响来看,它体现了市场经济中效率优先的原则;有利于企业提高竞争力,促进社会经济发展;有利于劳动力人口的迁移流动,从而完善动态、健全的劳动力市场;失业危机引发的竞争有利于劳动力素质的提高。但是,失业同时需要付出高昂的经济成本和非经济成本,给失业者以及全社会带来巨大的精神和体能的压力,并由此引发一系列的社会经济问题,影响和威胁社会稳定。

① 产出损失。失业意味着能够而且愿意工作的人被逐出生产领域,转向分配领域,这部分劳动力资源没有被用以进行国民生产,却仍然要消费国民财富。

② 人力资本流失和劳动力资源浪费。如果有劳动能力的人没事干,不仅不能创造财富,而且要消耗社会财富,这是一种巨大的浪费。

③ 导致分配不公。对于劳动者个人而言,劳动力作为一种具有时效性的资源,会随着时间的推移而消失,失业期间劳动力的浪费使得劳动者丧失了部分参与国民收入正常分配的机会。同时,失业人口的存在容易导致社会的经济利益分配格局出现失衡,从而造成社会环境的不稳定和诸多社会问题的出现。

4. 控制失业的对策

(1) 充分发挥中小企业吸纳下岗失业人员的功能。

民营、私营、个体中小企业本身就是市场经济的产物,它们规模小,体制灵活,驾驭市场经济的能力较强,在市场经济中有较强的适应性和竞争力。据统计,国有大中型企业下岗分流人员和其他失业人员的主要流向是民营、私营和中小企业。不难看出,中小企业在吸纳劳动力、解决失业问题上有很大的潜力,发挥着不可替代的作用。因此,地方各级政府要在政策、资金、税收等方面大力扶持中小企业,充分发挥它们在解决失业问题上的重要作用。

(2) 扩大内需,采取积极措施,把金融风暴对失业的影响降到最低。

美国金融危机以来,中国出口也受到了一定的影响。中国东南部沿海城市一些出口型企业人才需求锐减,所以,首先要扩大内需,并加强对劳动密集型中小企业的就业扶持,鼓励企业减少规模裁员,稳定就业岗位。其次,政府要采取积极措施,保证返乡农民工在当地就业。地方劳动和社会保障部门应该采取措施,促进农民工劳动转移,要扩大内需,当然要把重心放在农村上,但是企业也相当重要,企业先不要倒闭,才会有就业机会。

(3) 加快中西部和农村经济建设,吸引人才就业。

纵观人口流动的趋势和规律,可以看出,素质高的人口都愿意向生活质量高的地区流动,结果又促进这些地区的进一步发展,这种人口经济学中的"马太效应"[①]给我们的重要启示就是,研究西部大开发人才战略不能忽视人居环境建设战略。根据西部的特点,人居环境建设不可以仅限于为数不多的大中城市,引入的人才也不可以都集中到大中城市,因此,要重视建设一大批等同于发达地区的小城镇,通过提高小城镇居民的生活质量吸引人才,使人才能够引得来、留得住,这是树立"以人为本,开发西部"指导思想的战略选择,是西部地区加大人才资源投入战略的要求。

(4) 大力发展职业教育,提高劳动者的就业能力。

中国劳动力数量庞大但综合素质较低,一般劳动力严重过剩但高素质人才严重不足。大多数失业人员科学文化素质较低,很难适应新的工作岗位的要求,出现一方面存在大量失业人员而另一方面大量的新的工作岗位找不到合适劳动力的尴尬局面。由此可见,科学文化素质低下是失业人员实现再就业的重要障碍。因此,要解决失业问题,很重要的一点就是国家要重视对劳动力的职业培训,大力提高失业人员的科学文化素质。为此,政府要加大职业培训的改革和投入力度,合理规划和利用我国的教育和培训资源,鼓励社会和企业发展教育和培训事业,建立政府、社会、个人都投资受益的培训机制,唯有如此,才能使我国失业人员的科学文化素质得以不断提高,从而增强他们再就业的能力。目前,农业剩余劳动力转移慢的一个重要原因就在于劳动力素质低,从事非农产业的能力差。因此,政府应制定优惠政策,支持并促进社会力量办学,大力发展民办职业培训学校,积极开展以提高就业和创业能力为目标的教育和培训,努力培养适应改革开放和现代化建设发展要求的人才,努力提高劳动者的就业和创业能力。

(5) 转变大学生的就业观念。

① 合理调整大学生的就业意愿。大学生应该把眼光放得宽一些,远一些,在不同层次和类型上寻找适合自己发展的空间,防止出现"一棵树上吊死"的情况。那些有"非国家机关不去"想法的大学生,应及早调整想法,接受现实中的市场需求。大学生应充分利用周围的资源,如网络、学校就业服务中心、社会关系等,掌握最新的就业形势,如市场中专业的需求状况、紧缺人才、行业排名等信息,结合自己目前的实际能力,不断调整自己的就业意愿,适度选择就业职位,如可以选择中小企业和中小城市。调查资料显示,就业意愿和就业现实差距悬殊。因此,大学生应顺应市场的需要,作出合适的就业选择。

② 调整就业期望。有些大学生薪酬方面的期望值与企业所能提供的存在差距。在高等教育大众化的今天,大学生已不再是稀缺人才和精英人才。大学毕业不等于能力和技术就适合社会的要求,大量的职业能力都是要通过实际工作经验慢慢培养起来的。因此,大学毕业生应当正确估计个人价值,既能满足自身需求,又适合企业实际的期望,以增加自己的就业机会。

---

① 马太效应是指强者愈强、弱者愈弱的现象,这一概念用以描述社会生活领域中普遍存在的两极分化现象。

四、拓展训练

> **同一单位夫妻不能离职　如此防止人才流失不高明**
>
> 背景：为防止人才流失，株洲市某大型集团规定夫妻双方任何一人辞职即视为两人同时辞职。迫于无奈，同在该公司工作的一对夫妻只好先离婚，并商定等一方辞职手续办下来后再复婚。报道还称，现在一些国有大型企业也有类似的规定。这种留人方式，不仅难以留住人才，甚至可能会加速人才的流失。
>
> 分析：人才自由、有序地流动是市场经济的一个显著特征，也是实现人力资源优化配置的必然要求。企业对待人才流动正确的做法是疏不是堵。这样做可能会导致个别企业短期利益受到损害，但从长远看，人才流动自由度的增大和人才竞争的强大压力，将有利于促使企业努力为人才创造宽松、和谐的微观环境，从而有利于各类人才积极性和创造性的发挥，增强企业的市场竞争力。

思考及讨论：如何理解换工作和失业？

任务四　综合实训

一、任务要求

分析失业产生的原因和影响。

二、实训

【实训名称】回顾本项目学习的收获。

【实训目的】通过系统回顾，对本模块内容进行总结复习。

【实训内容】认真填写下列表格。

回顾本项目学习的收获					
编制部门：			编制人：		编制日期：
项目编号	010	学号、姓名		项目名称	失业
课程名称	劳动经济基础	训练地点		训练时间	
	1. 回顾课堂知识，加深印象 2. 培养学生善于思考和反思的习惯 3. 工作任务驱动，使学生带着工作任务去学习				

（续表）

本项目我学到的知识或者技能		
本项目我印象最深的两件事情		
我想继续学习的知识和技能		
考核标准	1. 课堂知识回顾完整，能用自己的语言复述课堂内容 2. 记录内容和课堂讲授的相关度较高 3. 学生进行了认真思考	
教师评价		评分

【实训要求】

1. 仔细回想本章所学内容，若有不清楚的地方，请查看以前有关的知识链接。
2. 本部分内容以自己填写为主，不要过于注意语言的规范性，只要能说清楚即可。

三、自测题

(一) 单项选择题(下列各题只有一个符合题意的正确答案，将你选定答案编号的英文字母填入括号内)

1. 按照国际劳工组织的规定，下列情况下不能称为就业者的是(　　)。
   A. 正在工作中的人
   B. 有职业，但由于某种原因而暂时脱离了工作的人
   C. 雇主和自营业人员
   D. 义务给街道打扫卫生的退休人员

2. 由于技术变化而引起的在生产中采用了节省劳动力的新技术后所造成的失业叫(　　)。
   A. 摩擦性失业　　B. 技术性失业　　C. 结构性失业　　D. 季节性失业

3. 在我国目前的劳动力市场上，存在大量国企下岗人员，他们大多数人属于普通劳动力。与此同时，新兴行业对高素质人才的需求很大。劳动力的过量需求和过量供给同时存在。这种现象称为(　　)。
   A. 摩擦性失业　　B. 结构性失业　　C. 技术性失业　　D. 周期性失业

4. 下列不属于摩擦性失业产生原因的是(　　)。
   A. 劳动力市场具有内在的动态性
   B. 信息流是不完全的
   C. 失业工人和有职位空缺的雇主之间在相互搜寻的过程中需要花费一些时间
   D. 劳动力市场在短期内是静态的

5. 效率工资对失业原因的解释正确的是(　　)。
   A. 如果雇主以支付高于市场工资率的效率工资的方式来提高工人的生产率，结构性失业就会增加
   B. 如果雇主以支付高于市场工资率的效率工资的方式来提高工人的生产率，结构性失业就会减少
   C. 雇主为了抑制工人的消极怠工行为而必须支付的工资性奖励到底需要多高的水平，取决于他们的雇员到其他企业中可能获得的机会成本
   D. 雇主为了抑制工人的消极怠工行为而必须支付的工资性奖励到底需要多高的水平，取决于他们的雇员到其他企业中可能获得的沉没成本

(二) 多项选择题(下列各题中都有两个或两个以上的正确答案，将你选定答案编号的英文字母填入括号内)

1. 按失业的成因划分的失业类型包括(　　)。
   A. 摩擦性失业　　B. 技术性失业　　C. 结构性失业　　D. 季节性失业
   E. 周期性失业

2. 产生摩擦性失业的原因有(　　)。
   A. 市场组织不完备

B. 劳动力供求信息不完善
C. 科学技术进步使提高的劳动生产率取代一部分劳动力
D. 季节变化
E. 行业与企业发生调整或转移

3. 下列选项中属于失业人员的有（　　）。
A. 16周岁以上各类学校毕业或肄业的学生中初次寻找工作但尚未找到工作者
B. 企业宣布破产后尚未找到工作的人员
C. 被企业终止、解除劳动合同或辞退后尚未找到工作的人员
D. 辞去原单位工作后尚未找到工作的人员
E. 自营业人员

4. 下列关于自然失业率的说法中，正确的是（　　）。
A. 由美国经济学家弗里德曼提出
B. 属于正常性失业
C. 是劳动力市场处于均衡状态下的失业率
D. 当自然失业率在4%～6%时，失业水平已经严重地影响了充分就业的实现
E. 自然失业率就是非自愿失业率

5. 根据失业产生的原因，可以把失业区分为（　　）。
A. 自愿性失业：摩擦性失业，结构性失业
B. 非自愿性失业：技术性失业，周期性失业
C. 隐蔽性失业等
D. 经济调整型失业
E. 暂时性失业

6. 解决失业的措施有（　　）。
A. 扩张性财政政策
B. 供给政策
C. 增加政府购买支出、增加转移支付、减少税收
D. 扩张性货币政策
E. 降低法定准备金率、降低再贴现率、在公开市场上购买证券

7. 工作搜寻模型的含义包括（　　）。
A. 搜寻性失业通常是在某人不愿意接受所获得的第一个工作机会的情况下发生的
B. 这种就业不足状态是信息不完全所带来的一种成本，劳动力市场信息的完善将改善这一工作匹配过程
C. 条件相同的个人最终可能获得不同的工资
D. 在其他条件相同的情况下，任何引起失业工人加快寻找工作步伐（每天去敲更多的门）的因素都将缩减他们的失业时间
E. 如果个人成为失业者的成本下降，这种情况将会导致他们提高自己的保留工资

8. 结构性失业是在下列哪些情况下产生的（　　）。
A. 在某一既定地区，劳动力市场上所需要的技能与劳动者实际供给的技能之间出现不匹配的现象

B. 劳动力供给和劳动力需求在不同地区之间出现不平衡的现象

C. 劳动力供不应求

D. 劳动力供大于求

E. 劳动力供求均衡

9. 中国失业问题产生的原因有（　　）。

A. 自然原因——人口总量过大

B. 体制原因——中国经济转型时期的必然现象

C. 结构性失业

D. 摩擦性失业

E. 受全球经济发展趋势影响

10. 失业的经济影响包括（　　）。

A. 产出损失
B. 人力资本流失和劳动力资源浪费
C. 分配不公
D. 贫富差距
E. 社会稳定

(三) 简答题

1. 失业率数据具有哪些局限性？
2. 劳动力市场的存量-流量模型跟失业率数据相比具有哪些优越性？
3. 什么是摩擦性失业？其形成原因有哪些？
4. 什么是结构性失业？其形成原因有哪些？
5. 什么是需求不足性失业？其形成原因有哪些？
6. 什么是季节性失业？其形成原因有哪些？
7. 各种工资理论是如何解释失业原因的？

参 考 文 献

[1] 曾湘泉.劳动经济学[M].上海：复旦大学出版社,2008.
[2] 赵履宽.劳动经济学[M].北京：中国劳动出版社,1998.
[3] 霍夫曼.劳动力市场经济学[M].上海：上海三联书店,1989.
[4] 劳动和社会保障部劳动科学研究所.2002年：中国就业报告[M].北京：中国劳动社会保障出版社,2003.
[5] 黎友焕,陈淑妮,张雪娜.国际劳工运动在中国[M].北京：中国社会科学出版社,2007.
[6] 曾恂.中国反就业歧视立法问题初探——兼论美国反就业歧视立法之借鉴[OL].[2020-10-08].http://www.148cn.org/data/2006/0508/article_985.htm.
[7] 王诚.中国就业转型：从隐蔽失业、就业不足到效率型就业[J].经济研究,1996(5).
[8] 徐庆.论中国经济的四元结构[J].经济研究,1996(11)：6.
[9] 袁志刚.论失业的成因及其治理[J].复旦大学学报（社会科学版）,1997(4)：30-35+48-110.
[10] 中国社会科学院人口研究所.劳动力流动、择业与自组织过程中的经济理性[J].中国社会科学,1997(4)：12.
[11] 安鸿章.岗位研究的理论与实践[M].北京：中国建材工业出版社,1991.
[12] 黄津孚.现代企业组织与人力资源管理[M].北京：人民日报出版社,1994.
[13] 秦志华.人力资源管理[M].北京：中国人民大学出版社,2000.
[14] 张德.人力资源开发与管理[M].北京：清华大学出版社,2001.
[15] 杨河清.现代劳动经济学[M].北京：中国人民大学出版社,2002.
[16] 张抗私.劳动力市场歧视成本分析[J].财经问题研究,2001(4)：74-81.
[17] 章姗,瞿艳.劳动力市场歧视理论与现实思考[J].科技创业月刊,2011,24(16)：69-70.
[18] 谭磊.劳动力市场歧视行为分析[J].消费导刊,2008(3)：256.
[19] 杨春瑰.我国劳动歧视现象成因分析[J].广东财经职业学院学报,2005(5)：4.
[20] 鲍春华.劳动力市场中的歧视现象与对策[J].湖北财经高等专科学校学报,2002(4)：12-14.
[21] 许经勇.论我国劳动力市场的发育与就业体制改革[J].广东社会科学,1998(5)：6.
[22] 章辉美.社会转型与社会问题[M].长沙：湖南出版社,2004.
[23] 袁乐平.失业经济学[M].北京：经济科学出版社,2003.
[24] 郗杰英,杨守建.青年的就业问题和对策：基于劳动力供求关系的分析[J].中国青年研

究,2005(2):6.
[25] 郜风涛. 中国经济转型期就业制度研究[M]. 北京：人民出版社,2009.
[26] 赖德胜,孟大虎. 中国大学毕业生失业问题研究[M]. 北京：中国劳动社会保障出版社,2008.
[27] 顾建平. 中国的失业与就业变动研究[M]. 北京：中国农业出版社,2003.
[28] Richard M. Hodgetts. Management: Theory, Process and Practice[M]. San Diego: Academic Press,1996.
[29] Stephen George. Uncommon Sense: Creating Business Excellence in Your Organization[M]. New York: John Wiley,1997.
[30] Stephen P. Robbins. Organizational Behavior[M]. New Jersey: Prentice Hall, inc.,1996.

图书在版编目(CIP)数据

劳动经济基础/田辉主编. —2 版. —上海：复旦大学出版社，2021.4(2022.10 重印)
(卓越·人力资源管理和社会保障系列教材)
ISBN 978-7-309-15564-8

Ⅰ.①劳… Ⅱ.①田… Ⅲ.①劳动经济学-高等学校-教材 Ⅳ.①F240

中国版本图书馆 CIP 数据核字(2021)第 050605 号

劳动经济基础(第二版)
田　辉　主编
责任编辑/岑品杰　李小敏

复旦大学出版社有限公司出版发行
上海市国权路 579 号　邮编：200433
网址：fupnet@fudanpress.com　http://www.fudanpress.com
门市零售：86-21-65102580　团体订购：86-21-65104505
出版部电话：86-21-65642845
上海四维数字图文有限公司

开本 787×1092　1/16　印张 16.25　字数 408 千
2021 年 4 月第 2 版
2022 年 10 月第 2 版第 2 次印刷

ISBN 978-7-309-15564-8/F·2792
定价：49.00 元

如有印装质量问题,请向复旦大学出版社有限公司出版部调换。
版权所有　侵权必究